逐条解説シリーズ

逐条解説

平成25年改正
独占禁止法
審判制度の廃止と
意見聴取手続の整備

公取委前官房参事官
岩成博夫
公取委経済取引局総務課企画室長
横手哲二
公取委官房総務課審決訟務室長
岩下生知
編著

商事法務

● はしがき

　独占禁止法（私的独占の禁止及び公正取引の確保に関する法律）は，価格カルテルや入札談合等の積極的な取締りのほか，大企業による中小企業への不当なしわ寄せの排除，合併等の企業結合事案に対する迅速・的確な審査等を行うことにより，公正かつ自由な市場競争の環境を整備し，事業者の自由な活動と創意工夫を促すことで，我が国の経済を活力あるものにするとともに，消費者の利益を確保することを目的としている。同法は昭和22年に制定され，68年の歴史を重ねてきた。同法は，制定されたころの戦後の荒廃からの回復，高度経済成長，石油危機，バブル経済とその崩壊等を経て現在に至る我が国経済の道のりの中で着実にその歩みを進めており，少しずつ我が国経済社会に根付き，現在ではその必要性が広く認識されるようになってきている。

　特に，この十数年間の独占禁止法の世の中への浸透は目覚ましく，1990年代以降，同法の執行力を強化するための様々な法改正が行われてきた。例えば，平成17年改正では，事業者が自ら関与したカルテル等について，その違反内容を公正取引委員会に自主的に報告した場合に課徴金が減免される課徴金減免制度や，犯罪調査の対象となる事件の調査を行う場合に裁判官の発する許可状によって関係事業者の臨検，捜索を行い，必要な物件を差し押さえる犯則調査権限といった新たな制度が導入された。続く平成21年改正では，課徴金制度の更なる拡充，課徴金減免制度の見直しなど，平成17年改正法の内容が補強されている。

　その平成21年改正では，附則第20条第1項において，「審判手続に係る規定について，全面にわたって見直す」ものとされ，同法に係る衆議院及び参議院の経済産業委員会における附帯決議においては，「現行の審判制度を現状のまま存続することや，平成17年改正以前の事前審判制度へ戻すことのないよう，審判制度の抜本的な制度変更を行うこと。」とされた。これは，公正取引委員会が行っていた審判制度について，行政処分を行った公正取引委員会が自ら当該行政処分の適否を判断する仕組みである

点が，公正さの外観に欠けるのではないかとの各界からの指摘を背景としている。

　今般の改正（平成25年改正）は，これらの附則等を踏まえ，昭和22年の独占禁止法制定以来（公正取引委員会発足後）60年以上にわたって続いてきた審判制度の廃止という非常に大きな制度変更を行ったものである。これにより，公正取引委員会の行う排除措置命令等の法的措置に対する不服審査は，公正取引委員会自身が行う審判ではなく，東京地方裁判所において抗告訴訟の形で行われ，独占禁止法制定以来初めて第一審機能を裁判所に委ねるものである。

　非常に大きな制度変更であるため，審判制度の廃止を巡る議論の過程において，審判制度の廃止によって，公正取引委員会の独立性が失われるのではないか，公正取引委員会による独占禁止法の執行が弱まることにならないかとの懸念も寄せられた。しかしながら，公正取引委員会の独立性については，独占禁止法が経済活動の基本的なルールを定めたものであり，その執行・運用は，法律及び経済に関する高度の専門知識に基づき，公正かつ中立的に，また，継続的一貫性をもって行う必要があることから，合議制の独立行政委員会として公正取引委員会が設置されるとともに，委員長及び委員が独立してその職権を行うこととされており，この職務の特質は審判制度の廃止によっても何ら変わるところはない。また，独占禁止法の執行については，我が国における公正かつ自由な競争を促進していくという公正取引委員会の役割は審判制度の廃止によっても何ら変わるところはない。したがって，審判制度の廃止による当該懸念は当たらず，公正取引委員会としては，今後とも引き続き，厳正かつ実効性のある執行に努める所存である。

　審判制度の廃止以外にも，処分前手続の一層の充実の観点から，排除措置命令等に係る意見聴取手続等が新たに導入されるなど，重要な改正が行われている。また，審査手続，すなわち公正取引委員会が事件について必要な調査を行う手続については，平成25年改正法附則第16条において，「我が国における他の行政手続との整合性を確保しつつ，事件関係人が十分な防御を行うことを確保する観点から検討」を行うこととされた。これ

を受けて，内閣府において独占禁止法審査手続についての懇談会が開催され，平成26年12月24日に報告書が取りまとめられている。

　本書は，本年3月時点で公正取引委員会事務総局経済取引局総務課企画室及び官房総務課審決訟務室に在籍していた改正法担当者が執筆したものであり，平成25年改正法や関連する公正取引委員会規則の趣旨等について詳細な解説を加えているものである（その執筆内容については，執筆者の個人的責任によるものであることをあらかじめお断りしておく。）。本書が，企業法務関係者・法曹関係者等に平成25年改正法の趣旨・内容等を理解していただくための一助となることを願っている。

　平成27年4月

公正取引委員会事務総長　中島　秀夫

逐条解説　平成 25 年改正独占禁止法
もくじ

はしがき ……………………………………………………………………………… i
もくじ ………………………………………………………………………………… iv
筆者一覧 ……………………………………………………………………………… ix

第 1 部　総　論

1　公正取引委員会の審判制度 …………………………………………………… 2
2　平成 22 年改正法案提出に至る経緯 ………………………………………… 4
3　平成 25 年改正法案の国会提出及び成立・公布に至る経緯 ……………… 7
4　平成 25 年改正法の概要及び考え方 ………………………………………… 8

第 2 部　逐条解説

第 1 章　審判制度の廃止等 ……………………………………………………… 16
第 26 条（損害賠償請求権の裁判上の主張制限）…………………………… 16
第 35 条（事務総局・職員）…………………………………………………… 17
第 63 条（罰金と課徴金の調整）……………………………………………… 17
第 64 条（競争回復措置命令）………………………………………………… 20
第 65 条（命令及び決定の議決方法）………………………………………… 24
旧法第 52 条，旧法第 54 条ないし旧法第 68 条，旧法第 70 条の 2 ない
　し旧法第 70 条の 4，旧法第 70 条の 6，旧法第 70 条の 7，旧法第 70
　条の 15 及び旧法第 73 条（審判手続に係る規定）……………………… 25
旧法第 70 条の 6（供託による排除措置命令の執行免除）………………… 27
旧法第 70 条の 7（供託物の没取）…………………………………………… 28
旧法第 70 条の 15（審判事件記録の閲覧・謄写）…………………………… 28
第 68 条（排除措置命令等をした後における調査のための強制処分）…… 29
第 69 条（課徴金及び延滞金の納付の督促）………………………………… 31
第 70 条（課徴金の還付）……………………………………………………… 32
第 70 条の 2（認可申請の却下）……………………………………………… 34

第70条の3（認可・排除措置命令等の取消し又は変更）·················· 35
　第70条の4（緊急停止命令）······································· 36
　第70条の5（供託による緊急停止命令の執行免除）····················· 37
　第70条の10（政令への委任）······································ 38
　第70条の11（行政手続法の適用除外）······························· 38
　第70条の12（行政不服審査法の適用除外）··························· 42
　第75条（参考人又は鑑定人の旅費及び手当）·························· 43
　第76条（委員会の規則制定権）···································· 44
　旧法第92条の2（審判手続における虚偽の陳述又は鑑定の罪）············ 44
　第94条（検査妨害等の罪）······································· 45
　第94条の2（調査のための強制処分違反等の罪）······················ 46
第2章　抗告訴訟等における審理·································· **47**
　第77条（排除措置命令等に係る抗告訴訟の被告）······················ 47
　旧法第77条（審決取消訴訟の出訴期間）····························· 48
　旧法第79条ないし旧法第81条（事件記録の送付，委員会の認定事実
　　の拘束力，新証拠の申出・事件の差戻し）·························· 48
　旧法第82条及び旧法第83条（審決の取消し，独占的状態等に関する
　　差戻し）··· 51
　第85条（東京地方裁判所の専属管轄）······························ 51
　第85条の2（無過失損害賠償請求訴訟の第一審の裁判権）··············· 54
　第86条（東京地方裁判所における合議体の構成）······················ 55
　第87条（東京高等裁判所における合議体の構成）······················ 57
　第88条（法務大臣権限法の適用除外）······························ 59
第3章　意見聴取手続·· **61**
　第49条（排除措置命令に係る意見聴取）····························· 61
　第50条（意見聴取の通知）······································· 62
　第51条（代理人）··· 66
　第52条（証拠の閲覧・謄写）····································· 68
　第53条（指定職員による意見聴取の主宰）··························· 77
　第54条（意見聴取の期日）······································· 82
　第55条（出頭に代わる陳述書等の提出）····························· 87
　第56条（続行期日の指定）······································· 89

第57条（当事者の不出頭等の場合における意見聴取の終結）……………91
第58条（調書等の作成）………………………………………………………92
第59条（意見聴取の再開）……………………………………………………101
第60条（公正取引委員会の参酌義務）………………………………………103
第61条（排除措置命令）………………………………………………………104
第62条（課徴金納付命令）……………………………………………………105

第4章　附　則 …………………………………………………………………108
第1条（施行期日）……………………………………………………………108
第2条（施行日前に排除措置命令又は納付命令に係る通知があった場合についての経過措置）……………………………………………………108
第3条（施行日前に独占的状態に係る審判開始決定書の謄本の送達があった場合についての経過措置）………………………………………112
第4条（施行日前に認可の取消しに係る審判手続を開始した場合についての経過措置）……………………………………………………………112
第5条（審決を受けたことがある者に対する納付命令に関する規定の適用関係1）…………………………………………………………………113
第6条（審決を受けたことがある者に対する納付命令に関する規定の適用関係2）…………………………………………………………………115
第7条（排除措置命令等が確定した場合における損害賠償に関する訴えに関する経過措置）……………………………………………………117
第8条（審判官に関する経過措置）…………………………………………119
第9条（競争を回復させるために必要な措置を命ずる審決に関する規定の適用関係）………………………………………………………………120
第10条（緊急停止命令に係る事件の手続に関する経過措置）……………122
第11条（施行日前に認可申請の却下等の審決を受けた者に対する抗告訴訟に関する経過措置）………………………………………………122
第12条（過料についての裁判の手続に関する経過措置）…………………124
第13条（処分，手続等に関する経過措置）…………………………………126
第14条（罰則に関する経過措置）……………………………………………126
第15条（政令への委任）………………………………………………………126
第16条（検討）…………………………………………………………………127
第17条ないし第22条（中小企業設置法等の一部改正）……………………128

第 23 条及び第 24 条（私的独占の禁止及び公正取引の確保に関する法律の一部を改正する法律の一部改正） ………………………………… 129
　　平成 17 年改正法附則第 7 条第 3 項（審決及び納付命令に関する経過措置） ………………………………………………………………………… 129
　　平成 17 年改正法附則第 8 条（審決及び排除措置命令に関する経過措置） ………………………………………………………………………… 130
　　平成 21 年改正法附則第 5 条（課徴金に関する経過措置 1） ………… 130
　　平成 21 年改正法附則第 6 条第 2 項ないし第 4 項（課徴金に関する経過措置 2） ………………………………………………………………… 132
　　平成 21 年改正法附則第 7 条（審決及び納付命令に関する経過措置） ……………………………………………………………………………… 134
　　平成 21 年改正法附則第 8 条（審決及び排除措置命令に関する経過措置） ……………………………………………………………………… 136
　　平成 21 年改正法附則第 15 条（文書提出命令の特則についての経過措置） ……………………………………………………………………… 139
　　平成 21 年改正法附則第 16 条第 2 項（求意見制度についての経過措置） ……………………………………………………………………… 139

第 3 部　資　料

第 1 章　関係法令等 ……………………………………………………… 142
　資料 1-1　私的独占の禁止及び公正取引の確保に関する法律の一部を改正する法律（平成 25 年法律第 100 号）新旧対照条文 ……… 142
　資料 1-2　私的独占の禁止及び公正取引の確保に関する法律施行令等の一部を改正する政令（平成 27 年政令第 15 号）新旧対照条文 ……… 188
　資料 1-3　公正取引委員会の意見聴取に関する規則（平成 27 年公正取引委員会規則第 1 号） ……………………………………………… 190
　資料 1-4　私的独占の禁止及び公正取引の確保に関する法律の一部を改正する法律の施行に伴う公正取引委員会関係規則の整備に関する規則（平成 27 年公正取引委員会規則第 2 号）新旧対照条文 ………… 200

第 2 章　参考資料 ………………………………………………………… 215
　資料 2-1　平成 21 年独占禁止法改正法附則第 20 条等 ……………… 215

資料 2-2 独占禁止法の改正等に係る基本方針 ……………………………219
資料 2-3 平成 25 年独占禁止法改正法案に対する附帯決議 ………………221
資料 2-4 我が国における主な審判手続の概要 ……………………………222
資料 2-5 審判に係る件数等 ……………………………………………………223
　1）審判手続開始件数 ……………………………………………………223
　2）審決取消訴訟の件数 …………………………………………………223
資料 2-6 意見聴取手続図 ………………………………………………………224
資料 2-7 独占禁止法審査手続についての懇談会報告書（概要）…………225

事項索引……………………………………………………………………………229

●筆者一覧（＊は編者も兼ねる。所属は平成27年3月末日現在）

岩成 博夫（いわなり・ひろお）＊
　公正取引委員会事務総局
　官房参事官

横手 哲二（よこて・てつじ）＊
　公正取引委員会事務総局
　経済取引局総務課企画室長

岩下 生知（いわした・たかとし）＊
　公正取引委員会事務総局
　官房総務課審決訟務室長

久保田 卓哉（くぼた・たくや）
　公正取引委員会事務総局
　経済取引局総務課企画室室長補佐
　（総括）

萩原 泰斗（はぎわら・やすと）
　公正取引委員会事務総局
　官房総務課審決訟務室室長補佐

佐藤 正直（さとう・まさなお）
　公正取引委員会事務総局
　経済取引局総務課企画室総括係長

石原 健司（いしはら・けんじ）
　公正取引委員会事務総局
　官房総務課審決訟務室係長

藤原 衣穂（ふじわら・いほ）
　公正取引委員会事務総局
　経済取引局総務課企画室係長

塚本 篤司（つかもと・あつし）
　公正取引委員会事務総局
　官房総務課審決訟務室係長

藪内 奏絵（やぶうち・かなえ）
　公正取引委員会事務総局
　経済取引局総務課企画室

橋本 康（はしもと・やすし）
　公正取引委員会事務総局
　官房総務課審決訟務室係長

第1部

総論

1 公正取引委員会の審判制度

(1) 平成17年改正までの審判制度

　公正取引委員会における審判制度(注1)は，私的独占の禁止及び公正取引の確保に関する法律（昭和22年法律第54号。以下「独占禁止法」という。）の制定当時に既に存在していたものである。制定当時においては，審判は公正取引委員会が排除措置を命じるなどの処分を行う前の手続として位置付けられており，このような処分前に審判を行うという位置付けは平成17年独占禁止法改正（以下「平成17年改正」という。また，これと同様に，独占禁止法改正は当該改正の行われた年に基づき「（元号年）改正」という。）まで維持されていた（後記(2)参照）(注2)。

　独占禁止法の制定当時においては審判官は存在せず，委員会が直接審判を行う仕組みが採られていたが，その後審判官制度が導入され（昭和24年改正），更に審査官の役割が法律で明文化された（昭和28年改正）ことにより職能分離が図られ，被審人と審査官が，審判官のもとで主張・反論を行うという，いわゆる三面構造の工夫が施されることとなった。

(注1)　独占禁止法制定から審判廃止に至るまでの審判制度の変遷については，例えば，鈴木孝之「公正取引委員会と審判制度」（『日本経済法学会年報』第31号（2010）13～32頁）を参照されたい。

(注2)　昭和52年に課徴金制度が導入されたが，課徴金納付命令については，命令に不服がある場合には，名宛人の請求に基づき審判手続が開始されることにより同命令は失効し，審判の結果出される審決により改めて課徴金の納付を命ずる仕組みとされた。

(2) 平成17年改正による事後審判制度への転換

　平成17年独占禁止法改正法（平成17年法律第35号。以下「平成17年改正法」という。また，これと同様に，独占禁止法改正法はその成立した年に基づき「（元号年）改正法」という。）においては，課徴金制度の見直し，課徴金減免制度の導入等，独占禁止法の措置体系について大幅な改正が行われたが，その一環として，審判制度等についても大幅な改正が行われた。すなわち，それまでは排除措置を命ずる行政処分を行うに際しての事前手続

として行っていた（通常は排除措置に関する勧告に不応諾の場合に行っていた）審判[注1]から，排除措置を命ずる行政処分を行った後で当該排除措置命令について不服がある場合に行う不服審査手続としての審判へと移行することとなった。

　このような見直しが行われた背景には，基本的な手続として，審判手続による審理を経て，審決により排除措置を命じるものとされていたところ，勧告の後，勧告を受けた事業者が違反行為を継続している場合であっても，審判手続を経て審決が出されるまでの間は，継続している違反行為に対処する手段が限られるという問題があった。このため，事件処理の効率化を図り，速やかな競争回復を図る観点から，事件審査を行った結果，違反行為があると認められる場合には，その時点で当該行為を差し止めるなどの排除措置を命じることができる制度とされたものである[注2]。その結果，審判手続は，原処分である排除措置命令等に不服のある者から審判請求があった場合に行う，命令に対する再審査という位置付けへと変更された。

　また，平成17年改正前においては，排除措置に係る審判手続が開始された場合は，当該審判手続が終了した後でなければ課徴金納付命令を行うことができなかったが，課徴金審判においても，違反事実の対象範囲など違反事実についても争われ，手続上の効率性が失われているなどの指摘があった。このため，課徴金納付命令は，排除措置命令と同時期に命じ得るようになり，双方の命令に係る審判を併合審理することもできるようになった[注3]。

（注1）　課徴金納付命令については前記(1)注2を参照。
（注2）　諏訪園貞明編著『平成17年改正独占禁止法』（商事法務，2005）31〜32頁。
（注3）　諏訪園・注2の33〜34頁。ただし，平成17年改正後の審判制度下においても，排除措置命令時点において問題とされている行為を継続している事業者については，違反行為の終期が認定できず，排除措置命令と課徴金納付命令を同時期に発出することはできないという点に変わりはなかった。

2 平成22年改正法案提出に至る経緯

(1) 平成17年改正法附則第13条

　平成17年改正法によって審判制度について大幅な改正が行われたものの，同法では，既に附則において審判手続の在り方についての検討を行うことが政府に求められていた。すなわち，平成17年改正法附則第13条において，「政府は，この法律の施行後2年以内に，新法の施行の状況，社会経済情勢の変化等を勘案し，課徴金に係る制度の在り方，違反行為を排除するために必要な措置を命ずるための手続の在り方，審判手続の在り方等について検討を加え，その結果に基づいて所要の措置を講ずるものとする。」と規定されていた。

(2) 内閣府独占禁止法基本問題懇談会における検討

　平成17年改正法附則第13条の規定に鑑み，内閣府において内閣官房長官の下に独占禁止法基本問題懇談会（座長：塩野宏東京大学名誉教授）が開催された（平成17年7月～平成19年6月）。同懇談会では，課徴金制度の在り方等，独占禁止法に関する様々な論点について検討が行われたが，その重要な論点の1つが審判制度の在り方であった。審判制度については，不服審査型審判方式，事前審査型審判方式，地方裁判所に直接取消訴訟を提起する方式の3つについて検討が行われた。

　同懇談会の報告書は平成19年6月に公表された。審判制度については，その存置が適当であるとした上で，次のような結論が示された。

① 平成17年改正により導入された不服審査型審判方式は，処分の早期化・審判件数の減少等一定の成果を上げていると考えられることから，当面は，これを維持することが適当である。

② しかしながら，行政審判は，行政過程において準司法的手続を採用して被処分者に十分主張・立証の機会を与えることにより適正手続を保障するとともに，紛争の専門的早期的解決を図るものであることから，一定の条件が整った段階で，事前審査型審判方式を改めて採用することが適当である。

(3) 独占禁止法基本問題懇談会報告書公表後の動き及び平成21年改正法に係る附則・附帯決議

独占禁止法基本問題懇談会報告書においては審判制度存置の結論が出されたが，これについて反対の立場を示す意見が多く出された。特に経済界からは，公正取引委員会の審判は，公正取引委員会がいわば検事と裁判官を兼ねている状態で中立性・公平性に欠けるなどとの批判のもと，審判制度を廃止すべきであるとの意見が出された(注)。

一方，独占禁止法基本問題懇談会報告書を踏まえ，公正取引委員会は平成19年10月に「独占禁止法の改正等の基本的考え方」を公表し，そこでは，審判手続の公正さ及び透明性の確保について，法律又は規則改正事項として，審判官の合議体には法曹資格者を含むものとする等の考え方が示された。平成20年3月には同「基本的考え方」に基づいた内容の平成20年独占禁止法改正法案（以下「平成20年改正法案」という。また，これと同様に，独占禁止法改正法案は当該法案が国会に提出された年に基づき「(元号年)改正法案」という。）が国会に提出されたところ，同法案における改正内容自体は審判制度の見直しを含むものではなかったが，同法案の立案過程において，審判制度の在り方についても早期に見直すことが強く求められていたことから，その附則第19条第1項において次のように規定されることとなった。

「政府は，私的独占の禁止及び公正取引の確保に関する法律の審判手続に係る規定について，全面にわたって見直すものとし，平成20年度中に検討を加え，その結果に基づいて所要の措置を講ずるものとする。」

平成20年改正法案は平成20年12月に審議未了により廃案となったが，その後，平成21年2月に，所要の修正を加えた上で平成21年改正法案が国会に提出されることとなった。政府においては，平成20年改正法案附則第19条第1項の規定を踏まえ，平成21年改正法案において審判制度の見直しを盛り込むべく検討作業が進められ，関係各方面との意見交換・調整が行われたが，依然として様々な考え方があり，結論を得るには至らなかった。

このため，平成21年改正法案においては，審判制度の見直しについて，

平成20年改正法案と同様に「政府は，私的独占の禁止及び公正取引の確保に関する法律の審判手続に係る規定について，全面にわたって見直すものとし，平成21年度中に検討を加え，その結果に基づいて所要の措置を講ずるものとする。」とする附則を置き（附則第20条第1項），引き続き政府において審判制度の在り方について検討を進めることとされた。

平成21年改正法案は平成21年6月3日に成立したが，その国会審議の過程で，衆議院・参議院の各経済産業委員会において，審判制度の見直しに関して次のような内容の附帯決議が行われた（衆議院・参議院とも同内容）。

「1 審判手続に係る規定については，本法附則において，全面にわたって見直すものとし，平成21年度中に行う検討の結果所要の措置を講ずることとされているが，検討の結果として，現行の審判制度を現状のまま存続することや，平成17年改正以前の事前審判制度へ戻すことのないよう，審判制度の抜本的な制度変更を行うこと。」

このような附帯決議が立法府から出されたことにより，独占禁止法基本問題懇談会報告書の方向での審判制度の見直し（事前審査型審判方式を改めて採用すること）や，当時の不服審査型審判制度の維持の可能性は非常に小さくなった。

(注) 例えば，社団法人日本経済団体連合会「独占禁止法の抜本改正に向けた提言」（平成19年11月20日），同「公正取引委員会による審判制度の廃止及び審査手続の適正化に向けて」（平成21年10月20日），日本商工会議所「平成21年度中小企業関係施策に関する要望」（平成20年6月19日）。
　なお，公正取引委員会が行う審判制度について「検察官の役割を果たす公取委が，同時に自ら裁判官の役割を果たして審決を下す」糾問主義的手続であるとして批判する経済界の意見は，平成17年改正以前においてもみられていた（社団法人日本経済団体連合会「独占禁止法の措置体系見直しについて」〔平成15年9月16日〕等）。しかしながら，特に行政処分である審決を行うまでの事前手続として位置付けられていた平成17年改正前の審判手続を前提とすれば，その性格が糾問主義的であるのは当然のことであった。このため，当時の経済界による審判制度に対する意見は，審判制度の廃止を求めるものではなく，専ら審判官の（委員会からの）独立性を高めることにより適正手続の確保を図るべきというものであった。

(4) 平成 22 年改正法案の国会提出

　平成 21 年改正法附則第 20 条第 1 項により審判制度の見直しを行うことが明記され，また，同法の附帯決議により制度変更の現実的な選択肢が限定されたことを踏まえ，政府部内で審判制度の在り方に関する検討が行われた。その結果，公正取引委員会の審判制度が存置される限り，審判制度の公正さの外観に対する経済界等の不信感を払拭することは困難であると考えられたことから，平成 21 年 12 月 9 日，公正取引委員会担当政務三役により「独占禁止法の改正等に係る基本方針」が公表され，公正取引委員会が行う審判制度を廃止し，第一審機能を東京地方裁判所に委ねること，また，公正取引委員会が排除措置命令等を行う際の事前手続についてより一層の充実・透明化を図るとの方針が示された。そして，平成 22 年 3 月 10 日及び同 11 日の 2 回にわたる内閣府政策会議を経て，同 12 日，政府は，審判制度を廃止するとともに，公正取引委員会が行う行政処分（排除措置命令・課徴金納付命令等）に対する不服審査については，抗告訴訟として東京地裁において審理すること等を内容とする独占禁止法改正法案を閣議決定し，同法案は第 174 回通常国会に提出された。

　同法案は，第 174 回通常国会から第 180 回通常国会までの各国会において閉会中審査とされた後，第 181 回臨時国会開会中の平成 24 年 11 月 16 日，衆議院が解散されたことに伴い，審議未了により廃案となった。

3　平成 25 年改正法案の国会提出及び成立・公布に至る経緯

　前記平成 22 年改正法案が審議未了により廃案となった後，同法案の取扱いについて，与党における議論も踏まえつつ政府部内で検討を進めた結果，平成 25 年 5 月 24 日，技術的修正が行われたほかは平成 22 年改正法案と同じ内容の平成 25 年改正法案が閣議決定され，同日，第 183 回通常国会に提出された。同法案は，同国会及び第 184 回臨時国会においては閉会中審査とされたものの，第 185 回臨時国会において衆議院及び参議院での審議を経て，同年 12 月 7 日に成立し，同月 13 日に公布された（平成 25 年法律第 100 号）。

4 平成25年改正法の概要及び考え方

平成25年改正法の柱となるのは，次の3点である。また，同法は，附則第1条において，一部の規定を除き(注)，「公布の日から起算して1年6月を超えない範囲内において政令で定める日から施行する。」としているところ，平成27年政令第14号により施行期日を定め，平成27年4月1日に施行している。

① 審判制度の廃止

公正取引委員会が行う審判制度を廃止するとともに，公正取引委員会が行う審決に係る取消訴訟の第一審裁判権が東京高等裁判所に属するとの規定を廃止する。

② 排除措置命令等に係る訴訟手続の整備

裁判所における専門性の確保等を図る観点から，独占禁止法違反に対する排除措置命令等に係る抗告訴訟については，東京地方裁判所の専属管轄とするとともに，東京地方裁判所においては，3人又は5人の裁判官の合議体により審理及び裁判を行うこととする。

③ 排除措置命令等に係る意見聴取手続の整備

処分前手続の一層の充実の観点から，排除措置命令等に係る意見聴取について，その主宰者，予定される排除措置命令等の内容の説明，公正取引委員会が認定した事実を立証する証拠の閲覧・謄写に係る規定等を整備する。

(注) 経過措置を政令で定める旨の規定（改正法附則第15条）及び公正取引委員会の調査手続についての検討規定（改正法附則第16条）については公布の日（平成25年12月13日）から施行されている。

(1) 平成25年改正の狙い

公正取引委員会が行っている審判制度については，行政処分を行った公正取引委員会が，自ら当該行政処分の適否を判断する仕組みであるという点が公正さの外観に欠けるのではないかとの指摘がなされてきたところである。

このような指摘等を背景として，前記2(3)のとおり，平成21年改正法

附則第20条第1項において,「審判手続に係る規定について,全面にわたって見直す」とされ,同法に係る衆議院・参議院の各経済産業委員会における附帯決議において,「現行の審判制度を現状のまま存続することや,平成17年改正以前の事前審判制度へ戻すことのないよう,審判制度の抜本的な制度変更を行うこと。」とされた。

今般の改正は,これらの附則等を踏まえ,手続の公正さの外観に関する批判を解消する観点から,公正取引委員会が行う審判制度を廃止し,公正取引委員会が行う行政処分に対する不服審査を裁判所に委ねるとともに,公正取引委員会が行政処分を行うに当たっての事前手続(処分前手続)について,より一層の充実・透明化を図ろうとするものである。

(2) 公正取引委員会の独立性について

審判制度の廃止により,公正取引委員会が独立行政委員会であることの根拠が失われ,公正取引委員会の独立性が失われるのではないかとの懸念も示されたところであるが,独占禁止法は,経済活動の基本的なルールを定めたものであり,その執行・運用は,法律及び経済に関する高度の専門的知識に基づき,公正かつ中立的に,また,継続的一貫性をもって行うことが必要である。公正取引委員会が合議制の独立行政委員会として設置されるとともに,その委員長及び委員は,独立してその職権を行う(独占禁止法第28条。以下単に「法」と記載する章番号,節番号又は条番号は平成25年改正後の独占禁止法の章番号,節番号又は条番号とする。)こととされているのは,このような公正取引委員会の職務の特質に由来しており,この職務の特質は審判制度の廃止によっても変わらないところである。

(3) 審判制度の廃止

平成25年改正前の独占禁止法(以下「旧法」という。)では,独占禁止法違反に対して公正取引委員会が行う排除措置命令等に不服がある者は,公正取引委員会に対し,当該排除措置命令等について審判を請求することができるとされていた。

審判手続は,公開による審理,証拠による事実認定等の訴訟類似の厳格

な手続が採用されていることから，訴訟の第一審に相当するものとして，審判手続を経て出される審決に対する抗告訴訟の第一審裁判権が東京高等裁判所に属するものとされるとともに（旧法第85条第1号），実質的証拠法則（審決の取消しの訴えに係る訴訟において，公正取引委員会の認定した事実は，これを立証する実質的な証拠があるときには，裁判所を拘束するとするもの。旧法第80条）や，新証拠提出制限（当事者が裁判所に対し公正取引委員会が認定した事実に関する証拠の申出をする場合には，公正取引委員会が正当な理由がなく当該証拠を採用しなかった場合等に該当することを理由とするものであることを要するとするもの。旧法第81条）が規定されていた。

　今般の改正では，公正取引委員会が行う審判制度を廃止し，同制度の廃止に伴い，一般の行政処分と同様に，第一審機能は地方裁判所に委ねることとしている。また，これに併せて，審判手続が第一審相当であることを前提に認められていた実質的証拠法則及び新証拠提出制限の規定も廃止している。

(4) 排除措置命令等に係る訴訟手続の整備

　旧法では，公正取引委員会が行った審決に不服がある者は，東京高等裁判所にその抗告訴訟を提起することとされていた。今般の改正では，公正取引委員会が行う審判制度の廃止に伴い，第一審機能は地方裁判所に委ねることとしている。ただし，独占禁止法違反事件の特殊性に鑑み，その管轄を東京地方裁判所に集中させ，裁判所における専門性の確保を図ることとしている。具体的な内容は次のとおりである。

ア　第一審機能を地方裁判所に（法第85条）

　審判制度の廃止に伴い，公正取引委員会の行政処分（排除措置命令等）に対する抗告訴訟については，その第一審機能を地方裁判所に委ねることとしている。

イ　裁判所における専門性の確保（東京地方裁判所への管轄集中）（法第85条）

　独占禁止法違反事件は，複雑な経済事案を対象としており専門性の高いものであることを踏まえ，公正取引委員会の行政処分（排除措置命令等）に係る抗告訴訟については，判断の合一性を確保するとともに裁判所にお

ける専門的知見の蓄積を図る観点から，第一審を東京地方裁判所の専属管轄とすることとしている。

　ウ　裁判所における慎重な審理の確保（法第86条及び法第87条）
　①　裁判所法第26条第1項の規定により，地方裁判所においては単独の裁判官により審理及び裁判が行われることが通常であるが，公正取引委員会が行う排除措置命令等に係る抗告訴訟については，第一審となる東京地方裁判所において3人の裁判官の合議体で審理及び裁判を行うこととし（必要的合議体），5人の裁判官の合議体で審理及び裁判を行うこともできることとしている。

　　　なお，地方裁判所における合議体の裁判官の員数は通常3人とされており（裁判所法第26条第3項），5人の合議体で審理及び裁判を行うかどうかは，あくまで当該合議体において判断されるものであるが，その判断に当たっては，個々の事案ごとに，事案の複雑さ，専門性の高さ，企業活動及び経済社会に与える影響の大きさ等が考慮されることになると考えられる。

　②　一般に，高等裁判所においては，3人の裁判官の合議体で審理及び裁判が行われることが通常であるが（裁判所法第18条第2項），東京地方裁判所がした排除措置命令等に係る抗告訴訟等についての終局判決に対する控訴審となる東京高等裁判所においては，5人の裁判官の合議体で審理及び裁判を行うことができることとしている。

(5)　排除措置命令等に係る意見聴取手続の整備

旧法では，公正取引委員会が排除措置命令等をしようとするときは，当該排除措置命令等の名宛人となるべき者に対し，予定される排除措置命令等の内容，公正取引委員会の認定した事実及びこれに対する法令の適用等を書面により通知した上で，あらかじめ，意見を述べ，証拠を提出する機会を付与することとされていた（旧法第49条第3項及び第5項並びに旧法第50条第6項）。また，公正取引委員会が行う排除措置命令等に不服がある者は，一定期間内に，公正取引委員会に対し，当該命令について審判を請求することができるとされていた（旧法第49条第6項及び旧法第50条第4

項)。さらに，この審判請求が行われると，公正取引委員会は，審判手続を経て審決（審判請求に理由がないときは当該請求を棄却する審決，審判請求に理由があるときは原処分の全部又は一部を取り消し，又はこれを変更する審決）を行うこととされていた（旧法第66条）。

　審判制度の廃止に伴い，従来は審決において示されていた公正取引委員会による最終的な判断が排除措置命令等において示されることとなるため，現行の排除措置命令等に係る処分前手続の更なる充実を図る観点から，新たな処分前手続として，公正取引委員会が指定する職員が主宰する意見聴取を整備するとともに，公正取引委員会が認定した事実を立証する証拠の閲覧・謄写に係る規定等を設けている。

　意見聴取手続（公正取引委員会の認定した事実を立証する証拠の閲覧・謄写に係る手続を含む。以下同じ。）の制度（法第49条以下）の具体的な内容は，後記アないしオのとおりである。

　　ア　意見聴取の主宰者（法第53条）
　今般の改正により規定される意見聴取においては，公正取引委員会が事件ごとに意見聴取に係る事件について調査を行った者等以外の者から指定する公正取引委員会の職員（以下「指定職員」という。指定職員の呼称については，公正取引委員会訓令により「意見聴取官」と規定されているところ，実際の意見聴取においては当該呼称が使用される。）が主宰することとしている。意見聴取においては，期日を設け，当該期日において当事者（排除措置命令等の名宛人となるべき者）から意見を聴取することとしている。

　　イ　代理人の選任（法第51条）
　当事者は，意見聴取手続に当たり，代理人を選任することができる。なお，旧法においては，代理人について「弁護士，弁護士法人又は公正取引委員会の承認を得た適当な者に限る。」とする規定があったが（旧法第49条第4項），意見聴取手続は，訴訟での第一審に相当する審判手続とは異なることから，今般の改正においては，代理人についてそのような限定を設けていない。

　　ウ　意見聴取の期日の進行（法第54条ないし法第56条）
　(ｱ)　意見聴取の最初の期日の冒頭では，指定職員は，事件を担当した審

査官等に，予定される排除措置命令等の内容，公正取引委員会の認定した事実及び立証に用いた証拠のうち主要なもの，並びに公正取引委員会の認定した事実に対する法令の適用を当事者に対して説明させる（法第54条第1項）。
(イ) 当事者は，意見聴取の期日に出頭して，意見を述べ，証拠を提出し，指定職員の許可を得て審査官等に対して質問を発することができる（法第54条第2項）。
(ウ) 指定職員は，意見聴取の期日において必要があると認めるときは，当事者に対して質問をし，意見の陳述，証拠の提出を促すとともに，審査官等に対して説明を求めることができる（法第54条第3項）。
(エ) 当事者は，意見聴取の期日への出頭に代え，指定職員に対して陳述書及び証拠を提出することができる（法第55条）。
(オ) 指定職員は，意見聴取の期日における当事者による意見陳述，証拠提出及び質問並びに審査官等による説明の結果，なお意見聴取を続行する必要があると認めるときは，さらに新たな期日を定めることができる（法第56条第1項）。

エ 指定職員による調書及び報告書の作成等（法第58条及び法第60条）

(ア) 指定職員は，意見聴取の期日における当事者の意見陳述等の経過を記載した調書，当該意見聴取に係る事件の論点を整理して記載した報告書を作成し，公正取引委員会に提出する。

　調書は，意見聴取の期日における審査官等の説明の要旨及び当事者による意見陳述等の経過，当事者の陳述の要旨等を記録することを旨とするものであり，また，期日ごとに作成されるものである。

　これに対し，報告書は，意見聴取の期日における審査官等の説明及び当事者と審査官等との質疑応答を踏まえた上で，指定職員が，委員会の判断に資するよう，当該事件の論点を整理して記載するものであり，また，意見聴取が終結した後に作成されるものである。

(イ) 公正取引委員会は，排除措置命令等に係る議決をするときは，指定職員から提出された調書及び報告書の内容を十分に参酌してしなければならない。指定職員が作成する調書には当事者の陳述の要旨が記載

されており，報告書には意見聴取手続において整理された論点が記載されていることから，公正取引委員会は，当該調書及び報告書の内容を参酌することによって，より効率的に当事者の意見を検証することが可能となる。

オ 公正取引委員会の認定した事実を立証する証拠の閲覧・謄写（法第52条）

旧法における処分前手続においては，相手方事業者に対して予定される排除措置命令等の内容等を説明する場合において，説明を受ける者に係る公正取引委員会の認定した事実を基礎付けるために必要な証拠について説明するものと規定されていた（公正取引委員会の審査に関する規則〔平成17年公正取引委員会規則第5号。以下「審査規則」という。〕旧第25条及び旧第29条）が，証拠の閲覧・謄写に関する規定はなかった。

これに対し，今般の改正においては，排除措置命令等に係る処分前手続における意見陳述等の更なる充実を図る観点から，公正取引委員会が認定した事実を立証する証拠の閲覧・謄写に関する規定を設けている。

ただし，公正取引委員会は，第三者の利益を害するおそれがあるときその他正当な理由があるときには，その閲覧・謄写を拒むことができる。

(ｱ) 閲覧

当事者は，意見聴取の通知を受けた時から意見聴取が終結するまでの間，意見聴取に係る事件について公正取引委員会の認定した事実を立証する証拠の閲覧を求めることができる。

(ｲ) 謄写

当事者は，閲覧の対象となる証拠のうち，自社証拠（当事者又はその従業員が提出を命じられた物件や当事者又はその従業員の供述調書等）については，謄写を求めることができる。謄写を求めることができる期間は，閲覧の場合と同じである。

第2部

逐条解説

第1章 審判制度の廃止等

第26条（損害賠償請求権の裁判上の主張制限）

> **第26条** 前条の規定による損害賠償の請求権は，第49条に規定する排除措置命令（排除措置命令がされなかつた場合にあつては，第62条第1項に規定する納付命令（第8条第1号又は第2号の規定に違反する行為をした事業者団体の構成事業者に対するものを除く。））が確定した後でなければ，裁判上主張することができない。
> ② 前項の請求権は，同項の排除措置命令又は納付命令が確定した日から3年を経過したときは，時効によつて消滅する。

解説

1 規定の趣旨

本条は，法第25条の規定による無過失損害賠償請求権について，裁判上の主張時期を定める規定であり，公正取引委員会による判断が確定していることを同条の規定による無過失損害賠償請求訴訟の要件とするものである。本条の趣旨は，第一には，高度に専門的な知識・経験を要する独占禁止法違反行為の存否の判断については専門機関たる公正取引委員会の判断に重きを置き，公正取引委員会の判断が確定している場合には民事訴訟においてもこれを尊重・優先すること，第二には，違反行為について公正取引委員会における最終的な判断と損害賠償請求訴訟に係る裁判所の判決における判断との間での齟齬・矛盾を回避することにある。

2 改正の趣旨

今般の改正では，審判制度の廃止に伴い，旧法第66条第4項の審決（違法宣言審決）が存在しなくなることから，法第25条の規定による損害賠償請求の訴訟要件から旧法第66条第4項の審決（違法宣言審決）が確定して

いることを削除している。今後は，排除措置命令（排除措置命令がされなかった場合は課徴金納付命令）の確定のみが，法第25条の規定による損害賠償請求の訴訟要件となる。

第35条（事務総局・職員）

第35条 （略）
② （略）
③ 事務総長は，事務総局の局務を統理する。
④〜⑥ （略）
⑦ 事務総局の職員中には，検察官，任命の際現に弁護士たる者又は弁護士の資格を有する者を加えなければならない。
⑧ 前項の検察官たる職員の掌る職務は，この法律の規定に違反する事件に関するものに限る。

解説

本条は，公正取引委員会の事務を処理する機関として事務総局を設置することを定め，併せて事務総局の内部組織等を規定しているところ，審判制度の廃止に伴い，審判官に係る部分の規定（旧法第35条第3項の一部及び第7項ないし第9項）を削除するものである。

第63条（罰金と課徴金の調整）

第63条 第7条の2第1項（同条第2項において読み替えて準用する場合を含む。次項において同じ。）又は第4項の規定により公正取引委員会が納付命令を行つた後，同一事件について，当該納付命令を受けた者に対し，罰金の刑に処する確定裁判があつたときは，公正取引委員会は，決定で，当該納付命令に係る課徴金の額を，その額から当該裁判において命じられた罰金額の2分の1に相当する金額を控除した額に変更しなければならない。ただし，当該納付命令に係る課徴金の額が当該罰金額の2分の1に相当する金額を超えないとき，又は当該変更後の額が100万円未満となるときは，この限りでない。

② 前項ただし書の場合においては、公正取引委員会は、決定で、当該第7条の2第1項又は第4項の規定による納付命令を取り消さなければならない。
③ 前2項の規定による決定は、文書によつて行い、決定書には、公正取引委員会の認定した事実及びこれに対する法令の適用を記載し、委員長及び第65条第1項の規定による合議に出席した委員がこれに記名押印しなければならない。
④ 第1項及び第2項の規定による決定は、その名宛人に決定書の謄本を送達することによつて、その効力を生ずる。
⑤ 公正取引委員会は、第1項及び第2項の場合において、変更又は取消し前の納付命令に基づき既に納付された金額（第69条第2項に規定する延滞金を除く。）で、還付すべきものがあるときは、遅滞なく、金銭で還付しなければならない。

解説

1 規定の趣旨

本条は、課徴金納付命令が行われた後に、同一事件について、刑事裁判において罰金刑が確定した場合、当該課徴金納付命令に係る課徴金の額から罰金額の2分の1に相当する金額を控除した額に変更する等の所要の調整を行うことを規定しており、旧法第51条に対応するものである。

2 改正の趣旨

旧法第51条においては、課徴金納付命令の変更又は取消しは「審決」で行うこととされていたところ、今般の改正では、審判制度の廃止に伴い、これを「決定」で行うこととし、課徴金納付命令の変更又は取消しを行う「決定」の方式について新たに規定している。

3 第3項（決定の方式）

旧法第70条の2第1項において「審決」の方式については、文書によつて行い、審決書には、公正取引委員会の認定した事実及びこれに対する法

令の適用を示し，委員長及び合議に出席した委員が署名押印する旨が規定されていた。これと同様に，本項は，「決定」の方式について，文書によって行い，決定書には，公正取引委員会の認定した事実及びこれに対する法令の適用を示し，委員長及び合議に出席した委員が記名押印する旨を規定している。

なお，旧法における審決書には署名押印が必要とされていたが，排除措置命令書等においては記名押印とされていることを踏まえ，決定書においても記名押印としている。

4 第4項（決定書の送達）

旧法第70条の2第3項において「審決」は，審決書の謄本を送達することによって効力が生ずることとされ，また，排除措置命令等についても同様に規定されていたところ，本項は，「決定」についても，決定書の謄本を送達することによって効力が生ずることを規定している。

5 審判制度の廃止に伴い，「決定」で行うこととしているもの

本条において規定する罰金との調整による課徴金納付命令の取消し・変更のほか，旧法においては，審判手続を経ずに審決を行うもの（後記②については不利益処分であるため，審判手続を経て審決で行うこととされていた。）として，以下の処分が規定されていたところ，審判制度の廃止に伴い，これらについても「決定」(注)で行うこととし，当該決定の方式については本条第3項及び第4項を準用することとしている。

① 法第11条第1項及び第2項の認可の申請に係る却下（旧法70条の11第1項→法第70条の2第1項）
② 前記①の認可をした場合において，当該認可の要件である事実が消滅し，又は変更したと認めるときの取消し・変更（旧法第70条の12第1項→法第70条の3第1項）
③ 経済事情の変化その他の事由により，排除措置命令等を維持することが不適当であると認めるときの取消し・変更（旧法第70条の12第2項→法第70条の3第3項）

(注)「審決書」には少数意見を付記できるとされていたところ（旧法第70条の2第2項），今般の改正後の「決定書」には少数意見を付記することはできない。

第64条（競争回復措置命令）

第64条　第8条の4第1項の規定による命令（以下「競争回復措置命令」という。）は，文書によつて行い，競争回復措置命令書には，独占的状態に係る商品又は役務について競争を回復させるために必要な措置並びに公正取引委員会の認定した事実及びこれに対する法令の適用を示し，委員長及び次条第1項の規定による合議に出席した委員がこれに記名押印しなければならない。
② 　競争回復措置命令は，その名宛人に競争回復措置命令書の謄本を送達することによつて，その効力を生ずる。
③ 　競争回復措置命令は，確定しなければ執行することができない。
④ 　第49条から第60条までの規定は，競争回復措置命令について準用する。
⑤ 　公正取引委員会は，前項において準用する第50条第1項の規定による通知をしようとするときは，当該事業者の営む事業に係る主務大臣に協議し，かつ，公聴会を開いて一般の意見を求めなければならない。

解説

1　改正の趣旨

旧法第67条においては，法第8条の4第1項に規定する措置を「審決」で命じることとされていたところ，本条は，審判制度の廃止に伴い，同項の規定による命令を競争回復措置命令とし，同命令は，排除措置命令及び課徴金納付命令と同様，競争回復措置の内容，認定した事実及び法令の適用が記載された文書をもって行うこととするものである。ただし，競争回復措置命令については，旧法第70条の2第4項の規定の趣旨を維持し，送達により効力は発生しても，当該命令が確定しなければ執行することができないことを規定している。

2　第1項（競争回復措置命令書）

(1) 「独占的状態に係る商品又は役務について競争を回復させるために必要な措置」

法第8条の4の規定により公正取引委員会が命ずる競争回復措置としては，独占的状態に係る商品又は役務について，事業の一部譲渡のほか，株式の処分，役員兼任の禁止，新規参入を容易にするための技術公開や特許権の実施許諾等が考えられる。

(2) 「公正取引委員会の認定した事実及びこれに対する法令の適用」

「公正取引委員会の認定した事実」とは，独占的状態があると認める事実（法第8条の4第1項本文）並びに①商品又は役務の供給に要する費用の著しい上昇をもたらす程度に事業規模が縮小し，経理が不健全になり，又は国際競争力の維持が困難になると認められないこと及び②競争を回復するに足りると認められる他の措置が講ぜられていないこと（同項ただし書）を意味する。

「これに対する法令の適用」とは，公正取引委員会の認定した事実が法第2条第7項の規定（独占的状態の定義）に該当し，法第8条の4第1項の規定（独占的状態に対する措置）に基づく命令であることを意味する。

3　第2項（命令の効力）

本項は，競争回復措置命令について，排除措置命令書及び課徴金納付命令書と同様，その名宛人に競争回復措置命令書の謄本を送達することによって効力を生ずることを規定している。

4　第3項（命令確定前の執行不可）

独占的状態に対する競争回復措置は企業構造に関するものとなり得るため，これを一旦執行してしまえば，仮にその後に訴訟において競争回復措置命令が取り消された場合であっても，原状を回復するのが困難であることから，本項は，同命令が確定するまで主文を執行することができないこととしている。このような取扱いは，旧法における競争回復措置を命ずる

審決についても同様であった（旧法第70条の2第4項）。

　なお，ここでいう「執行」とは，競争回復措置を命ずることそれ自体ではなく，命じた競争回復措置を名宛人に執らせることを意味する。競争回復措置命令は，その送達により効力が発生し（本条第2項），名宛人には命令を履行する義務が生ずることとなるが，本項の規定により，公正取引委員会は，命令が確定するまでの間は，競争回復措置が講じられているかどうかを確かめるために必要な処分を行うことや名宛人に命令を履行することを促すことを控えることとなる。また，排除措置命令の場合とは異なり，競争回復措置命令については，確定前の命令違反に対する過料の対象ともしていない（法第97条参照）。

5　第4項（処分前手続の準用）

　独占的状態に対する処分前手続については，行政手続法に照らせば，聴聞を行うべき場合（行政手続法第13条第1項第1号）に該当せず，弁明の機会の付与を行うことで足りるものと考えられるが，本項は，独占禁止法上の手続の一貫性の観点から，違反行為に対する排除措置命令及び課徴金納付命令を行うための処分前手続（意見聴取手続。後記第3章参照）を準用することを規定している。

6　第5項（主務大臣との協議義務及び独占的状態に関する公聴会）

　本項は，公正取引委員会が競争回復措置を命じようとする場合における意見聴取の通知を行う際に，主務大臣との協議及び公聴会の開催を義務付ける旨を規定しており，旧法において，独占的状態に係る審判手続を開始しようとするときに主務大臣との協議（旧法第53条）及び公聴会の開催（旧法第73条）を義務付けていたことに対応するものである。

(1)　「前項において準用する第50条第1項の規定による通知をしようとするとき」

　主務大臣との協議を行う時期及び公聴会を開催する時期については，従来の「審判手続を開始しようとするとき」とは競争回復措置を命じようと

する場合における処分前手続を開始しようとするときにほかならないことから，同じ処分前手続に当たる意見聴取手続を開始しようとするとき，すなわち，法第50条第1項の規定による通知を行う前に協議を行うこととしている。

(2) **主務大臣との協議**

主務大臣との協議は，独占的状態に係る審査開始についての主務大臣への通知義務（法第46条第1項）及びそれに基づく主務大臣の意見陳述（同条第2項）に加え，旧法下における審判手続を開始しようとするときに，その事業分野に対する主務大臣の行う行政との調整を目的として設けられたものであり（旧法第53条第2項），本項は，このような調整の必要性を，引き続き認めるものである。

(3) **公聴会の開催**

独占的状態については，措置を命じられる事業者の役員及び従業員，株主，債権者等の直接の利害関係者だけではなく，競争事業者，一般消費者，学識経験者等から広く意見を聴取して措置の発動を慎重に検討する必要がある。このため，旧法においては，独占的状態に係る審判手続を開始する際に公聴会の開催が義務付けられていた（旧法第73条）。競争回復措置を命ずるに当たってこのように広く意見を聴取することの必要性は，審判手続の有無に関係なく認められるものであるため，審判手続の廃止による旧法第73条の削除に伴い本項において引き続き公聴会の開催を公正取引委員会に義務付けている。

なお，独占的状態に関する公聴会の規定（旧法第73条）は，これまで法第8章第3節［雑則］に置かれていたが，法第8条の4においては「第8章第2節に規定する手続に従い」と規定されており，法第8章第2節［手続］において規定する方が望ましいことから，今般の改正に併せ，本項に規定している。

第65条（命令及び決定の議決方法）

> **第65条** 排除措置命令，納付命令及び競争回復措置命令並びにこの節の規定による決定（第70条第2項に規定する支払決定を除く。以下同じ。）は，委員長及び委員の合議によらなければならない。
> ② 第34条第1項，第2項及び第4項の規定は，前項の合議について準用する。
> ③ 競争回復措置命令をするには，前項において準用する第34条第2項の規定にかかわらず，3人以上の意見が一致しなければならない。

解　説

1　規定の趣旨

　本条は，排除措置命令，課徴金納付命令及び競争回復措置命令並びにこの節［法第8章第2節］の規定による決定が，委員長及び委員の合議による旨を規定しており，旧法第69条に対応するものである。競争回復措置を命ずるに当たってはより慎重に行う必要があるため，合議における議決のための要件も，旧法第69条第3項と同様，排除措置命令及び課徴金納付命令の合議の場合に比してより慎重なものとしている。

2　改正の趣旨

　審判制度の廃止に伴い，独占的状態に対する競争回復措置を命ずる手続については，審判手続を経て審決によって命令を行う手続から審判手続を経ずに直接命令を行う手続に変わる（法第64条及び法第65条）とともに，罰金との調整による課徴金の変更・取消し（法第63条第1項及び第2項）等についても，審決ではなく決定で行うこととしている。このため，今般の改正では，旧法第69条第1項中の「審決」を「競争回復措置命令」，「決定」に改め，その意思決定に当たっては引き続き合議によらなければならない旨を規定している。

旧法第52条,旧法第54条ないし旧法第68条,旧法第70条の2ないし旧法第70条の4,旧法第70条の6,旧法第70条の7,旧法第70条の15及び旧法第73条(審判手続に係る規定)　25

3　第1項

(1)　「この節の規定による決定」

　法第8章第2節(法第45条ないし法第70条の12)の規定による決定には,以下のものがある。これらは,旧法においては,いずれも合議による「審決」により行うこととされていたところ,審判制度の廃止後の「決定」においても,引き続き合議により行われることとなる。

① 　罰金との調整による課徴金の取消し・変更(法第63条第1項及び第2項)

② 　法第11条第1項及び第2項に規定する認可申請の却下(法第70条の2第1項)

③ 　認可の取消し・変更(法第70条の3第1項)

④ 　経済事情の変化による排除措置命令等の取消し・変更(法第70条の3第3項)

(2)　「第70条第2項に規定する支払決定を除く」

　「第70条第2項に規定する支払決定」とは課徴金の還付のための支払決定のことであり,旧法においても,課徴金の還付のための支払決定は,委員長及び委員の合議の対象となっていなかったことから,今般の改正によってもそれが変わらないことを確認的に明らかにするものである。

旧法第52条,旧法第54条ないし旧法第68条,旧法第70条の2ないし旧法第70条の4,旧法第70条の6,旧法第70条の7,旧法第70条の15及び旧法第73条(審判手続に係る規定)

> 旧法第52条,旧法第54条ないし旧法第68条,旧法第70条の2ないし旧法第70条の4,旧法第70条の6,旧法第70条の7,旧法第70条の15及び旧法第73条　(略)

解説

　旧法第52条,旧法第54条ないし旧法第68条,旧法第70条の2ないし旧法第70条の4,旧法第70条の6,旧法第70条の7,旧法第70条の15

及び旧法第73条(規定の概要については,下表参照)は,審判手続に係る規定であったところ,今般の改正では,審判制度の廃止に伴い,当該規定を廃止している。

削る条(旧法)	規定の概要
第52条	審判請求,審判手続の開始
第54条	審判請求があった場合における排除措置命令の執行停止
第55条	審判開始通知書・審判開始決定書
第56条	審判官
第57条	被審人等が審判期日に不出頭の場合の取扱い
第58条	審査官の審判に関する権限
第59条	審判における被審人等の防御権
第60条	審判における証拠不採用の理由の開示
第61条	審判の公開,審判調書の作成
第62条	審判における参考人・鑑定人の資格,証言等の拒絶権,宣誓
第63条	審判官審判を行った場合における委員会に対する直接陳述
第64条	審判手続の併合・分離
第65条	独占的状態に関する同意審決
第66条	審決
第67条	独占的状態に関する審判審決
第68条	審判における証拠による事実認定
第70条の2	審決の方式[注1]
第70条の3	第三者の審判手続の参加
第70条の4	関係公務所・公共団体の審判手続の参加
第70条の6	供託による排除措置命令の執行免除[注2]
第70条の7	供託物の没取[注2]
第70条の15	審判事件記録の閲覧・謄写等[注2]
第73条	独占的状態に関する公聴会

(注1) 本条により,「審決書」には少数意見を付記できるとされていたところ(同

条第2項），今般の改正後の「排除措置命令書」等には少数意見を付記することはできない。
(注2) 旧法第70条の6，旧法第70条の7及び旧法第70条の15については，後記各条の解説参照。

旧法第70条の6（供託による排除措置命令の執行免除）

> 第70条の6　公正取引委員会が排除措置命令をしたときは，被審人は，裁判所の定める保証金又は有価証券（社債，株式等の振替に関する法律第278条第1項に規定する振替債を含む。次条第1項及び第70条の14において同じ。）を供託して，当該排除措置命令が確定するまでその執行を免れることができる。
> ② 前項の規定による裁判は，非訟事件手続法（平成23年法律第51号）により，これを行う。

解説

1　規定の趣旨

本条は，排除措置命令の名宛人が審判を請求した場合に，裁判所の定める保証金等を供託してその執行を免れる制度について規定するものであった。排除措置命令は名宛人に送達されればその効力が生じ，これを履行する義務が生じる一方，名宛人にとって執行以前の状態に回復することが困難なこともあるため，排除措置命令が確定するまで執行を免れることを可能としたものであった。

2　改正の趣旨

旧法では，排除措置命令について審判手続を経た後，審決の取消しの訴えを提起することとされ（旧法第77条第3項），審判手続中は行政事件訴訟法第25条の執行停止の申立てをすることができないため，審判期間において執行を免れる方法として，供託による執行免除の規定が機能していた。

しかし，審判制度の廃止により，排除措置命令が行われた場合，これに

対する不服は地方裁判所から訴訟で争われることとなったことに伴い，名宛人が排除措置命令の執行により重大な損害を受けるのであれば，直ちに排除措置命令に対する取消訴訟を提起するとともに行政事件訴訟法による執行停止の申立てをすることができる（行政事件訴訟法第25条第2項）。

このため，排除措置命令により早期に競争の回復を図る要請と，その執行により名宛人が受ける不利益との調整を図るためには，行政事件訴訟法上の執行停止によることが適当であると考えられることから，今般の改正では，供託による排除措置命令の執行免除規定を廃止している。

旧法第70条の7（供託物の没取）

> 第70条の7　被審人が，前条第1項の規定により供託をした場合において，当該排除措置命令が確定したときは，裁判所は，公正取引委員会の申立てにより，供託に係る保証金又は有価証券の全部又は一部を没取することができる。
> ②　前条第2項の規定は，前項の規定による裁判に，これを準用する。

解　説

本条は，供託に係る保証金又は有価証券の没取を定めるものであったところ，旧法第70条の6（供託による排除措置命令の執行免除）の規定が削除されることに伴い，今般の改正では，当該規定も削除している。

旧法第70条の15（審判事件記録の閲覧・謄写）

> 第70条の15　利害関係人は，公正取引委員会に対し，審判手続が開始された後，事件記録の閲覧若しくは謄写又は排除措置命令書，課徴金納付命令書，審判開始決定書若しくは審決書の謄本若しくは抄本の交付を求めることができる。この場合において，公正取引委員会は，第三者の利益を害するおそれがあると認めるときその他正当な理由があるときでなければ，事件記録の閲覧又は謄写を拒むことができない。
> ②　公正取引委員会は，前項の規定により謄写をさせる場合において，謄写した事件記録の使用目的を制限し，その他適当と認める条件を付すること

ができる。

解　説

　本条は，①審判手続における当事者の防御権行使等，②審判手続に参加し得る者が参加又は意見陳述の要否を検討するための便宜，③独占禁止法違反行為の被害者が差止請求訴訟又は損害賠償請求訴訟を提起・維持するための便宜を図ることをその趣旨とする規定であるとされていた（最判平成15年9月9日審決集50巻739頁）。

　同条にいう「事件記録」とは，審判調書，速記録，審判廷に顕出された証拠等の審判事件記録のことであり（東京高判昭和46年7月17日行集22巻7号1022頁），「利害関係人」とは，「当該事件の被審人のほか，法59条及び60条(注)により審判手続に参加し得る者並びに当該事件の対象をなす違反行為の被害者」をいうとされていた（最判昭和50年7月10日民集29巻6号888頁）。そこで，独占禁止法違反行為の被害者においては，法第25条の規定に基づく無過失損害賠償請求訴訟等を提起する場合に，当該違反行為に係る事件記録を閲覧・謄写して証拠とすることが行われてきた。

　今般，審判手続の廃止に伴い，本条も廃止しており，今後は，独占禁止法違反行為の被害者は，当該違反行為に係る公正取引委員会の排除措置命令等について取消訴訟が提起された場合には，民事訴訟法第91条の規定により裁判所書記官に対して訴訟記録の閲覧又は謄写を申請することが考えられる（ただし，謄写を申請するに当たっては，利害関係を疎明することが必要となる。）。

　（注）　平成17年改正により旧法第70条の3及び旧法第70条の4に繰下げ。

第68条（排除措置命令等をした後における調査のための強制処分）

第68条　公正取引委員会は，排除措置命令をした後又は競争回復措置命令が確定した後においても，特に必要があるときは，第47条の規定により，これらの命令において命じた措置が講じられているかどうかを確かめるため

に必要な処分をし，又はその職員をして処分をさせることができる。

解　説

1　規定の趣旨

本条は，公正取引委員会が排除措置命令を行った後又は競争回復措置命令が確定した後においても，当該命令において命じた措置が講じられているかどうかを確かめるための監査を実施するに当たり，法第47条の審査権限を行使することができる旨を規定するものである。

2　改正の趣旨

平成17年改正前の独占禁止法第64条では，審判審決をした後においても法第47条（平成17年改正前の第46条）の規定による処分をすることができる旨が規定されていたが，平成17年改正によって，①審判請求期間を経過して確定した排除措置命令，②審判請求取下げによって確定した排除措置命令，③審判請求を却下する審決，④審判請求を棄却する審決，⑤排除措置命令の一部を取り消し又は変更する審決，⑥独占的状態に関する同意審決，⑦独占的状態に関する審判審決をした後においても監査のために必要な処分をすることができることとされた（旧法第70条の8）。これは，公正取引委員会としての最終的な判断がなされた後において，排除措置命令又は独占的状態に係る競争回復措置を命ずる審決により命じた措置が現実に履行されているか否かを確認するための監査を実施するに当たって，法第47条の審査権限を行使できることを明らかにする規定であった。

今般の審判制度の廃止に伴い，措置内容に係る公正取引委員会としての最終的な判断は排除措置命令又は競争回復措置命令を行った段階でなされることとなる。したがって，公正取引委員会が命じた排除措置又は競争回復措置が十分に履行されていない疑いがある場合などの特に必要があるときには，これらの命令後の市場の状況，名宛人における命令の履行状況等について，法第47条の審査権限を用いて調査することができる旨を規定しておく必要がある。

なお，競争回復措置命令については確定しなければ執行することができない（法第64条第3項）ため，本条の規定により監査のために必要な処分を行うことができるのも同命令が確定した後に限られる。

第69条（課徴金及び延滞金の納付の督促）

> 第69条 公正取引委員会は，課徴金をその納期限までに納付しない者があるときは，督促状により期限を指定してその納付を督促しなければならない。
> ② 公正取引委員会は，前項の規定による督促をしたときは，その督促に係る課徴金の額につき年14.5％の割合で，納期限の翌日からその納付の日までの日数により計算した延滞金を徴収することができる。ただし，延滞金の額が1000円未満であるときは，この限りでない。
> ③ 前項の規定により計算した延滞金の額に100円未満の端数があるときは，その端数は，切り捨てる。
> ④ 公正取引委員会は，第1項の規定による督促を受けた者がその指定する期限までにその納付すべき金額を納付しないときは，国税滞納処分の例により，その督促に係る課徴金及び第2項に規定する延滞金を徴収することができる。
> ⑤ 前項の規定による徴収金の先取特権の順位は，国税及び地方税に次ぐものとし，その時効については，国税の例による。

解説

1 規定の趣旨

本条は，課徴金納付命令を受けた者がその納期限までに納付しない場合には，公正取引委員会は，課徴金の納付を督促しなければならず，さらに，督促状により指定した期限までになお納付すべき金額が納付されないときは，これらを国税滞納処分の例により徴収することができる旨を規定しているものであり，旧法第70条の9に対応するものである。

2 改正の趣旨

旧法第70条の9第2項は，同条第1項の規定にかかわらず，納付命令

について審判請求されたときは審決をした後に督促する旨を規定していたところ、今般の改正では、審判制度の廃止に伴い、当該規定を削除している。また、審判制度の廃止により、同条第3項に規定していた審判請求された場合の延滞金の軽減算定率について規定する必要がなくなることから、当該規定を削除している（本条第2項）。

3　第2項（「前項の規定による督促をしたときは……延滞金を徴収することができる」）

本項において延滞金が定められているのは、納期限内に課徴金を納付しない者に対して経済的不利益を課すことにより、少しでも早く納付させる効果を期待したものであるところ、他法令においても督促を条件として延滞金を発生させている例が一般的であることから、納期限の到来により直ちに延滞金を徴収することができるとするのではなく、本条第1項の規定による納付の督促をしたことを条件として延滞金を徴収することができるとしている。

4　第4項（強制徴収）

督促状に記載される指定期限までに課徴金及び延滞金の完納がないとき、強制徴収が可能になる。旧法第70条の9第5項は、「国税滞納処分の例により、これ［その納付すべき金額］を徴収することができる」としていたところ、「納付すべき金額」とは、課徴金と延滞金の両方を意味していた。

他法令において国税滞納処分の例により金銭を徴収することとしているものには、延滞金も強制徴収の対象であることを明確に規定しているものが多いため、これらの例に倣って、本項は、督促に係る課徴金及び本条第2項に規定する延滞金が強制徴収の対象となることを明らかにしている。

第70条（課徴金の還付）

> **第70条**　公正取引委員会は、第7条の2第25項（第20条の7において読み替えて準用する場合を含む。）の規定により第7条の2第1項（同条第2項

において読み替えて準用する場合を含む。）若しくは第4項又は第20条の2から第20条の6までの規定による課徴金の納付を命じた場合において，これらの規定による納付命令に基づき既に納付された金額で，還付すべきものがあるとき（第63条第5項に規定する場合を除く。）は，遅滞なく，金銭で還付しなければならない。
② 公正取引委員会は，前項の金額を還付する場合には，当該金額の納付があつた日の翌日から起算して1月を経過する日の翌日からその還付のための支払決定をした日までの期間の日数に応じ，その金額に年7.25％を超えない範囲内において政令で定める割合を乗じて計算した金額をその還付すべき金額に加算しなければならない。
③ 前条第2項ただし書及び第3項の規定は，前項の規定により加算する金額について準用する。

解説

1 規定の趣旨

本条は，特定事業承継子会社等に対して還付の必要が生ずる場合（罰金額の2分の1を課徴金額から控除する決定により還付すべき金額が生ずる場合を除く。）において，課徴金として既に納付された金額があるときの還付手続について規定しており，旧法第70条の10に対応するものである。

2 改正の趣旨

旧法第70条の10第2項は，審判請求に対する審決によって納付命令の全部又は一部が取り消された場合には，既に納付された金額で還付すべきものを金銭で還付することとし，還付するに当たって同条第3項に規定する加算金の対象とするために規定されたものであるところ，今般の改正では，審判制度の廃止に伴い，審決によって納付命令が取り消されることはなくなるため，旧法第70条の10第2項の規定を削除している。また，同項の規定の削除に伴い，本条第1項及び第2項において，所要の改正を行っている。

第70条の2（認可申請の却下）

> **第70条の2** 公正取引委員会は，第11条第1項又は第2項の認可の申請があつた場合において，当該申請を理由がないと認めるときは，決定でこれを却下しなければならない。
> ② 第45条第2項の規定は，前項の認可の申請があつた場合について準用する。
> ③ 第63条第3項及び第4項の規定は，第1項の規定による決定について準用する。

解説

1 規定の趣旨

本条は，公正取引委員会は，法第11条の認可の申請があった場合に，申請に理由がないと認めるときは，決定で却下しなければならない旨を規定しており，旧法第70条の11に対応するものである。

2 改正の趣旨

法第11条第1項ただし書においては，銀行業を営む会社は，公正取引委員会の認可を受けた場合には，他の国内の会社の議決権について5％を超えて保有することができる等の旨規定されているところ，旧法第70条の11においては，当該認可の申請等があった場合で当該申請等に理由がないときは，「審決」で却下することとしていた。今般の改正では，審判制度の廃止に伴い，公正取引委員会の最終的な判断を示す方法として「審決」によることはできなくなることから，罰金との調整による課徴金の変更・取消し（法第63条）と同様に，「決定」で却下することとするとともに，「決定」の方式については，課徴金の変更・取消しに係る決定の方式の規定（法第63条第3項及び第4項）を準用することとしている。

なお，認可申請に係る却下処分については，行政手続法においても不利益処分には該当しないものとして整理されているところ（行政手続法第2条第4号ロ），処分前手続を経ることなく処分を行うこととしている。

第70条の3（認可・排除措置命令等の取消し又は変更）

> **第70条の3** 公正取引委員会は，第11条第1項又は第2項の認可をした場合において，その認可の要件である事実が消滅し，又は変更したと認めるときは，決定でこれを取り消し，又は変更することができる。
> ② 第49条から第60条まで並びに第63条第3項及び第4項の規定は，前項の規定による決定について準用する。
> ③ 公正取引委員会は，経済事情の変化その他の事由により，排除措置命令又は競争回復措置命令を維持することが不適当であると認めるときは，決定でこれを取り消し，又は変更することができる。ただし，排除措置命令又は競争回復措置命令の名宛人の利益を害することとなる場合は，この限りでない。
> ④ 第63条第3項及び第4項の規定は，前項の規定による決定について準用する。

解説

1　規定の趣旨

本条第1項及び第2項は，法第11条の認可の要件である事実が消滅等したと認めるときは，意見聴取手続を経て，決定で当該認可の取消し・変更を行うことができることを規定しており，旧法第70条の12第1項に対応するものである。

また，本条第3項及び第4項は，経済事情の変化等により，排除措置命令又は競争回復措置命令を維持することが不適当であると認めるときは，決定で当該命令の取消し・変更を行うことができる旨を規定しており，旧法第70条の12第2項に対応するものである。

2　第1項及び第2項（認可の取消し・変更）

法第11条の認可の取消し・変更については，旧法第70条の12第1項においては「審決」で行うこととされていたところ，罰金との調整による課徴金の変更・取消し（法第63条）と同様に，本条第1項は，審判制度の廃止に伴い，これを「決定」で行うこととするとともに，本条第2項は，「決

定」の方式について，課徴金の変更・取消しに係る決定の方式の規定（法第63条第3項及び第4項）を準用する旨を規定している。

　また，法第11条の認可の取消し・変更は，認可を受けた者に対して不利益を課す処分となるため，旧法第70条の12第1項後段においては，審判手続を経ることとされていたところ，今般の改正によって審判制度は廃止される。行政手続法に照らせば，認可を取り消す不利益処分については聴聞を行うこととなるところ（行政手続法第13条第1項第1号イ），独占禁止法上の手続の一貫性の観点に鑑みて，本条第2項は，法第11条の認可の取消し・変更について排除措置命令等に係る意見聴取手続と同様の手続を経ることとし，排除措置命令に係る意見聴取手続の規定（法第49条ないし法第60条）を準用する旨を規定している。

3　第3項及び第4項（命令の取消し・変更）

　経済事情の変化等による排除措置命令等の取消し・変更については，旧法第70条の12第2項においては「審決」で行うこととされていたところ，罰金との調整による課徴金の変更・取消し（法第63条）と同様に，本条第3項は，審判制度の廃止に伴い，これを「決定」で行うこととするとともに，本条第4項は，「決定」の方式について，課徴金の変更・取消しに係る決定の方式の規定（法第63条第3項及び第4項）を準用する旨を規定している。

第70条の4（緊急停止命令）

> **第70条の4**　裁判所は，緊急の必要があると認めるときは，公正取引委員会の申立てにより，第3条，第6条，第8条，第9条第1項若しくは第2項，第10条第1項，第11条第1項，第13条，第14条，第15条第1項，第15条の2第1項，第15条の3第1項，第16条第1項，第17条又は第19条の規定に違反する疑いのある行為をしている者に対し，当該行為，議決権の行使若しくは会社の役員の業務の執行を一時停止すべきことを命じ，又はその命令を取り消し，若しくは変更することができる。
> ②　前項の規定による裁判は，非訟事件手続法（平成23年法律第51号）により行う。

解　説

1　規定の趣旨

本条は、排除措置を命ずるまでの間、緊急の必要があると認める場合に、違反被疑行為等の一時停止を命じる旨を規定している。これは、公正取引委員会が事件について審査に着手し、違反被疑行為を違反行為として排除するまでには一定の期間を要するが、その間、違反被疑行為を放置しておくと競争秩序に回復しがたい損害を与えるおそれがあるため、認められているものであり、旧法第70条の13に対応するものである。

2　改正の趣旨

緊急停止命令は、非訟事件手続法に基づいて裁判所で行われるところ、今般の改正は、審判制度の廃止に伴い、非訟事件手続法により裁判を行うことを規定した旧法第70条の6の規定が削除されるため（前記旧法第70条の6の解説参照）、これを準用する規定から直接非訟事件手続法に基づいて行う規定に改めるものである。

第70条の5（供託による緊急停止命令の執行免除）

> **第70条の5**　前条第1項の規定による裁判については、裁判所の定める保証金又は有価証券（社債、株式等の振替に関する法律第278条第1項に規定する振替債を含む。次項において同じ。）を供託して、その執行を免れることができる。
>
> ②　前項の規定により供託をした場合において、前条第1項の規定による裁判が確定したときは、裁判所は、公正取引委員会の申立てにより、供託に係る保証金又は有価証券の全部又は一部を没取することができる。
>
> ③　前条第2項の規定は、前2項の規定による裁判について準用する。

解　説

本条は、緊急停止命令について保証金又は有価証券を供託して執行免除を受けることができる旨を規定しているところ、審判制度の廃止に伴い、排除措置命令の執行免除に係る供託物の没取に関する旧法第70条の7の

規定が削除されるため，これを準用する規定から供託に係る保証金又は有価証券の全部又は一部を没取することができる規定（本条第2項）及び非訟事件手続法に基づいて行うことを定めた第70条の4第2項の規定を準用する規定（本条第3項）に改めるものである。

また，旧法第70条の14第2項は，「供託に係る保証金又は有価証券の没取」に係る裁判について，非訟事件手続法により行う旨を定めていたが，緊急停止命令に係る供託による執行免除についてはどのような手続により裁判を行うかが規定上明らかではなかった。このため，本条第3項では，「前2項の規定による裁判」とし，供託による執行免除の裁判についても非訟事件手続法により行われる旨が明らかにされている。これに伴い，緊急停止命令に係る供託による執行免除の裁判についての管轄裁判所についても，東京地方裁判所の専属管轄とする旨を規定している（法第85条第2号）。

なお，旧法第70条の6の規定が削除されることに伴い，有価証券に振替債が含まれることが不明確になるため，本条第1項においてその旨を明らかにしている。

第70条の10 （政令への委任）

> 第70条の10　この法律に定めるものを除くほか，公正取引委員会の調査に関する手続その他事件の処理及び第70条の5第1項の供託に関し必要な事項は，政令で定める。

解説

本条は，公正取引委員会の調査に関する手続，事件処理等について，必要な事項の詳細については，政令によって定めることとし，審判制度の廃止に伴い所要の修正を行う旨を規定しており，旧法第70条の20に対応するものである。

第70条の11 （行政手続法の適用除外）

> 第70条の11　公正取引委員会がする排除措置命令，納付命令，競争回復措

> 置命令及び第70条の2第1項に規定する認可の申請に係る処分並びにこの節の規定による決定その他の処分（第47条第2項の規定によつて審査官がする処分及びこの節の規定によつて指定職員がする処分を含む。）については，行政手続法（平成5年法律第88号）第2章及び第3章の規定は，適用しない。

解説

1 改正の趣旨

旧法第70条の21は，公正取引委員会がする排除措置命令等の処分についての行政手続法の適用除外を定める規定であったところ，本条は，審判制度の廃止に伴い，所要の改正を行い，公正取引委員会がする処分が行政手続法の適用除外となる旨を規定している。

2 行政手続法の適用除外

審判制度廃止後の独占禁止法上の処分前手続として整備する意見聴取手続では，独占禁止法違反事件の特色，職権行使の独立性を保障された5名の法律又は経済に関する学識経験のある者からなる合議制の機関である公正取引委員会の特徴等を踏まえ，指定職員が意見聴取を主宰するとともに，証拠の閲覧・謄写，期日における当事者による意見陳述，質問などの手続(注)を独自に規定していること等から，旧法第70条の21について所要の改正を行った上で，行政手続法の適用除外を維持することとしている。

(注) ただし，意見聴取を主宰する指定職員は，行政手続法上の聴聞の主宰者とは異なり，事件の実体面（被処分者の主張に理由があるかどうか）について意見を述べるという役割は負っていない。

3 「第70条の2第1項に規定する認可の申請に係る処分」

行政手続法上，認可申請を拒否する処分は「不利益処分」の定義から外れるため，行政手続法第3章［不利益処分］の規定ではなく同法第2章［申請に対する処分］の規定が適用される。

一方，法第70条の2第1項では，銀行・保険会社による他の会社の議

決権保有の認可（法第11条第1項及び第2項）の申請を却下する処分に係る手続を規定しているところ，法第70条の2第1項においては，当該認可申請を却下する場合には「決定」の方法によることとするとともに，決定の方式として委員長及び委員の合議によるべきこと等を規定している。これらはいずれも行政手続法第2章の規定を適用するだけでは手当てができず，独占禁止法に独自に規定するよりほかない。このため，法第70条の2第1項の規定による認可申請の却下処分についても行政手続法の適用を除外している。

他方，これらの認可申請を認める処分（認可処分）については，特に独占禁止法に独自の形式が置かれているものではなく，行政手続法第2章の規定を適用することで足りるものの，同じ認可申請に係る処分について，認可をする場合と却下する場合とでその手続を定める法律が異なることは適当ではないことから，同認可処分についても併せて行政手続法の適用除外とされたものである。

このような考えから，旧法第70条の21においては「公正取引委員会がする排除措置命令，納付命令及び[旧法]第70条の11第1項に規定する認可の申請に係る処分並びにこの節の規定による審決その他の処分……」とされていたところ，今般の改正に当たっても，銀行・保険会社による他の会社の議決権保有の認可処分（法第11条第1項及び第2項）が行政手続法の適用除外であることを引き続き規定する必要があるため，「[旧法]第70条の11第1項に規定する認可の申請に係る処分」の規定振りについて所要の改正を行った上で維持している。

4 「この節の規定による決定その他の処分」

旧法第70条の21においては「この節の規定による審決」について行政手続法の適用が除外されていたところ，審判制度の廃止に伴い，「審決」という形式による処分は，その一部について「決定」という形式に改められるほかは存在しなくなる。また，「決定」以外の法第8章第2節の規定による処分としては，法第47条第1項の規定による処分，意見聴取を主宰する指定職員が行う処分等がある。

(旧法第8章第2節の規定による審決に係る改正後の扱い)

旧法第8章第2節の規定による審決	改正後の扱い
課徴金の罰金調整に係る審決（旧法第51条）	「決定」に変更（法第63条）
独占的状態に係る同意審決（旧法第65条）	―
排除措置命令の審判に係る審決（旧法第66条第1項ないし第3項）	―
課徴金納付命令の審判に係る審決（旧法第66条第1項ないし第3項）	―
違法宣言審決（旧法第66条第4項）	―
独占的状態に係る競争回復措置を命じる審決（旧法第67条第1項）	「競争回復措置命令」に変更（法第64条）
独占的状態に係る審決（旧法第67条第2項）	―
法第11条第1項又は第2項の認可の申請に係る却下審決（旧法第70条の11第1項）	「決定」に変更（法第70条の2第1項）
法第11条第1項又は第2項の認可をした場合において，その認可の要件である事実が消滅し，又は変更したと認めるときの取消し・変更の審決（旧法第70条の12第1項）	「決定」に変更（法第70条の3第1項）
経済事情の変化その他の事由により，排除措置命令又は旧法第65条若しくは旧法第67条第1項の規定による審決を維持することが不適当であると認めるときの取消し・変更の審決（旧法第70条の12第2項）	「決定」に変更（法第70条の3第3項）

5 「この節の規定によつて指定職員がする処分」

「この節の規定によつて指定職員がする処分」とは，法第8章第2節に規定する意見聴取の手続において行われる処分を指すものである。

意見聴取の手続の過程において指定職員がする処分は，排除措置命令等を行うための処分前手続の過程において行われる処分であって，個々の手続上の処分について行政手続法の処分前手続の適用対象とすることは当該手続の円滑な進行を妨げるものであるため，行政手続法の適用除外としている。

なお，同様の趣旨から，行政手続法においても，「聴聞若しくは弁明の機会の付与の手続その他の意見陳述のための手続において法令に基づいてされる処分」は，同法の適用除外とされている（行政手続法第3条第1項第16号）。

第70条の12（行政不服審査法の適用除外）

> 第70条の12　公正取引委員会がした排除措置命令，納付命令及び競争回復措置命令並びにこの節の規定による決定その他の処分（第47条第2項の規定によつて審査官がした処分及びこの節の規定によつて指定職員がした処分を含む。）については，行政不服審査法（昭和37年法律第160号）による不服申立てをすることができない。

解説

1　改正の趣旨

旧法第70条の22は，公正取引委員会がする排除措置命令等の処分についての行政不服審査法の適用除外を定める規定であったところ，本条は，今般の改正による審判制度の廃止に伴い，所要の改正を行った上で，公正取引委員会がする処分が行政不服審査法の適用除外となる旨を規定している。

2　行政不服審査法の適用除外

審判制度の廃止の趣旨は，行政処分を行った公正取引委員会が自ら当該行政処分の適否を判断するとの審判制度の仕組みに対する不信感を払拭するという点にあるため，審判制度廃止後における制度設計において，公正取引委員会が再び処分内容を自ら審理する仕組みを採用することについては，慎重であるべきであると考えられた。また，組織法上，政治的中立性又は専門的技術性を確保するなどの観点から，行政事務について，優れた識見を有する委員で構成され，公正かつ慎重な判断に基づいて処理せしめることを目的とする内閣府設置法第49条第1項に規定する委員会は，そ

れらの委員等が合議で意思決定を行うという点で，その判断にかかる手続の公正性は確保されているものとされているところ，そのような委員会である公正取引委員会の処分について改めて不服審査を認める必要性に乏しい。

さらに，手続保障を通じた被処分者の権利保護と行政手続の効率性との調和を図る観点からは，審判制度の廃止後の新たな処分前手続（意見聴取手続）は，被処分者に反論防御のため手厚い保障を与えており，改めて公正取引委員会に対し不服申立てをさせる意義に乏しい。

したがって，行政不服審査法の適用除外については，審判制度の廃止後においても，引き続き維持することとされている。

なお，意見聴取の手続の過程において指定職員がする処分は，処分前手続に付随して行われる派生的処分であるため，当該処分についても行政不服審査法の適用除外としている（当事者にあって処分前手続においてなされた処分に不服がある場合には，最終的な処分〔排除措置命令等〕の取消訴訟において当該処分の違法を争う中で処分前手続においてなされた処分の違法を争うこととなるものと考えられる。）。

※　本条は，行政不服審査法の施行に伴う関係法律の整備等に関する法律（平成26年法律第69号）第13条により，以下のとおり改正されている（平成27年4月1日現在未施行）。

> 第70条の12　<u>公正取引委員会の排除措置命令</u>，納付命令及び競争回復措置命令並びにこの節の規定による決定その他の処分（第47条第2項の規定による審査官の処分及びこの節の規定による指定職員の処分を含む。）又はその不作為については，<u>審査請求</u>をすることができない。

第75条（参考人又は鑑定人の旅費及び手当）

> 第75条　第47条第1項第1号若しくは第2号又は第2項の規定により出頭又は鑑定を命ぜられた参考人又は鑑定人は，政令で定めるところにより，旅費及び手当を請求することができる。

解説

　旧法第 56 条（審判官が参考人に出頭を命じた場合，鑑定人に出頭を命じて鑑定させた場合）の規定の削除に伴い，今般の改正では，同条の引用を本条の規定から削除している。

　なお，法第 70 条の 10 及び本条の規定に基づいて制定された「公正取引委員会の審判費用等に関する政令」（昭和 23 年政令第 332 号）は，「私的独占の禁止及び公正取引の確保に関する法律の調査手続における参考人及び鑑定人の旅費及び手当に関する政令」に題名を改めている（平成 27 年政令第 15 号による改正）。

第76条（委員会の規則制定権）

> **第 76 条**　（略）
> ②　前項の規定により事件の処理手続について規則を定めるに当たつては，<u>排除措置命令，納付命令及び競争回復措置命令並びに前節の規定による決定（以下「排除措置命令等」という。）の名宛人となるべき者が自己の主張を陳述し，及び立証するための機会が十分に確保されること等当該手続の適正の確保が図られるよう留意しなければならない。</u>

解説

　本条は，審判制度の廃止に伴い，旧法第 76 条第 2 項において用いられている「被審人」の語が使えなくなることから，所要の改正を行うものである。

　なお，今般の改正により新たに意見聴取手続が整備されたことに伴い，公正取引委員会は，本条第 1 項の規定等に基づき「公正取引委員会の意見聴取に関する規則」（平成 27 年公正取引委員会規則第 1 号）（後記第 3 部第 1 章 資料1-3 参照）を定めている。

旧法第92条の2（審判手続における虚偽の陳述又は鑑定の罪）

> **第 92 条の 2**　第 62 条において読み替えて準用する刑事訴訟法第 154 条又は

第 94 条（検査妨害等の罪） 45

> 第166条の規定により宣誓した参考人又は鑑定人が虚偽の陳述又は鑑定をしたときは，3月以上10年以下の懲役に処する。
> ② 前項の罪を犯した者が，審判手続終了前であつて，かつ，犯罪の発覚する前に自白したときは，その刑を減軽又は免除することができる。

解　説

　今般の改正では，審判手続の廃止に伴い，旧法第62条（参考人，鑑定人の証言等の拒絶権，宣誓）の規定を削除しているため，本条の規定も削除している。

第94条（検査妨害等の罪）

> **第94条**　次の各号のいずれかに該当する者は，1年以下の懲役又は300万円以下の罰金に処する。
> 一　第47条第1項第1号又は第2項の規定による事件関係人又は参考人に対する処分に違反して出頭せず，陳述をせず，若しくは虚偽の陳述をし，又は報告をせず，若しくは虚偽の報告をした者
> 二　第47条第1項第2号又は第2項の規定による鑑定人に対する処分に違反して出頭せず，鑑定をせず，又は虚偽の鑑定をした者
> 三　第47条第1項第3号又は第2項の規定による物件の所持者に対する処分に違反して物件を提出しない者
> 四　第47条第1項第4号又は第2項の規定による検査を拒み，妨げ，又は忌避した者

解　説

　今般の改正では，審判制度の廃止に伴い，旧法第56条（審判官）の規定を削除しているため，本条に規定する罰則の対象からも，旧法第56条第1項の規定による審判官の調査権限に従わない者についての規定を削除している。

第94条の2 （調査のための強制処分違反等の罪）

第94条の2 第40条の規定による処分に違反して出頭せず，報告，情報若しくは資料を提出せず，又は虚偽の報告，情報若しくは資料を提出した者は，20万円以下の罰金に処する。

解　説

　今般の改正では，審判制度の廃止に伴い，旧法第62条（参考人，鑑定人の証言等の拒絶権，宣誓）の規定を削除しているため，本条に規定する罰則の対象からも，旧法第62条において読み替えて準用する刑事訴訟法第154条又は同法第166条の規定による参考人又は鑑定人に対する命令に違反して宣誓をしない者についての規定を削除している。

第2章 抗告訴訟等における審理

第77条（排除措置命令等に係る抗告訴訟の被告）

> **第77条** 排除措置命令等に係る行政事件訴訟法（昭和37年法律第139号）第3条第1項に規定する抗告訴訟については，公正取引委員会を被告とする。

解説

1 改正の趣旨

本条は，公正取引委員会が行った排除措置命令等（排除措置命令，課徴金納付命令及び競争回復措置命令並びに法第8章第2節の規定による決定。法第76条第2項）に係る抗告訴訟の被告適格について，行政事件訴訟法の特則を定め，公正取引委員会の職権行使の独立性を確保するため，被告を公正取引委員会とする規定であり，旧法第78条に対応するものである。今般の改正により抗告訴訟の対象となる公正取引委員会の最終的な処分が審決から排除措置命令等に変更されることに伴い，所要の改正を行うものである。

2 抗告訴訟の被告適格

平成17年改正行政事件訴訟法（平成17年4月1日施行）において，抗告訴訟の被告適格は，処分又は裁決を行った行政庁から，「当該処分又は裁決をした行政庁の所属する国」（又は公共団体）へと改められたところ，公正取引委員会の審決に係る抗告訴訟については，公正取引委員会の職権行使の独立性の観点から，行政事件訴訟法の特例として，平成17年改正法により，公正取引委員会を被告とすることとされた。

今般の審判制度の廃止に伴い，公正取引委員会の処分に係る抗告訴訟に

ついて被告適格に関する特則を設けず，国を被告として抗告訴訟が提起されることとなった場合，国の利害に関係のある訴訟についての法務大臣の権限等に関する法律（昭和22年法律第194号。以下「法務大臣権限法」という。）第1条の規定により，訴訟に関する行為は，全て法務大臣が国を代表して行うこととなり，公正取引委員会の職権行使の独立性は訴訟段階で損なわれてしまう。

このため，審判制度が廃止された後も，公正取引委員会の処分に係る抗告訴訟については，引き続き公正取引委員会を被告としている。

旧法第77条（審決取消訴訟の出訴期間）

> 第77条　公正取引委員会の審決の取消しの訴えは，審決がその効力を生じた日から30日（第8条の4第1項の措置を命ずる審決については，3月）以内に提起しなければならない。
> ②　前項の期間は，不変期間とする。
> ③　審判請求をすることができる事項に関する訴えは，審決に対するものでなければ，提起することができない。

解　説

本条は，審決取消訴訟の出訴期間について，行政事件訴訟法の特則を定めていたところ，審判制度の廃止に伴い，当該規定を廃止するものである。今般の改正において，排除措置命令等の取消訴訟の出訴期間についての特則は置かれていないため，排除措置命令等の取消訴訟の出訴期間は，行政事件訴訟法第14条の規定によることとなる（原則として，処分があったことを知った日から6か月）。

旧法第79条ないし旧法第81条（事件記録の送付，委員会の認定事実の拘束力，新証拠の申出・事件の差戻し）

> 第79条　訴えの提起があつたときは，裁判所は，遅滞なく公正取引委員会に対し，当該事件の記録（事件関係人，参考人又は鑑定人の審尋調書及び審判調書その他裁判上証拠となるべき一切のものを含む。）の送付を求めなけ

旧法第79条ないし旧法第81条（事件記録の送付，委員会の認定事実の拘束力，新証拠の申出・事件の差戻し）

ればならない。

第80条 第77条第1項に規定する訴訟については，公正取引委員会の認定した事実は，これを立証する実質的な証拠があるときには，裁判所を拘束する。
② 前項に規定する実質的な証拠の有無は，裁判所がこれを判断するものとする。

第81条 当事者は，裁判所に対し，当該事件に関係のある新しい証拠の申出をすることができる。ただし，公正取引委員会が認定した事実に関する証拠の申出は，次の各号の一に該当することを理由とするものであることを要する。
一 公正取引委員会が，正当な理由がなくて，当該証拠を採用しなかつた場合
二 公正取引委員会の審判に際して当該証拠を提出することができず，かつ，これを提出できなかつたことについて重大な過失がなかつた場合
② 前項ただし書に規定する証拠の申出については，当事者において，同項各号の一に該当する事実を明らかにしなければならない。
③ 裁判所は，第1項ただし書に規定する証拠の申出に理由があり，当該証拠を取り調べる必要があると認めるときは，公正取引委員会に対し，当該事件を差し戻し，当該証拠を取り調べた上適当な措置をとるべきことを命じなければならない。

解　説

1　旧法第80条（委員会の認定事実の拘束力）

　旧法第80条では，公正取引委員会の審決のうち，審判手続を経た審決の審査に当たって適用される実質的証拠法則(注)が規定されていたところ，審判制度の廃止に伴い同規定を廃止するものである。

　（注）「実質的証拠法則」とは，公正取引委員会の認定した事実は，これを立証する実質的な証拠があるときには，裁判所を拘束する旨の規定であり，「裁判所は，審決の認定事実については，独自の立場で新たに認定をやり直すのではなく，審判で

取り調べられた証拠から当該事実を認定することが合理的であるかどうかの点のみを審査する」ものとされている（和光堂事件・最判昭和50年7月10日民集第29巻6号888頁）。

2　旧法第81条（新証拠の申出，事件の差戻し）

　旧法第81条では，審決取消訴訟における新証拠の提出が原則として認められないこと（新証拠提出制限(注)）を前提とした上，例外的に新証拠の提出が認められる場合の条件（旧法第81条第1項及び第2項）と，その場合の裁判所の対応として，公正取引委員会への事件の差戻し（旧法第81条第3項）が規定されていたところ，審判制度の廃止に伴い，これらの規定を廃止するものである。

　　(注)「新証拠提出制限」とは，審決取消訴訟においては，公正取引委員会から送付された事件記録に基づき，実質的証拠法則に従って審理が行われるところ，公正取引委員会が審判手続において正当な理由なく当該証拠を採用しなかった場合等に限り，被処分者は，裁判所に対して新たな証拠の申出をすることができる旨の規定である。

3　旧法第79条（事件記録の送付）

　旧法では，審決取消訴訟は，実質的証拠法則（旧法第80条）及び新証拠提出制限（旧法第81条）という審判手続が第一審相当であることに基づき認められていた制度の存在を前提として，原則として新たな証拠の提出を認めず，審決の事実認定が審判手続に提出された証拠に照らし合理的かどうかを審理する構造となっていた。このため，裁判所は審決取消訴訟の審理を行うに当たり，公正取引委員会から審判に係る事件記録の送付を受けることが必要であり，旧法第79条においては，裁判所が公正取引委員会から事件記録の送付を求める義務がある旨が規定されていた。

　今般の審判制度の廃止に伴い，前記1及び2のとおり実質的証拠法則等に関する規定を廃止し，裁判所が公正取引委員会から事件記録の送付を受ける必要はなくなることから，旧法第79条の規定を廃止している。

旧法第82条及び旧法第83条（審決の取消し，独占的状態等に関する差戻し）

> **第82条** 裁判所は，公正取引委員会の審決が，次の各号のいずれかに該当する場合には，これを取り消すことができる。
> 一 審決の基礎となつた事実を立証する実質的な証拠がない場合
> 二 審決が憲法その他の法令に違反する場合
> ② 公正取引委員会は，審決（第66条の規定によるものに限る。）の取消しの判決が確定したときは，判決の趣旨に従い，改めて審判請求に対する審決をしなければならない。
>
> **第83条** 裁判所は，公正取引委員会の審決（第67条及び第70条の12第1項の規定によるものに限る。）を取り消すべき場合において，さらに審判をさせる必要があると認めるときは，その理由を示して事件を公正取引委員会に差し戻すことができる。

解説

　旧法では，審決の取消し（旧法第82条第1項），審決の取消しの判決が確定した後の公正取引委員会の対応（旧法第82条第2項），独占的状態に関する審判審決（旧法第67条）及び認可の取消し又は変更の審決（旧法第70条の12第1項）に係る事件の差戻し（旧法第83条）が規定されていたところ，審判制度の廃止に伴い，これらの規定を廃止している。

第85条（東京地方裁判所の専属管轄）

> **第85条** 次に掲げる訴訟及び事件は，東京地方裁判所の管轄に専属する。
> 一 排除措置命令等に係る行政事件訴訟法第3条第1項に規定する抗告訴訟
> 二 第70条の4第1項，第70条の5第1項及び第2項，第97条並びに第98条に規定する事件

解説

1 改正の趣旨

本条は，公正取引委員会が行った排除措置命令等に係る抗告訴訟等について，東京地方裁判所の専属管轄を規定している。

審判制度の廃止に伴い，旧法下のように審級省略（審決取消訴訟等の第一審裁判権は東京高等裁判所）とする根拠はなくなったため，排除措置命令等に係る抗告訴訟については，第一審機能を地方裁判所に委ねることとしている。ただし，独占禁止法違反事件の特殊性に鑑み，その管轄を東京地方裁判所に集中させ，裁判所における専門性の確保を図ることとしている。

2 東京地方裁判所への管轄集中

旧法下では，独占禁止法の執行機関として専門性を有する公正取引委員会が行った審決に係る司法審査のためには，裁判所においても専門性を確保する仕組みとする必要があり，東京高等裁判所に管轄を集中させることとされていた（旧法第85条）。このように，公正取引委員会が行う行政処分に係る司法審査は，独占禁止法事件の処理に要求される専門性の観点から，裁判所においても専門性の蓄積に資する仕組みとする必要があること，また，不当な取引制限のように複数の事業者が名宛人となる事件については，同一の事件について複数の訴訟提起がなされることも想定され，判断の合一性を確保する必要性があることから，審判制度の廃止に伴い，第一審裁判権を東京地方裁判所の専属管轄とするものである。

(1) 第1号（排除措置命令等に係る抗告訴訟）

旧法では，審決に対する抗告訴訟については東京高等裁判所に第一審裁判権があるとされていたが（旧法第85条第1号），これは，審判手続が裁判手続に類似しており，第一審的機能を有していることから，地方裁判所の審理を省略していたものである。今般の改正では，審判制度の廃止に伴い，審級省略する根拠はなくなること，他方で，裁判所の専門的かつ合一的な判断を確保する必要があることから，第一審機能を東京地方裁判所に

集中して委ねることとしている。

なお，旧法では，「公正取引委員会の審決に係る行政事件訴訟法第3条第1項に規定する抗告訴訟（同条第5項から第7項までに規定する訴訟を除く。）」が審級省略の対象とされ，審決に係る抗告訴訟のうち不作為違法確認訴訟，義務付け訴訟及び差止訴訟については審級省略の対象から除外されていた（地方裁判所に第一審の裁判管轄があると整理されていた。）。これは，平成17年改正前の独占禁止法第85条第1号に掲げる「審決に係る訴訟」には，不作為違法確認訴訟等が含まれないと解されていたこと等から，平成17年改正法においてその旨が明示的に規定されたものである(注)。これらの訴訟については，行政事件訴訟法第12条及び同法第38条の規定に照らせば，原則として公正取引委員会の所在地を管轄する東京地方裁判所に第一審の裁判管轄があることとなるが，今般の改正により，本号においては，排除措置命令等に係る抗告訴訟の裁判管轄についてはいずれも東京地方裁判所の専属管轄としている。

(注) 諏訪園貞明編著『平成17年改正独占禁止法』（商事法務，2005）161頁。

(2) 第2号（緊急停止命令等の非訟事件）

法第70条の4第1項（緊急停止命令，旧法第70条の13第1項），法第70条の5第1項及び第2項（緊急停止命令の執行免除のための供託及びそれに係る保証金等の没取，旧法第70条の14第1項及び第2項），法第97条（排除措置命令違反に対する過料）並びに法第98条（緊急停止命令違反に対する過料）に規定する事件については，排除措置命令に関する付随的な処分に係るものであるため，本案訴訟の裁判管轄と同一にすることが便宜である。

この趣旨から，旧法では，これらの事件についても，審決に係る抗告訴訟と同様，東京高等裁判所の専属管轄事件とされていたが（旧法第86条），今般の改正により，排除措置命令等に係る抗告訴訟の第一審裁判管轄を東京地方裁判所とすることに伴い，これらも東京地方裁判所の専属管轄事件としている。

なお，供託による排除措置命令の執行免除の規定（旧法第70条の6，旧

法第70条の7）は廃止していることから，これに関する事件の裁判管轄に係る規定も削除している。

第85条の2（無過失損害賠償請求訴訟の第一審の裁判権）

> **第85条の2** 第25条の規定による損害賠償に係る訴訟の第一審の裁判権は，東京地方裁判所に属する。

解説

1 改正の趣旨

本条は，法第25条に基づく無過失損害賠償請求訴訟について，東京地方裁判所の専属管轄を規定しており，旧法第85条第2号に対応するものである。

2 東京地方裁判所への管轄集中

旧法第85条第2号では，法第25条の規定による無過失損害賠償請求訴訟の第一審裁判権は，東京高等裁判所に属するとされていたところ，その趣旨は，①当該訴訟が公正取引委員会の排除措置命令等の確定を前提として提起されるものであり，②専門的かつ統一的な判断を必要とする独占禁止法違反行為に関して提起されるものであることに鑑み，これを1つの裁判所に集中して審理・判断させ，③被害者に迅速に救済を与え得るようにするためとされていた(注)。

審判制度の廃止に伴い，審級省略の根拠がなくなり，公正取引委員会の排除措置命令等に係る抗告訴訟の第一審機能が地方裁判所に委ねられることに伴い，独占禁止法事件の専門的知見の確保・蓄積等の観点から，その管轄については東京地方裁判所に集中させることとし，排除措置命令等の確定を訴訟要件とする法第25条の規定による無過失損害賠償請求訴訟の第一審裁判権についても東京地方裁判所の専属管轄としている。

なお，一般に，行政事件訴訟の場合を除き訴訟の目的の価額によっては簡易裁判所が第一審の裁判権を有することがある（裁判所法第33条第1項

第1号）ところ，本条の規定は，法第25条の規定による無過失損害賠償請求訴訟について，第一審裁判権が簡易裁判所ではなく地方裁判所，そのうち特に東京地方裁判所に属することを明らかにしたものである。このため，法第85条の規定振り（「東京地方裁判所の管轄に専属する。」）とは異なる規定振りとなっている。

（注）　東京灯油訴訟事件・東京高判昭和56年7月17日行集32巻7号1099頁。

第86条（東京地方裁判所における合議体の構成）

> **第86条**　東京地方裁判所は，第85条各号に掲げる訴訟及び事件並びに前条に規定する訴訟については，3人の裁判官の合議体で審理及び裁判をする。
> ②　前項の規定にかかわらず，東京地方裁判所は，同項の訴訟及び事件について，5人の裁判官の合議体で審理及び裁判をする旨の決定をその合議体ですることができる。
> ③　前項の場合には，判事補は，同時に3人以上合議体に加わり，又は裁判長となることができない。

解説

1　改正の趣旨

本条は，独占禁止法違反事件の専門的判断を確保するため，裁判所法の特則を設け，排除措置命令等に係る抗告訴訟等については，東京地方裁判所の審理・裁判を合議体で行うこととし，また，東京地方裁判所の合議体の判断により5人の裁判官による合議を可能とする旨を規定している。

2　第1項及び第2項（合議体による裁判）

旧法第87条では，東京高等裁判所に審決取消訴訟等のみを取り扱う特別の合議体を設け，かつ，当該合議体は5人の裁判官からなることとされていた。これは，独占禁止法違反事件が特に専門的判断を要することや，合議制の専門機関である公正取引委員会が第一審的機能を果たしていることを踏まえ，管轄集中による専門的かつ統一的な判断の確立の趣旨の徹底

や司法における慎重な合議が必要とされたものである。

　審判制度の廃止後においても，裁判所の専門的・統一的判断を確保することは不可欠であるため，排除措置命令等に係る抗告訴訟等の第一審裁判管轄を東京地方裁判所に集中することとしている（法第85条及び法第85条の2）。

　しかしながら，地方裁判所における審理・裁判は，原則として1人の裁判官によることとされているため（裁判所法第26条第1項），東京地方裁判所に管轄を集中させた場合であっても，その裁判体の構成について何ら制度的手当てをしなければ，これまで，独占禁止法の専門の運用機関たる公正取引委員会における合議体（5人）及び旧法に規定する東京高等裁判所の特別の合議体（5人）による慎重な審理という制度的担保を通じて維持されてきた独占禁止法違反事件に係る専門的・統一的判断が損なわれるおそれがある。

　また，そもそも，独占禁止法は，その対象が法律と経済とが融合した分野であり，経済社会に与える影響が大きいことから，公正取引委員会が，両議院の同意を得て内閣総理大臣が任命した5人の法律又は経済に関する学識経験者で構成され，委員には身分，報酬の保障がされ，職権行使の独立性が認められているものであり，排除措置命令等はそのような委員会の合議によって行われていることに鑑みると，当該命令等についての司法審査が慎重に行われるための制度的担保が必要であると考えられる。

　以上を踏まえ，本条では，東京地方裁判所への管轄集中に加え，東京地方裁判所における審理・裁判について3人の合議体で行うことを義務付ける特則を設け（第1項），さらに，重大事件等の場合には，その合議体の判断によって，必要に応じて5人の裁判官の合議体による審理・裁判を行うことができる旨の特則を設けている（第2項）[注]。

　（注）　地方裁判所において5人の合議体で審理及び裁判を行うことのできる制度は，他には大規模訴訟（民事訴訟法第269条）や特許権等に関する訴えに係る事件（民事訴訟法第269条の2）の場合が存在する。

3　第3項（判事補に関する制限）

判事補は、裁判官の一種で、司法修習生の修習を終えた者から任命される（裁判所法第43条）が、裁判長となること、法律に特別の定めのある場合を除き1人で裁判をすることができないとされているほか、同時に2人以上合議体に加わることができないとされている（裁判所法第27条）[注]。また、地方裁判所において5人の裁判官による合議を可能とする民事訴訟法第269条（大規模訴訟に係る事件）及び同法第269条の2（特許権等に関する訴えに係る事件）においては、地方裁判所が5人の裁判官の合議体により審理・裁判を行う場合には、判事補は、同時に3人以上合議体に加わることができないとされている。

本項は、独占禁止法違反事件について地方裁判所が5人の合議体を構成する場合にも、裁判所の審理・判断の適正さを確保するため、判事補に関する同様の制限を規定している。

　（注）　ただし、判事補の職権の特例等に関する法律（昭和23年法律第146号）の規定により、判事補としての職権の制限を受けない場合がある。

第87条（東京高等裁判所における合議体の構成）

> **第87条**　東京地方裁判所がした第85条第1号に掲げる訴訟若しくは第85条の2に規定する訴訟についての終局判決に対する控訴又は第85条第2号に掲げる事件についての決定に対する抗告が提起された東京高等裁判所においては、当該控訴又は抗告に係る事件について、5人の裁判官の合議体で審理及び裁判をする旨の決定をその合議体ですることができる。

解説

1　改正の趣旨

本条では、旧法の下で審決取消訴訟等を担当していた東京高等裁判所の特別合議体を廃止し、東京地方裁判所が行った排除措置命令等に係る抗告訴訟の控訴事件及び無過失損害賠償請求訴訟の控訴事件並びに法第70条の4第1項（緊急停止命令）、法第70条の5第1項及び第2項（緊急停止命

令の執行停止のための供託に係る保証金等），法第97条（排除措置命令違反に対する過料）及び法第98条（緊急停止命令違反に対する過料）に規定する事件の抗告事件については，東京高等裁判所の合議体の判断により5人の合議体で行うことができるようにするものとして，裁判所法の特則を設けるものである。

2　東京高等裁判所における合議体の構成

　旧法第87条では，東京高等裁判所に審決取消訴訟等のみを取り扱う特別の合議体を設け，かつ，当該合議体は5人の裁判官からなることとされていた。これは，独占禁止法違反事件の重大性と，独占禁止法の審決が法律又は経済に関する学識経験者により構成される合議制の専門機関である公正取引委員会によって行われるものであるという点を考慮したものであるとともに，特に慎重な合議により審級省略の間隙を実質的に補充するという配慮によるものであった。

　審判制度の廃止後においても，独占禁止法違反事件に係る専門的・統一的判断を維持していくための制度的担保の必要性は何ら変わりがないものの，審判制度の廃止に伴い，排除措置命令等に係る抗告訴訟等における審級の省略はなくなること，当該訴訟等の第一審専属管轄となる東京地方裁判所における審理及び裁判については合議体（必要に応じて5人合議が可能）での審理が義務付けられていること，さらに，独占禁止法制定以来東京高等裁判所には独占禁止法違反事件に関する専門的知見が蓄積されてきたことを踏まえ，審判制度廃止後の東京高等裁判所における体制としては，必ずしも特別の合議体を設けることまでは必要なく，合議体の判断で5人の合議体で審理及び裁判することができるものとすることで足り得ると考えられる。

　なお，行政事件に関して高等裁判所において5人の合議体で審理及び裁判をすることができる旨の規定が置かれている制度は，本条のほかには特許審判に係る審決取消訴訟等（特許法第182条の2）がある[注]。

　（注）　このほか，行政事件以外に高等裁判所において5人の合議体で審理及び裁判を

することができる旨の規定が置かれている制度として，東京高等裁判所で行われる特許権等に関する訴えに係る控訴事件（民事訴訟法第310条の2）がある。

第88条（法務大臣権限法の適用除外）

> **第88条** 排除措置命令等に係る行政事件訴訟法第3条第1項に規定する抗告訴訟については，国の利害に関係のある訴訟についての法務大臣の権限等に関する法律（昭和22年法律第194号）第6条の規定は，適用しない。

解説

1 改正の趣旨

本条は，排除措置命令等に係る抗告訴訟について，公正取引委員会の職権行使の独立性を確保するため，法務大臣権限法第6条の適用除外とする規定であり，抗告訴訟の対象となる公正取引委員会の最終的な処分は審決から排除措置命令等となることに伴い，所要の改正を行うものである。

2 法務大臣権限法の適用除外
(1) 法務大臣権限法第6条を適用除外とした趣旨

公正取引委員会の審決に係る訴訟については，法務大臣権限法の制定当初から，同法第6条の規定の適用除外とされていた(注)。

法務大臣権限法第6条を独占禁止法において適用除外とした趣旨は，公正取引委員会（委員長及び委員）の意思決定が独立に行われることに鑑み（法第28条），訴訟の場合も法務大臣の指揮を受けることなく，自主的な判断に基づいて訴訟を追行することとするものである。

> （注）昭和22年の法務大臣権限法制定当初には，同法第6条第3項として「公正取引委員会の審決に係る訴訟については，前2条の規定を適用しない。」との規定が置かれていたところ，「行政事件訴訟法の施行に伴う関係法律の整理等に関する法律」（昭和37年法律第140号）により同項が削除されるとともに，独占禁止法において同趣旨の規定が加えられたものである。

(2) 審判制度廃止後における特則の維持の必要性

独占禁止法においては,公正取引委員会の委員長及び委員の職権行使の独立性が規定され(法第28条),同規定は,公正取引委員会の職権行使が内閣総理大臣の指揮だけでなく,他の全ての行政庁,政党,事業者,事業者団体などから独立して行われるべきという基本原則を確認するものである。このように公正取引委員会に職権行使の独立性が認められている理由は,①独占禁止法は市場経済の基本ルールを定めたものであり,その時々の政治要因に左右されない公正・中立性,一貫性を有した法運用が必要であること,②法律と経済に関する学識経験者で構成される合議制の行政委員会による高度の専門技術的法運用を確保する必要があることにあるとされている(注)。

公正取引委員会が行った排除措置命令等の処分に係る取消訴訟において,公正取引委員会は原処分を維持するための主張・立証活動を行うことが必要となるところ,法務大臣権限法第6条が適用されることとなれば,公正取引委員会が行った独占禁止法違反の事実に係る認定や法の適用,競争制限を排除するために必要な措置に係る主張・立証の内容について法務大臣の指揮を受けることとなってしまうため,独占禁止法の運用における公正・中立性,一貫性が確保できなくなるとともに,公正取引委員会が有する高度の専門技術的法運用についても確保することができなくなってしまう。

公正取引委員会の職権行使の独立性の必要性は審判制度が廃止された後においても何ら変わるものではないことから,今般の改正においても法務大臣権限法第6条の適用除外を維持することとしている。

(注) 厚谷襄児ほか編『条解 独占禁止法』(弘文堂,1997)488頁。

第3章 意見聴取手続

第49条（排除措置命令に係る意見聴取）

> **第49条** 公正取引委員会は，第7条第1項若しくは第2項（第8条の2第2項及び第20条第2項において準用する場合を含む。），第8条の2第1項若しくは第3項，第17条の2又は第20条第1項の規定による命令（以下「排除措置命令」という。）をしようとするときは，当該排除措置命令の名宛人となるべき者について，意見聴取を行わなければならない。

解説

　審判制度の廃止により，公正取引委員会による最終的な判断が（審決ではなく）排除措置命令等において示されることとなることに伴い，排除措置命令等に係る処分前手続の更なる充実を図るため，今般の改正により新たに意見聴取の手続が整備された。

　本条は，公正取引委員会が排除措置命令をしようとする場合には，適正手続の保障，被処分者の権利保護の観点から，当該排除措置命令の名宛人となるべき者について，意見聴取を行うことを公正取引委員会に義務付ける旨を規定している。

　行政手続法においては，行政処分一般に係る手厚い処分前手続として聴聞が規定されているところ，今般の改正においては，独占禁止法違反事件の特色や処分を行う行政機関が合議体の独立行政委員会であること等を踏まえ，本条ないし法第60条のとおり，意見聴取のための手続を独占禁止法において独自に規定するとともに，行政手続法の適用除外とするものである（法第70条の11）。

　なお，「公正取引委員会の意見聴取に関する規則」（平成27年公正取引委員会規則第1号。以下「意見聴取規則」という。）（後記第3部第1章 資料1-3

参照)において意見聴取手続の詳細(注)を規定している。

(注) 意見聴取手続の全体の流れについては 資料2-6 参照。

第50条（意見聴取の通知）

第50条　公正取引委員会は，前条の意見聴取を行うに当たつては，意見聴取を行うべき期日までに相当な期間をおいて，排除措置命令の名宛人となるべき者に対し，次に掲げる事項を書面により通知しなければならない。
一　予定される排除措置命令の内容
二　公正取引委員会の認定した事実及びこれに対する法令の適用
三　意見聴取の期日及び場所
四　意見聴取に関する事務を所掌する組織の名称及び所在地
② 前項の書面においては，次に掲げる事項を教示しなければならない。
一　意見聴取の期日に出頭して意見を述べ，及び証拠を提出し，又は意見聴取の期日への出頭に代えて陳述書及び証拠を提出することができること。
二　意見聴取が終結する時までの間，第52条の規定による証拠の閲覧又は謄写を求めることができること。

解　説

1　改正の趣旨

　排除措置命令をしようとするときの意見聴取の通知（以下「意見聴取通知」という。）は，排除措置命令の名宛人となるべき者が，自らに対して排除措置命令が行われようとしていること及びそれに際して意見陳述・証拠提出ができることを認識し，防御の準備を図る上で重要な手続である。

　意見陳述・証拠提出が適正かつ効果的に行われるためには，排除措置命令の名宛人となるべき者が十分に防御の準備を行うことができることが肝要であるため，本条は，意見聴取通知の方式について，意見聴取を行うべき期日までに相当な期間をおいて書面により通知を行うことを規定するとともに，①期日に出頭して意見を述べること等ができること（法第54条及び法第55条），②証拠の閲覧・謄写を求めることができること（法第52条）

の2点を教示する旨を規定している。

2　第1項（意見聴取の通知）

本項は，意見聴取通知の方式については，旧法第49条第5項の規定による意見陳述・証拠提出の機会の付与に係る通知の方式と同様，意見聴取の期日までに相当な期間をおいて，書面（以下「意見聴取通知書」という。）により次の事項を通知しなければならないものとしている。

① 　予定される排除措置命令の内容（第1号）
② 　公正取引委員会の認定した事実及びこれに対する法令の適用（第2号）
③ 　意見聴取の期日及び場所（第3号）
④ 　意見聴取に関する事務を所掌する組織の名称及び所在地（第4号）

これらの必要的記載事項のうち，①及び②については，排除措置命令書案によって示されることとなる。すなわち，①については排除措置命令書の「主文」がこれに相当し，②については排除措置命令書の「理由」として記載される「事実」及び「法令の適用」がこれに相当する。

また，④は，意見聴取手続に関する連絡・照会先を明らかにするための記載である。

意見聴取通知に当たっては，本条に定められた必要的記載事項に加えて，法第52条の規定により閲覧又は謄写を求めることができる証拠の標目についても示されることとなる（後記4参照）。

3　第2項（教示）

排除措置命令の名宛人となるべき者が意見陳述・証拠提出を適正かつ効果的に行うことを通じて防御権を一層確保し，適正な行政の運営を確保するためには，当該名宛人となるべき者の権利行使の具体的内容を教示し，その便宜を図ることが重要である。

そこで，本項は，当該名宛人となるべき者に対し，

① 　意見聴取の期日に出頭して意見を述べ，証拠を提出することができること（法第54条第2項），又は，期日への出頭に代えて陳述書及び

証拠を提出することができること（法第55条）

② 意見聴取が終結するまでの間，公正取引委員会が事実を認定するために用いた証拠の閲覧を求めることができること，当該証拠のうち当事者が提出した物件等について謄写を求めることができること（法第52条）

について，意見聴取通知書において併せて教示する旨を規定している。

なお，本項第1号においては「期日への出頭に代えて陳述書及び証拠を提出することができること」が教示事項として掲げられているところ，これは法第55条の規定を受けたものであり，陳述書及び証拠の提出は「期日までに」行う必要がある。

4　意見聴取規則第9条（意見聴取の通知）

意見聴取規則第9条は，法第50条第1項の規定による意見聴取通知について，送達の方法によること等を規定している。

> （意見聴取の通知）
> **第9条**　法第50条第1項の規定による通知は，排除措置命令の名宛人となるべき者に対し，同項各号及び同条第2項各号に掲げる事項，事件名並びに意見聴取に係る事件について委員会の認定した事実を立証する証拠の標目を記載した文書を送達して行うものとする。

意見聴取規則第9条では，法第50条第1項に規定する意見聴取通知書の必要的記載事項（前記2①ないし④）に加えて，事件名及び法第52条の規定により閲覧又は謄写を求めることができる証拠の標目を記載すべき旨を規定しているところ，実務上，公正取引委員会は，意見聴取通知書に，委員会の認定した事実を立証する証拠の標目を記載した文書（以下「証拠品目録」という。）を添付して送達することとなる。これは，法第52条の規定による閲覧又は謄写が「[法]第50条第1項の規定による通知があつた時から」できることとされていることを踏まえ，意見聴取通知を受けた者が証拠の閲覧又は謄写を申請する際の便宜を図る趣旨によるものである。

また，意見聴取規則第9条では，法第50条第1項の規定による意見聴取通知の方法として，送達による旨を規定している。したがって，排除措置命令の名宛人となるべき者の住所等が判明しない場合や外国においてすべき送達における一定の場合等には，法第70条の8の規定により公示送達を行うことができる。

5　意見聴取規則第10条（意見聴取の期日等の変更）

意見聴取規則第10条は，意見聴取通知書により通知された意見聴取の期日又は場所（法第50条第1項第3号）について，当事者（意見聴取通知を受けた者をいう。後記法第51条の解説参照）が変更を申し出る場合の手続等を規定している。

（意見聴取の期日等の変更）
第10条　委員会が法第50条第1項の規定による通知をした場合において，当事者は，やむを得ない理由がある場合には，指定職員に対し書面で意見聴取の期日又は場所の変更を申し出ることができる。
2　前項の申出については，その理由を記載した申出書を指定職員に提出して行うものとする。
3　指定職員は，第1項の申出により，又は職権により，意見聴取の期日又は場所を変更することができる。
4　指定職員は，前項の規定により意見聴取の期日又は場所を変更したときは，速やかに，書面でその旨を当事者に通知しなければならない。
5　前4項の規定は，指定職員が法第56条第2項（法第59条第2項の規定により準用する場合を含む。）の規定による通知をした場合について準用する。

意見聴取規則第10条第1項の「やむを得ない理由がある場合」とは，災害，病気等の理由により期日への出頭に差し支えが生じた場合などがこれに当たる。また，実際に意見聴取を主宰することとなるのは指定職員（後記法第53条の解説参照）であることから，当事者が意見聴取の期日又は場所について変更を申し出る際の申出先を公正取引委員会ではなく指定職員とし，期日又は場所の変更に係る判断は指定職員が行うこととしている。

第51条（代理人）

> **第51条** 前条第1項の規定による通知を受けた者（以下「当事者」という。）は，代理人を選任することができる。
> ② 代理人は，各自，当事者のために，意見聴取に関する一切の行為をすることができる。

解説

1 改正の趣旨

本条は，意見聴取に関し当事者の権利を保護するとともに，手続の円滑化・迅速化を図る観点から，代理人について規定している。

なお，法第50条第1項の規定による意見聴取通知を受けて以降，排除措置命令の名宛人となるべき者は意見聴取手続の当事者となるため，本条以降においては，意見聴取通知を受けた排除措置命令の名宛人となるべき者を「当事者」としている。

2 第1項（代理人の選任）

本項では，代理人となる者の資格について特段の限定を設けていない。これに対し，旧法第49条第4項は，事前手続において，排除措置命令の名宛人となるべき者は，意見を述べ，証拠を提出するに当たって代理人を選任することができる旨を定めていたところ，同項では，代理人となり得る者は「弁護士，弁護士法人又は公正取引委員会の承認を得た適当な者」に限定されていた。これは，既に平成17年改正前の独占禁止法第52条第2項において審判における代理人について同様の限定が置かれていたところ，平成17年改正により排除措置命令を行う前に一定の事前手続を行うこととされた際に，事前手続における代理人についても同じ限定が置かれたものであった。このように独占禁止法上の手続における代理人について限定が置かれていたのは，公正取引委員会が行う審判手続が対審構造であって，証拠による事実認定等の訴訟手続に類似した厳格な手続が採用されており，訴訟での第一審に相当するものであったという趣旨に由来する

ものであった。

　しかしながら，行政手続法，行政不服審査法を始めとして，一般的な行政手続においては，代理人についてこのような限定は置かれておらず，特に，審判手続以外の場合にこのような限定を置く例は極めて少ないことから，今般の改正による審判制度の廃止に伴い，代理人に係る当該限定を廃止している。

3　第2項（代理人の権限）

　代理人は，証拠の閲覧・謄写（法第52条），意見聴取の期日における意見陳述等（法第54条），出頭に代わる陳述書等の提出（法第55条）等，当事者のために意見聴取に関する一切の行為をすることができる。このため，代理人のみが意見聴取の期日に出頭することも可能であるほか，当事者に対する各種の通知なども代理人に対して行えば足りる。

4　意見聴取規則第11条（代理人）

　意見聴取規則第11条は，意見聴取手続における代理人の選任に関し，書面による資格の証明及び喪失に係る手続を規定している。これは，行政手続法の聴聞手続における代理人の選任に関する行政手続法第16条第3項及び第4項の規定に対応するものである。

> （代理人）
> **第11条**　代理人の資格は，書面で証明しなければならない。
> 2　代理人がその資格を失ったときは，当該代理人を選任した当事者は，速やかに，書面でその旨を委員会に届け出なければならない。

　意見聴取規則第11条第1項では，代理人の資格は書面で証明しなければならないとしているところ，これは，代理人が意見聴取手続に関与する場合に，その者が当事者によって代理人として選任された者でなければ，意見聴取手続を有効に行うことができなくなってしまうことから，真正の代理人であることを確認するため，書面での証明を義務付けるものである。この場合の代理人の資格を証明する書面としては，委任状などが考えられる。

第52条（証拠の閲覧・謄写）

> **第52条** 当事者は，第50条第1項の規定による通知があつた時から意見聴取が終結する時までの間，公正取引委員会に対し，当該意見聴取に係る事件について公正取引委員会の認定した事実を立証する証拠の閲覧又は謄写（謄写については，当該証拠のうち，当該当事者若しくはその従業員が提出したもの又は当該当事者若しくはその従業員の供述を録取したものとして公正取引委員会規則で定めるものの謄写に限る。以下この条において同じ。）を求めることができる。この場合において，公正取引委員会は，第三者の利益を害するおそれがあるときその他正当な理由があるときでなければ，その閲覧又は謄写を拒むことができない。
> ② 前項の規定は，当事者が，意見聴取の進行に応じて必要となつた証拠の閲覧又は謄写を更に求めることを妨げない。
> ③ 公正取引委員会は，前2項の閲覧又は謄写について日時及び場所を指定することができる。

解説

1 改正の趣旨

本条は，排除措置命令の名宛人となるべき者又はその代理人が，公正取引委員会が事実を認定するために用いた証拠に基づき意見を述べ，自己に有利な証拠を提出することができるよう防御権の内容の充実を図るために，証拠の閲覧・謄写について規定している。

また，事務処理上及び手続の進行上の必要性等から，証拠の閲覧・謄写について，公正取引委員会が日時及び場所を指定できる旨を規定している。

2 第1項（証拠の閲覧・謄写の求め）

(1)「第50条第1項の規定による通知があつた時から意見聴取が終結する時までの間」

証拠の閲覧・謄写は，処分前手続における意見陳述等を充実したものとするためのものであることから，証拠の閲覧・謄写が可能な期間について

は，当該処分に係る意見聴取通知を受けた時から意見聴取が終結する時までとしている。「意見聴取が終結する時」とは，意見聴取の最終の期日が終了する時のことである。

(2) 「当該意見聴取に係る事件について公正取引委員会の認定した事実を立証する証拠」

「公正取引委員会の認定した事実を立証する証拠」とは，公正取引委員会の認定した事実の存在について立証する証拠のことであり，具体的には，当事者等が提出した物件，供述調書，報告命令を受けて事業者が提出した報告書等が想定される。また，違反行為に係る証拠の閲覧・謄写は，排除措置命令の名宛人となるべき者が効果的な意見陳述等を行うことができるようにすることを目的とするものであるため，この目的に合致するものであれば，証拠の原本そのものでなくても，それを複写したもの（証拠物については関係部分のみを複写したもの等）の閲覧・謄写で足りると考えられる。

また，閲覧・謄写の対象となり得るのは，当該意見聴取に係る事件について公正取引委員会の認定した事実を立証する証拠であるところ，意見聴取手続は処分の名宛人となるべき者ごと（事件ごと）に行われる（後記法第53条の解説参照）ことから，例えば同じ談合事案に係る証拠であっても，閲覧・謄写の対象となり得る証拠は，処分の名宛人となるべき者ごと（事件ごと）に異なることも想定される（ただし，その大部分は各名宛人に共通のものとなるものと考えられる。）。

なお，一般に，「取消訴訟においては，別異に解すべき特別の理由のない限り，行政庁は当該処分の効力を維持するための一切の法律上及び事実上の根拠を主張することが許されるものと解すべきである」（最判昭和53年9月19日判時911号99頁）とされているところ，排除措置命令の取消訴訟が提起された場合に，公正取引委員会は，必要に応じて，本条の規定により当事者の閲覧・謄写に供した証拠以外の証拠を提出することも一定程度許容されるものと考えられる。

旧法の規定に基づく処分前手続においては，「当該説明を受ける者に係

る委員会の認定した事実を基礎付けるために必要な証拠」について説明(注)を行っていたところ,法第52条第1項及び第2項に規定する証拠の範囲も,基本的にこの範囲と同様であると考えられる。

> (注) 審査規則旧第25条(同規則旧第29条において準用する場合を含む。)の規定に基づく排除措置命令(課徴金納付命令)前の説明。今般の改正において,排除措置命令等に係る処分前手続として意見聴取手続が整備されることに伴い,平成27年公正取引委員会規則第2号により,当該規定を削除している。

(3) 「謄写については,当該証拠のうち,当該当事者若しくはその従業員が提出したもの又は当該当事者若しくはその従業員の供述を録取したものとして公正取引委員会規則で定めるものの謄写に限る」

ア 証拠の謄写

行政手続法の聴聞においては,証拠の謄写については規定されておらず,証拠の謄写を認めるか否かは行政庁の裁量に委ねられているが,独占禁止法違反事件については,証拠の閲覧に加えて謄写を求める事業者側の要望が強いことも踏まえ,今般の改正に当たっては,いわゆる自社証拠に限定して謄写を認めることとしている。

行政手続法の聴聞においては,証拠の謄写については規定されていないことからすると,本条に定める証拠の閲覧・謄写制度は,行政手続法の聴聞に比しても,より手厚い手続保障を認めたものであるといえる。

本項は,謄写の対象となる自社証拠がどのようなものであるかについて,「当事者若しくはその従業員が提出したもの又は当該当事者若しくはその従業員の供述を録取したものとして公正取引委員会規則で定めるもの」としている。

イ 意見聴取規則第13条

意見聴取規則第13条第1項は,法第52条第1項における「当事者若しくはその従業員が提出したもの又は当該当事者若しくはその従業員の供述を録取したものとして公正取引委員会規則で定めるもの」について,当事者及びその従業員からの留置物件及び任意提出物件(意見聴取規則第13条第1項第1号),領置物件及び差押物件(同項第2号),審尋調書及び供述調

書（同項第3号）並びに質問調書（同項第4号）である旨を規定している。

> （証拠の謄写の手続）
> **第13条** 法第52条第1項に規定する公正取引委員会規則で定めるものは，意見聴取に係る事件について委員会の認定した事実を立証する証拠のうち，次に掲げるものとする。
> 一 法第47条第1項第3号の規定により当事者又はその従業員に提出を命じた場合において提出された帳簿書類その他の物件及び当事者又はその従業員が任意に提出した帳簿書類その他の物件
> 二 法第101条第1項の規定により当事者又はその従業員が任意に提出し又は置き去った物件を領置した場合におけるその領置した物件及び法第102条第1項又は第2項の規定により当事者又はその従業員から差し押さえた物件
> 三 法第47条第1項第1号の規定により当事者又はその従業員を審尋した場合におけるその公正取引委員会の審査に関する規則（平成17年公正取引委員会規則第5号）第11条第1項に規定する審尋調書及び当事者又はその従業員が任意に供述した場合におけるその同規則第13条第1項に規定する供述調書
> 四 法第101条第1項の規定により当事者又はその従業員に対して質問した場合におけるその結果を記載した調書
> 2 （略：後記5参照）

ウ 謄写の対象範囲を自社証拠に限定している点について

証拠の謄写は，事業者側における防御権の内容の充実を図る趣旨によるものであるということを踏まえれば，前記アで述べた自社証拠に限定せず，より広く，いわゆる他社証拠も含めて謄写を認めるべきとする考え方もあり得る。

しかしながら，独占禁止法違反事件の場合，公正取引委員会が事実の認定に用いる証拠の中には，事業者の秘密，個人のプライバシーに係る情報のほか，関係する訴訟に影響を与える情報も含まれている可能性が高い。このため，行政手続法の聴聞において認められている閲覧に加えて，謄写まで認めようとする場合には，その対象範囲については慎重を期する必要がある。具体的には，例えば，次のような問題が考えられるところ，事業

者の秘密等を保護しつつ関係者からの協力を得て効果的に事件調査を行う観点から，他社証拠については謄写の対象としないことが適当であるとしたものである。

(ｱ) 不当な取引制限については，複数事業者による共同行為であるため，複数の事業者から留置した資料や録取した供述調書を違反事実の証拠として用いることが通常であるが，これらの証拠が他社によって謄写された場合には，自社証拠を謄写する場合に比べて，物理的に原型を留めたまま外部に流出するおそれが高くなると考えられる。特に，国際カルテル事件においては，謄写された文書の所持者に対してディスカバリー（米国における情報開示制度）が適用される可能性もあるところ，謄写された文書がディスカバリー等を通じて外部に流出した場合には，違反行為者に対する損害賠償請求訴訟で用いられることとなるため，通常，事業者は，自社証拠が他社により謄写されることを望まない。

(ｲ) 排除型私的独占や優越的地位の濫用等の行為類型においては，自社（違反事業者）以外の「他社」として，被害者的立場にある取引先事業者等が想定され，当該「他社」にとっては，自らの供述調書等の証拠が違反事業者によって謄写される場合には，違反事業者による有形無形の報復が行われやすくなることも懸念される。

(4) 「第三者の利益を害するおそれがあるときその他正当な理由があるとき」

本条第1項後段は，「公正取引委員会は，第三者の利益を害するおそれがあるときその他正当な理由があるときでなければ，その閲覧又は謄写を拒むことができない。」と規定している。

本項後段の規定に基づき，当事者が閲覧又は謄写を求めた証拠について「第三者の利益を害するおそれがあるときその他正当な理由があるとき」には，公正取引委員会は，当該証拠の閲覧又は謄写を拒むことができる(注)。ここでいう「拒む」とは，当該証拠の全体について閲覧・謄写を認めないこととするほか，当該証拠の一部分について墨塗りを行うことにより，当該部分について閲覧・謄写ができないようにすることも含まれる。

「第三者の利益を害するおそれがあるとき」とは，例えば，個人の私生活に影響のあるプライバシーに係る事項や排除措置命令の名宛人となるべき事業者以外の取引先事業者の秘密が記載されている証拠であるときがそれに当たる。ここでいう「第三者の利益」とは，当事者以外の者の利益のことであり，当事者の役員・従業員や同一事件の他の違反行為者の利益も含む。また，当事者が閲覧・謄写した自社従業員の供述調書の内容をもって当該従業員に対して懲戒等の不利益取扱いを行う可能性があるときは，「第三者の利益を害するおそれがあるときその他正当な理由があるとき」に該当するものと考えられる。

「その他正当な理由があるとき」とは，証拠の閲覧・謄写をさせることにより公正取引委員会の審査手法に係る情報等の機密が漏れるなど審査活動に支障が生ずるおそれがあると認められるときのほか，意見聴取手続の引き延ばしを図るための閲覧・謄写など手続の適切な進行に支障が生ずることとなるときなどが当たる。

(注) 旧法第70条の15第1項後段では，事件記録の閲覧・謄写に関し，本条第1項後段と同じ文言が定められており，当該規定により，個人のプライバシー，事業者の秘密の保護，公正取引委員会による審査・審判業務に悪影響を与える等の正当な理由があれば，公正取引委員会の事件記録の閲覧・謄写を制限することができることとされていた。当該規定の解釈について「同法70条の15第1項に基づく事件記録の閲覧又は謄写の申請があった場合において，その閲覧又は謄写を拒むことについて『第三者の利益を害するおそれがあると認めるときその他正当な理由』があるか否かの判断は，公正取引委員会の合理的な裁量に委ねられているものであると解するのが相当」であり，公正取引委員会がその裁量権の行使としてした「判断は，それが重要な事実の基礎を欠き又は社会通念に照らし著しく妥当性を欠くと認められるなど，公正取引委員会に与えられた裁量権の範囲を逸脱し又はこれを濫用してしたものである場合に限り，違法となる」とする裁判例がある（東京地判平成25年1月31日訟務月報60巻3号546頁。同判決は高等裁判所で維持され，平成27年4月1日現在，最高裁判所に係属中である。)

3 第2項（意見聴取の進行に応じて必要となつた証拠の閲覧・謄写）

本条第2項の「意見聴取の進行に応じて必要となつた証拠」とは，意見聴取の期日における当事者と審査官等とのやり取りを通じて新たな事実が

明らかになり，当該新事実を支える証拠が追加された場合などにおける当該追加された証拠を意味する。本項は，このような場合において，当事者が当該追加された証拠の閲覧・謄写を申し出たときは，それを認めることを明らかにするものである。

4　第3項（閲覧・謄写の日時等の指定）

　当事者から閲覧・謄写の求めを受けた場合，公正取引委員会においては，証拠について第1項後段の規定に対応し，閲覧・謄写について制限が必要な部分を判断して該当箇所を墨塗りするなどの準備作業の時間や証拠の保全に適した場所の確保が必要である。また，当事者が多数に上る事案の場合等には，閲覧・謄写の求めも多数となり，必ずしも各当事者の希望どおりの日時において閲覧又は謄写に対応することができないことも想定される。そのため，本項は，公正取引委員会が，閲覧・謄写の日時及び場所を指定することができる旨を規定している（後記5⑶参照）。

5　意見聴取規則第12条及び同規則第13条第2項（証拠の閲覧・謄写の手続）

　意見聴取規則第12条及び同規則第13条第2項は，証拠の閲覧・謄写の具体的な手続を規定している。

（証拠の閲覧の手続）
第12条　法第52条第1項の規定による閲覧の求めについては，当事者は，様式第1号による書面を委員会に提出して行うものとする。
2　委員会は，法第52条第1項の閲覧について，その方法を指定することができる。
3　委員会は，法第52条第3項の規定により閲覧について日時及び場所を指定したとき並びに前項の規定により閲覧の方法を指定したときは，速やかに，その旨を当事者に通知しなければならない。この場合において，委員会は，指定する日時，場所及び方法について，意見聴取の期日における当該当事者による意見陳述等（法第56条第1項に規定する「当事者による意見陳述等」をいう。以下同じ。）の準備を妨げることがないよう配慮するも

のとする。
4　委員会は，当事者に対し，法第52条第2項の証拠の標目を書面で通知しなければならない。
5　第1項から第3項までの規定は，法第52条第2項の閲覧について準用する。
6　指定職員は，法第52条第2項の閲覧について日時が指定されたときは，法第56条第1項の規定に基づき，当該閲覧の日時以降の日を新たな意見聴取の期日として定めるものとする。

（証拠の謄写の手続）
第13条　（略：前記2(3)イ参照）
2　前条の規定は，法第52条第1項及び第2項の謄写について準用する。

(1)　証拠の閲覧・謄写の申請書の様式

　意見聴取規則第12条第1項は，法第52条第1項の規定による証拠の閲覧の求めについて，同規則様式第1号（後記第3部第1章 資料1-3 末尾参照）による書面を提出して行う旨を規定している。同様式は，意見聴取規則第13条第2項の準用規定により，証拠の謄写を求める場合にも用いられることとなる（以下，様式第1号による書面を「証拠の閲覧・謄写申請書」という。）。

　証拠の閲覧・謄写申請書においては，証拠品目録に基づき，閲覧又は謄写を希望する物件を特定して記載することが必要となる（証拠の閲覧・謄写申請書の5参照）。意見聴取規則第9条の規定に基づき，証拠品目録は意見聴取通知書に添付して送達されることとなる（法第50条の解説参照）ところ，実務上は，意見聴取通知書及び証拠品目録の送達に併せて，証拠の閲覧・謄写申請書も同封される。

　なお，証拠の閲覧・謄写申請書においては，「本申請書による証拠の閲覧・謄写の目的は，意見聴取手続又は排除措置命令等の取消訴訟の準備のためであり，その他の目的のために利用はいたしません。」とする誓約文が記載されている。例えば，当事者が優越的地位の濫用に係る事件の意見

聴取に際して閲覧した取引先従業員の供述調書等の内容をもって当該取引事業者に対して有形無形の報復を行うことや，閲覧・謄写した自社従業員の供述調書の内容をもって当該従業員に対して懲戒等の不利益取扱いを行うことは，「その他の目的」のための利用（目的外利用）に当たることとなるので留意が必要である。

(2) 証拠の閲覧・謄写の方法の指定

意見聴取規則第12条第2項は，公正取引委員会が，証拠の閲覧の方法を指定することができる旨を規定している。通常，証拠の閲覧は，公正取引委員会が指定する場所（公正取引委員会の事務所等）において，公正取引委員会の職員立会いの下で閲覧に供する方法により行われることとなる。

また，同項の規定は，意見聴取規則第13条第2項により証拠の謄写の場合においても準用されるところ，謄写の方法については，具体的には，複写機を用いる方法のほか，証拠を電子化したファイルをDVD等の電磁的記録媒体に記録し，当該電磁的記録媒体を当事者に貸与する方法も考えられる。

公正取引委員会は，証拠の閲覧・謄写の方法を指定したときは，意見聴取規則第12条第3項前段（意見聴取規則第13条第2項において準用する場合を含む。）の規定により，速やかにその旨を当事者に通知しなければならないこととされている。この通知の方法については特段の定めが置かれていないところ，閲覧・謄写の日時及び場所の通知（後記(3)参照）と併せ，電話により口頭で行うことも考えられる。

なお，法律上閲覧のみが認められている証拠（自社証拠以外の証拠）については，閲覧に当然に付随する行為を超えて，実質的に謄写と同視できるような行為は認められないので留意が必要である。

(3) 証拠の閲覧・謄写に係る日時及び場所の指定

公正取引委員会は，法第52条第3項の規定により証拠の閲覧・謄写について日時及び場所を指定することとなるところ，意見聴取規則第12条第3項前段（意見聴取規則第13条第2項において準用する場合を含む。）の規

定により，公正取引委員会は，証拠の閲覧・謄写について日時等を指定したときは速やかに当事者にその旨を通知しなければならない。

この点，証拠の閲覧・謄写に係る日時について，当事者は証拠の閲覧・謄写申請書において希望日時を記載することとなる。実務上，公正取引委員会は当事者から示された希望日時を踏まえつつ日時を指定することとなるが，前記4のとおり，必ずしも希望どおりの日時を指定することができるわけではない。

一方，当事者が，閲覧・謄写した証拠に基づき意見を述べ，自己に有利な証拠を提出することができるようにすることには一定の時間を要することも考えられることから，意見聴取規則第12条第3項後段（意見聴取規則第13条第2項において準用する場合を含む。）は，公正取引委員会が証拠の閲覧・謄写の日時等を指定する際は，意見聴取の期日の直前とならないようにするなど，当事者による意見陳述等の準備を妨げることがないよう配慮するものとする旨を規定している。

(4)　意見聴取の進行に応じて必要となつた証拠の通知その他の手続

　法第52条第2項の証拠（意見聴取の進行に応じて必要となつた証拠）について，意見聴取規則第12条第4項の規定により，公正取引委員会は，当事者に対し，その標目を書面で通知しなければならない。当該証拠の閲覧・謄写については，法第52条第1項の証拠の閲覧・謄写の手続に準じる（意見聴取規則第12条第5項及び同規則第13条第2項）。また，意見聴取規則第12条第6項は，法第52条第2項の証拠の閲覧・謄写について日時が指定されたときは，指定職員は，法第56条第1項の規定に基づき，当該閲覧の日時以降の日を新たな意見聴取の期日として定めるものとする（意見聴取規則第12条第6項及び同規則第13条第2項）旨を規定している。

第53条（指定職員による意見聴取の主宰）

> 第53条　意見聴取は，公正取引委員会が事件ごとに指定するその職員（以下「指定職員」という。）が主宰する。
> ②　公正取引委員会は，前項に規定する事件について審査官の職務を行つ

ことのある職員その他の当該事件の調査に関する事務に従事したことのある職員を意見聴取を主宰する職員として指定することができない。

解説

1 改正の趣旨

本条は，意見聴取について，当該手続における公正性・透明性の担保及び当該手続の円滑な進行による手続の迅速性・効率性の確保，加えて，公正取引委員会が最終的に排除措置命令を決定するに当たりあらかじめ論点を整理させる観点から，事件について審査官の職務を行ったことのある者等以外の第三者的な立場の者が意見聴取を主宰する旨を規定している。

なお，旧法における処分前手続においては，排除措置命令等の名宛人となるべき者（相手方事業者）に対し，あらかじめ，意見を述べ，証拠を提出する機会が付与されていた（旧法第49条第3項及び旧法第50条第6項）。通常，審査官が相手方事業者に対し，予定される排除措置命令等の内容，公正取引委員会の認定した事実及びこれに対する法令の適用等について説明し，相手方事業者は，公正取引委員会に対し，指定された期限までに意見を述べ，証拠を提出することができるとされていた（旧法第49条第5項第3号及び旧法第50条第6項並びに審査規則旧第25条，旧第26条及び旧第29条）。このように，旧法における処分前手続は，審査官と相手方事業者のみで行われる手続であった。

2 第1項（指定職員による意見聴取の主宰）

(1) 「事件ごと」

公正取引委員会は，意見聴取を行うに当たっては，事件ごとに，事務総局職員のうち適当な者[注1]を意見聴取を主宰する者として指定することとなる。本項の規定によって意見聴取の主宰者として指定された者は，独占禁止法及び意見聴取規則においては「指定職員」と称されているところ，実務上は「意見聴取官」との呼称が用いられる。

本項でいう「事件」とは，まさに開始されようとしている意見聴取の対

象となる事柄のこと[注2]であり，意見聴取の対象となるべき個別の処分ごと，すなわち同じ談合事案に係るものであっても，「A社に対する排除措置命令」，「B社に対する排除措置命令」等，処分の名宛人となるべき者ごとに観念されることとなる（さらに，同じ談合事案に係るA社を名宛人とする処分であっても，「A社に対する排除措置命令」と「A社に対する課徴金納付命令」はそれぞれ別個の「事件」として観念される。）。このため，「事件ごとに」意見聴取の主宰者を指定するということは，結局，処分の名宛人となるべき者ごとに意見聴取の主宰者を指定するということを意味する[注3]。

(注1) 指定職員は，意見聴取の期日において，審査官等による説明や当事者による質問等のやり取りを適切に指揮していくこと，当事者から聴取した意見等を踏まえて調書及び報告書を作成して公正取引委員会に提出することなどの役割を担うとされていることを踏まえ，独占禁止法についての一定程度以上の知識及び経験を有する者が指定されるものと考えられる。

(注2) 意見聴取は，法第50条第1項の規定による意見聴取通知により開始されるところ，法第53条第1項に規定する「事件」は，意見聴取の開始以降，条文上「当該意見聴取に係る事件」と規定されている（法第52条第1項，法第54条第1項，法第58条第4項）が，その意味するところは両者とも同じである。

(注3) 予定される排除措置命令の名宛人が多数に上るカルテル，入札談合等の共同行為の場合など，指定職員の事務量が膨大になることが予想される場合には，複数の職員を指定することも考えられる。例えば6社による談合に対する6つの排除措置命令に係る意見聴取を行う場合に，2名の指定職員が分担して担当する（A社ないしC社のそれぞれに対する意見聴取についてはそれぞれ指定職員 α が主宰し，D社ないしF社のそれぞれに対する意見聴取についてはそれぞれ指定職員 β が主宰する。）ということが考えられるほか，特定の者に対する意見聴取について（すなわち1つの事件に）複数の指定職員が指定されることも考えられる。ただし，1つの事件に複数の指定職員を指定する場合には，期日における主宰者としての指揮権や責任の所在は明確にしておく必要がある。

(2) 「主宰する」

意見聴取を「主宰する」とは，手続を円滑に進行させる観点から，本条ないし法第58条に規定する，審査官等による説明及び当事者による質問・意見陳述が行われる期日内の進行管理，続行期日の指定，意見聴取の終結

等，意見聴取全体に係る進行管理，期日において提出される意見及び証拠を踏まえた論点の整理を行うことが主な内容となる。

なお，指定職員は，意見聴取における諸手続の進行管理にとどまらず，意見聴取の期日において，審査官等による説明が不十分な場合には説明を促し，意見聴取通知を受けた者による質問が不適当である場合には当該質問を制限し，意見聴取の迅速かつ効率的な進行を図るとともに，意見聴取の期日において述べられた意見等に基づいて論点の整理を行うといった主体的な役割も担うものである。

3 第2項（指定職員の除斥）

指定職員は，意見聴取の期日における質問の制限，続行期日の指定，論点整理等を行うことから，意見聴取手続における公正性・透明性を担保するとともに，当該手続の円滑な進行による手続の迅速性・効率性を確保する観点が必要である。特に，意見聴取手続における公正性・透明性を担保する観点からは，事件審査担当者を指定職員から除斥する規定を設けることが必要である。

本項は，当該事件について審査官として法第47条第1項に規定する間接強制権限による調査を行ったことのある職員のほか，審査官には指定されていないが過去に当該事件につき調査（予備調査や任意調査）や犯則調査を担当したことのある職員など，当該事件の調査に関与したことのある職員については，意見聴取の主宰者たる指定職員として指定することができない旨を規定している。

本項は，我が国における行政手続の中でも独占禁止法の事件処理手続については古くから職能分離を強く意識した制度設計がなされてきたこと，また，平成25年改正による審判制度の廃止が，手続の公正さの外観に対する懸念を払拭するために行われたものであったこと等を踏まえ，特に公正性・中立性を確保する趣旨から規定しているものである。

なお，行政手続法上の聴聞手続においては，主宰者の指定につき，事件を担当したことのある者を除斥する旨の規定はない（ただし，総務事務次官通知「行政手続法の施行に当たって」（平成6年9月13日総管第211号）に

おいて,「不利益処分を行う立場にある課等の責任者を主宰者に指名することを排除するものではないが,当該行政庁の組織等の態様等に応じ,当該責任者以外の職員を主宰者に充てることが可能である場合にあっては,国民の聴聞運営への理解に資する観点からは,当該責任者以外の職員を主宰者に指名するなど配慮することが望ましい」とされている。)。

4　意見聴取規則第14条（指定職員の指定の手続）

　意見聴取規則第14条は,指定職員の指定の具体的手続を規定している。

（意見聴取を主宰する職員の指定の手続）
第14条　法第53条第1項に規定する意見聴取を主宰する職員の指定は,法第50条第1項の規定による通知の時までに行うものとする。
2　指定職員が死亡し又は心身の故障その他の事由により意見聴取を継続することができなくなったときは,委員会は,速やかに,新たな職員を指定しなければならない。
3　委員会は,法第17条の2の規定による命令をしようとするときは,法第53条第2項に定める職員のほか,同条第1項に規定する事件に係る報告書若しくは届出の受理に関する事務又は議決権の取得若しくは保有の認可並びにこれらの取消し及び変更に関する事務に従事したことのある職員を意見聴取を主宰する職員として指定することができない。
4　委員会は,指定職員を指定したときは,指定職員の氏名を当事者に通知しなければならない。

　意見聴取規則第14条第1項は,指定職員の指定の時期について,意見聴取通知の時までに行うべき旨を規定するとともに,同条第4項は,指定職員を指定したときはその氏名を当事者に通知しなければならない旨を規定している。これは,意見聴取規則第10条において,当事者が意見聴取の期日等の変更を申し出る際の申出先を指定職員としていることから,意見聴取通知の段階で,当事者に対して指定職員の氏名を知らせておく必要があると考えられたことによるものである。したがって,実務上,意見聴取規則第14条第4項の規定による指定職員の指定の通知は,原則として意見聴取通知を行う際に併せて行われる。

なお，意見聴取規則第14条第3項は，意見聴取手続における公正性・透明性をより一層担保する観点から，企業結合事案について排除措置命令をしようとする場合においては，法第53条第2項に規定する審査官の職務を行ったことのある職員等のほか，当該事件に係る報告書又は届出の受理に関する事務等に従事したことのある職員も，その事件の指定職員に指定できないこととする除斥規定を置くものである。

5　意見聴取規則第15条（事務補助者）

意見聴取規則第15条第1項は，公正取引委員会が，事務総局職員に指定職員の事務の補助を行わせることができる旨を規定している。

> （事務補助者）
> **第15条**　委員会は，その職員に指定職員の事務の補助を行わせることができる。
> 2　法第53条第2項及び前条第3項の規定は，前項の場合に準用する。

指定職員の事務の補助は，具体的には，意見聴取手続に関する連絡・照会先として意見聴取通知書に記載される「意見聴取に関する事務を所掌する組織」（法第50条第1項第4号）の職員が行うこととなる。

また，意見聴取規則第15条第2項は，法第53条第2項及び意見聴取規則第14条第3項と同様の観点から，指定職員の事務を補助する者にも指定職員と同様の除斥規定を置くものである。

第54条（意見聴取の期日）

> **第54条**　指定職員は，最初の意見聴取の期日の冒頭において，当該意見聴取に係る事件について第47条第2項の規定により指定された審査官その他の当該事件の調査に関する事務に従事した職員（次項及び第3項並びに第56条第1項において「審査官等」という。）に，予定される排除措置命令の内容，公正取引委員会の認定した事実及び第52条第1項に規定する証拠のうち主要なもの並びに公正取引委員会の認定した事実に対する法令の適用を意見聴取の期日に出頭した当事者に対し説明させなければならない。
> ②　当事者は，意見聴取の期日に出頭して，意見を述べ，及び証拠を提出し，

並びに指定職員の許可を得て審査官等に対し質問を発することができる。
③ 指定職員は、意見聴取の期日において必要があると認めるときは、当事者に対し質問を発し、意見の陳述若しくは証拠の提出を促し、又は審査官等に対し説明を求めることができる。
④ 意見聴取の期日における意見聴取は、公開しない。

解　説

1　改正の趣旨

　意見聴取の期日においては、審査官等が、当事者に対し予定される排除措置命令の内容、公正取引委員会が認定した事実等についての説明を行うとともに、当事者による質問、それに対する審査官等の回答、当事者による意見陳述・証拠提出が行われるところ、本条は、これらの期日におけるやり取りについて意見聴取の主宰者たる指定職員がその整理を行う旨を規定している。

2　第1項（冒頭手続）

　本項は、最初の意見聴取の期日の冒頭において、予定される排除措置命令の内容やその処分理由である公正取引委員会が認定した事実等、意見聴取通知に記載した事項を当事者に明らかにしてこれを確認させることで、期日を円滑に進行させ、かつ、当事者による意見陳述等を十分なものとさせるために、冒頭手続を規定している。冒頭手続においては、指定職員の指揮の下、当該事件の調査を担当した審査官等が、当事者に対する説明を行うこととしている。

　審査官等による説明については、意見聴取通知書に記載された、予定される排除措置命令の内容、公正取引委員会の認定した事実及びそれに対する法令の適用（すなわち排除措置命令書案の内容）のほか、独占禁止法違反事件が複雑かつ広範な経済事案を対象としていることから、どのような証拠に基づいて事実認定を行ったのかを当事者に対して明らかにするため、認定事実の説明と併せて法第52条第1項に規定する証拠（公正取引委員会が認定した事実を立証する証拠）のうち主要なものについても説明を行うこ

ととしている。ここでいう「主要なもの」としては，例えば談合事件であれば，受注調整に係る基本ルールに関する資料や談合事実を認める供述調書等が考えられる。

なお，独占禁止法違反事件の特色から，法第52条第1項に規定する証拠の数は極めて膨大な数に上り，認定事実を立証する証拠だけでも，その全てを説明することは手続の円滑な進行による手続の迅速性・効率性を損なうため，冒頭手続において審査官等に説明させなければならない証拠を「主要なもの」に限定している。

3 第2項（当事者による意見陳述等）

本項は，当事者の防御権の行使を定めるものであり，当事者は，意見聴取の期日において，意見陳述，証拠の提出及び質問を行うことができる旨を規定している。当事者の意見陳述等は，原則として期日に出頭して口頭で行われることとなるが，当事者の判断により，期日への出頭に代えて，陳述書及び証拠を提出することも可能である（後記法第55条の解説参照）。

当事者は，期日において審査官等に対して質問を発することもできるが，質問が不当に多発され質問権が濫用されることで，意見聴取の期日における手続の効率的な進行に支障を来すような事態を防止するため，質問については，指定職員の許可に係らしめている。指定職員は，当事者が発する質問が，意見聴取に係る事件の範囲を超えたものであると認められる場合等手続保障の観点から質問の必要がないと認めるときには，当該質問を遮ることができる。

4 意見聴取規則第16条（期日に先立つ書面等の提出）

前記3のとおり，当事者の意見陳述等は原則として期日に出頭して口頭で行われることとなるが，独占禁止法違反事件はその内容が複雑であるため，期日における意見陳述等を効果的かつ充実したものとする観点から，意見聴取規則第16条は，指定職員が，期日に先立ち，当事者に対して，期日において陳述しようとする事項を記載した書面等の提出を求めることができる旨を規定している。

> （期日に先立つ書面等の提出）
> **第 16 条** 指定職員は，必要があると認めるときは，意見聴取の期日に先立ち，当事者に対し，法第54条第2項の規定により期日において陳述しようとする事項を記載した書面，提出しようとする証拠又は審査官等に対し質問しようとする事項を記載した書面の提出を求めることができる。

「期日に先立ち」としているのは，意見聴取の期日前に，当事者が期日において陳述しようとする意見や審査官等に質問しようとする事項を記載した書面等を提出することにより，指定職員の事前準備を充実させ，当事者の適切な意見陳述を促すなど，意見聴取手続を迅速かつ効率的に進行できることとなり，ひいては当事者の防御権の行使に資することになるとの考えによるものである。

したがって，意見聴取規則第16条は，期日に向けた当事者の準備を制限するものではなく，仮に当事者が指定職員の求めに応ずることなく書面の提出がなかったとしても，期日当日における意見陳述等が制限されるものではない。

また，期日に先立ち書面を提出した上で，期日においては，「提出した書面のとおり陳述する」旨を述べるということも可能である。

5　第3項（指定職員の質問等）

本項は，意見聴取の期日におけるやり取りを整理・促進し，当事者が効果的に主張・立証を行うことができるよう，主宰者たる指定職員の権能として，当事者に対して質問を発し，意見陳述・証拠提出を促し，また，審査官等に対して説明を求めることができる旨を規定している。

(1)　「意見聴取の期日において必要があると認めるとき」

「必要があると認めるとき」とは，意見聴取の期日におけるやり取りを整理・促進する必要があるとき，当事者の主張や審査官等の説明の内容が不十分である場合等，指定職員が必要と認めるときは随時にという趣旨である。

(2) 「証拠の提出を促し」

　意見聴取の趣旨は，当事者の防御権を確保することにあるので，当事者が自らにとって有利な証拠を提出することを促すことが予定されている。したがって，指定職員を通じて新たに証拠を収集する一般的な調査権限を公正取引委員会に付与する趣旨ではない。

6　第4項（意見聴取期日の非公開）

　意見聴取の期日においては，冒頭手続における審査官等による説明や当事者からの質問及びそれに対する審査官等の回答，当事者による意見陳述や証拠の提出など，いずれも当事者の秘密（事業者の秘密）や当該当事者の従業員のプライバシー等に係る情報を含み得るやり取りが行われることが想定される。このため，意見聴取の期日を公開とした場合には，当事者の秘密（事業者の秘密）や当該当事者の従業員のプライバシー等が侵害されるおそれ等の問題もあることから，本項は，意見聴取の期日は公開しない旨を規定している。

7　意見聴取規則第17条（意見聴取の期日における意見陳述等の制限及び秩序維持）

　意見聴取手続においては，当事者の防御権の確保を図るとともに，その手続の迅速かつ効率的な進行も要求されている。そのため，意見聴取規則第17条は，意見聴取の期日における意見陳述等の制限及び秩序維持に係る指定職員の権限を規定している。

（意見聴取の期日における意見陳述等の制限及び秩序維持）
第17条　指定職員は，意見聴取の期日に出頭した者が意見聴取に係る事件の範囲を超えて，意見を陳述し，又は証拠を提出するときその他意見聴取の適正な進行を図るためにやむを得ないと認めるときは，その者に対し，その意見の陳述又は証拠の提出を制限することができる。
2　指定職員は，前項に規定する場合のほか，意見聴取の期日における秩序を維持するため，意見聴取の進行を妨害し，又はその秩序を乱す者に対し退場を命ずる等適当な措置をとることができる。

8 意見聴取規則第18条（証拠の提出方法）

意見聴取規則第18条は，当事者による証拠の提出の方法を規定している。

> （証拠の提出方法）
> **第18条** 法第54条第2項又は法第55条の規定による証拠の提出は，当事者の氏名又は名称，住所又は所在地，事件名，証拠の標目及び証明すべき事項を記載した書面を添付して行うものとする。この場合において，供述を証拠として提出するときは，供述者が署名押印した文書をもって行わなければならない。

法第54条第2項は，意見聴取の期日において，当事者は「証拠」を「提出」することができる旨を規定しているところ，ここで当事者からの「提出」を予定しているのは「物証」であると考えられる。意見聴取の手続は裁判類似の手続により行われる審判とは異なるものであり，その期日において審判における参考人審尋のような人証に係る証拠調べを行うことは予定していない。

このため，意見聴取規則第18条後段は，当事者が，人証に代わるものとして供述を証拠として提出するときは，供述者が署名押印した文書を提出する方法により行わなければならない旨を規定している。また，当該文書の提出に当たっては，当事者の氏名等を記載した書面（同条前段の書面）を添付して行うこととなる。

また，法第55条の規定に基づき，期日への出頭に代えて，陳述書の提出に併せて証拠を提出する場合における証拠の提出方法も同じである。

第55条（出頭に代わる陳述書等の提出）

> **第55条** 当事者は，意見聴取の期日への出頭に代えて，指定職員に対し，意見聴取の期日までに陳述書及び証拠を提出することができる。

> **解　説**

1　改正の趣旨

　本条は，指定職員に対して陳述書及び証拠を提出することにより，期日への出頭に代えることができる旨を規定している。

　「陳述書」とは，意見聴取の期日における当事者の意見陳述に代わるものとして，当事者が陳述内容を記載した書面のことをいう。陳述書の提出は期日における陳述に代わるものであることから，指定職員に対し，「意見聴取の期日までに」行うものとしている。陳述書の提出に併せて証拠を提出する場合についても同様である。

　法第54条第2項に定めるとおり，当事者による意見陳述及び証拠の提出は，原則として意見聴取の期日に出頭して行われるものであるが，当事者には，意見聴取の期日に出頭すべき義務が課せられるわけではない（意見聴取においては，当事者に対して期日への出頭を命ずる手続は存在しない。）。当事者が，期日に出頭して口頭で陳述することを必要とせず，出頭の代わりに自らの意見を記載した陳述書等を提出すればそれで足りるとするのであれば，その意思に反してまで出頭を求める必要はない。このため，本条では，意見聴取の期日への出頭とそれに代わる陳述書等の提出との選択について，当事者の意思に委ねることとしている。

　なお，本条の規定により当事者が期日への出頭に代えて陳述書等を提出した場合には，当該期日において，当該当事者が当該期日への出頭に代えて陳述書等を提出した旨及びその内容を指定職員が改めて確認した上で当該期日を終了することにより，原則として意見聴取が終結することとなろう（指定職員がなお意見聴取を続行する必要があると認める場合については，後記法第56条の解説参照）。

2　意見聴取規則第19条（陳述書の記載事項）

　意見聴取規則第19条は，法第55条に規定する陳述書の記載事項を規定している。

> (陳述書の記載事項)
> **第19条** 法第55条の規定による陳述書の提出は,当事者の氏名又は名称,住所又は所在地,事件名並びに法第50条第1項第1号及び第2号に掲げる事項についての意見を記載した書面により行うものとする。

　前記1のとおり,陳述書の提出は期日に出頭して行う陳述に代わるものであることから,陳述書に記載すべき意見は,意見聴取の対象である処分に対するもの,すなわち,予定される排除措置命令の内容(法第50条第1項第1号),委員会の認定した事実及びこれに対する法令の適用(同項第2号)に対する意見であると考えられる。

　また,当事者において,意見聴取の対象である処分(排除措置命令)に対して特段の意見を述べる必要がないと考える場合には,その旨(「特に意見はない」等)を記載した陳述書を提出することで足りる。

第56条(続行期日の指定)

> **第56条** 指定職員は,意見聴取の期日における当事者による意見陳述,証拠提出及び質問並びに審査官等による説明(第58条第1項及び第2項において「当事者による意見陳述等」という。)の結果,なお意見聴取を続行する必要があると認めるときは,さらに新たな期日を定めることができる。
> ② 前項の場合においては,当事者に対し,あらかじめ,次回の意見聴取の期日及び場所を書面により通知しなければならない。ただし,意見聴取の期日に出頭した当事者に対しては,当該意見聴取の期日においてこれを告知すれば足りる。

解説

1 改正の趣旨

　意見聴取は,当事者の権利利益を保護するとともに,公正取引委員会において適正な判断の下に処分に係る意思決定を行うことに資することを目的とした手続である。

　このため,本条は,意見聴取手続の趣旨に照らして,指定職員がなお当

該意見聴取を続行する必要があると認める場合について，指定職員の権限により，更に意見聴取を行うための新たな期日（以下「続行期日」という。）を指定して意見聴取を続行できる旨を規定している。

2 第1項（続行期日の指定）

本項は，意見聴取の期日におけるやり取りの経過を踏まえ，指定職員が，なお意見聴取を行う必要があると認めるときは，続行期日を設定することができる旨を規定している。

「なお意見聴取を続行する必要があると認めるとき」とは，例えば，①事件の内容，審査官等の説明とそれに対する当事者の質問等に照らし，当事者が意見陳述等を行うのに一定期間を置くことが適当であると指定職員が判断する場合，②指定職員が論点を整理した報告書を作成する上で意見聴取が不十分であると判断する場合等が考えられるところ，期日の続行の必要性に係る判断は，意見聴取を主宰する指定職員が行う。

ただし，競争秩序の早期回復という公益の観点からは意見聴取を迅速に進めていく必要があることから，当事者の意見を十分に聴取しつつ，意見聴取手続がいたずらに長期化することのないよう，指定職員が適切に続行期日の必要性の有無を判断することが重要である。

なお，本項は，当事者が意見聴取の期日への出頭に代えて陳述書及び証拠を提出した場合（法第55条参照）に，その結果として指定職員が続行期日を指定する場合においても適用される。

3 第2項（続行期日の通知）

最初の意見聴取通知（法第50条第1項）は公正取引委員会が行うものであるが，2回目以降の期日の通知については，期日の続行の判断が指定職員による意見聴取の主宰事務に含まれるものであることから，指定職員がこれを行うものとしている。法第50条第1項各号に掲げる意見聴取通知事項と比較して，続行期日の指定に当たって改めて通知すべき事項は「次回の意見聴取の期日及び場所」で足りると考えられる。また，当該通知事項であれば，意見聴取の期日に出頭した当事者に対しては，その場で告知

すれば十分であるため，ただし書に規定するとおり，この場合には書面で通知する必要はないとしている。

第57条（当事者の不出頭等の場合における意見聴取の終結）

> **第57条** 指定職員は，当事者が正当な理由なく意見聴取の期日に出頭せず，かつ，第55条に規定する陳述書又は証拠を提出しない場合には，当該当事者に対し改めて意見を述べ，及び証拠を提出する機会を与えることなく，意見聴取を終結することができる。
> ② 指定職員は，前項に規定する場合のほか，当事者が意見聴取の期日に出頭せず，かつ，第55条に規定する陳述書又は証拠を提出しない場合において，当該当事者の意見聴取の期日への出頭が相当期間引き続き見込めないときは，当該当事者に対し，期限を定めて陳述書及び証拠の提出を求め，当該期限が到来したときに意見聴取を終結することができる。

解　説

1　改正の趣旨

本条は，当事者が意見聴取手続に係る権利を放棄したとみなせるような場合などにおける意見聴取の終期を明確にする必要があるため，そのような場合の意見聴取の終結について規定している。

なお，当事者が意見聴取の期日への出頭に代えて陳述書等を提出した場合における意見聴取の終結については，前記法第55条の解説参照。

2　第1項（正当な理由に基づかない当事者の不出頭等の場合）

本項及び第2項は，意見聴取を終結することができる2つの場合を挙げて規定している。本項は，「正当な理由」がないにもかかわらず当事者が意見聴取の期日に出頭しない場合等について規定している。

「正当な理由」がある場合とは，例えば，当事者が，天災，交通機関の途絶等その責に帰すべからざる事由により意見聴取の期日に出頭することができなかった場合等が考えられる。

こういった事情がないにもかかわらず，当事者が期日に出頭せず，かつ，

出頭に代わる陳述書等を提出しなかった場合には，当該当事者に意見陳述等の機会を再度保障する必要はないと考えられるため，指定職員は，改めて当該当事者に意見陳述等の機会を与えることなく意見聴取を終結できるものとしている。

3　第2項（正当な理由に基づく当事者の不出頭等の場合）

　本項は，「正当な理由」があって当事者が意見聴取の期日に出頭しない場合等について規定している。当事者の意見聴取の期日への出頭が相当期間引き続き見込めず，かつ陳述書等も提出しないときには，相当期間内に新たに意見聴取の期日を定めてもその実効はなく，また，排除措置命令は速やかに行い競争秩序の回復を図るべきという公益の要請もあるため，そのような場合には，口頭による意見聴取の期日を指定することに代えて，期限を定めて，陳述書等の提出を求め，当該期限の到来をもって意見聴取を終結することができるとしたものである。

　この場合における陳述書等の提出期限については，出頭できない理由，事件の性質等を総合的に勘案して指定職員が判断することとなる。

第58条（調書等の作成）

> **第58条**　指定職員は，意見聴取の期日における当事者による意見陳述等の経過を記載した調書を作成し，当該調書において，第50条第1項第1号及び第2号に掲げる事項に対する当事者の陳述の要旨を明らかにしておかなければならない。
> ②　前項に規定する調書は，意見聴取の期日における当事者による意見陳述等が行われた場合には各期日ごとに，当該当事者による意見陳述等が行われなかつた場合には意見聴取の終結後速やかに作成しなければならない。
> ③　第1項に規定する調書には，提出された証拠（第55条の規定により陳述書及び証拠が提出されたときは，提出された陳述書及び証拠）を添付しなければならない。
> ④　指定職員は，意見聴取の終結後速やかに，当該意見聴取に係る事件の論点を整理し，当該整理された論点を記載した報告書を作成し，第1項に規

定する調書とともに公正取引委員会に提出しなければならない。
⑤ 当事者は，第1項に規定する調書及び前項に規定する報告書の閲覧を求めることができる。

解説
1 改正の趣旨
　本条は，公正取引委員会が排除措置命令に係る意思決定を行う際の資料とするため，指定職員が，意見聴取の期日における当事者の意見陳述等の経過を記載した調書（以下「意見聴取調書」という。），及び当該意見聴取に係る事件の論点を整理して記載した報告書（以下「意見聴取報告書」という。）を作成し，委員会に提出しなければならない旨を規定している。意見聴取調書及び意見聴取報告書は，委員会が排除措置命令に係る意思決定を行うに際しての判断の基礎となるものであるので，本条は，その作成手続等を明確にしている。

　また，指定職員が作成する意見聴取調書及び意見聴取報告書については，意見聴取の透明性の確保，当事者による意見陳述・証拠提出等に資する観点から，当事者はその閲覧を求めることができるものとしている。

2 第1項から第3項（意見聴取調書）
(1) 第1項（意見聴取調書の作成）
　意見聴取調書は，意見聴取手続における審査官等と当事者のやり取りを記載するものであり，委員会が当事者の意見を理解するために重要な資料である。
　とりわけ，意見聴取の期日における意見陳述の内容は，意見聴取手続の骨格をなすものであり，公正取引委員会が最終的な事実認定を行い排除措置命令の内容を決定するに当たって重要なものである。このため，本項は，指定職員に対して，意見聴取の期日における意見陳述等の経過を記載した意見聴取調書を作成することにより，排除措置命令案の内容（法第50条第1項第1号及び第2号に掲げる事項）に対して当事者が陳述した意見の要旨を明らかにしておくことを義務付けている。

「要旨」とされているのは，当事者が期日において口頭により陳述した内容を逐語により記載することまでは要しないという意味である。また，当事者による意見の陳述が，期日への出頭に代えて陳述書の提出により行われた場合（法第55条参照）には，当該陳述書に記載された意見の要旨を記載することとなる。

(2) 第2項（意見聴取調書の作成時期）

意見聴取調書は「意見聴取の各期日ごとに」作成しなければならず，これは，1回の期日について1つの意見聴取調書を作成することを示したものである（当該期日〔又は当日〕中に意見聴取調書を作成し終えることを意味するものではない。）。

また，「当該」当事者による意見陳述等が行われなかった場合とは，「意見聴取の期日における」当事者による意見陳述等[注]が行われなかった場合のことである。例えば，当事者が正当な理由なく期日に出頭せず，出頭に代えて陳述書等の提出も行わなかった場合（法第57条第1項）には，期日における当事者による意見陳述等が行われることなく意見聴取が終結するため，意見聴取調書は「意見聴取の終結後速やかに」作成することとなる。

> （注）「当事者による意見陳述等」とは，法第56条第1項において規定される略語であり，一単語として構成されているため，これに付された「当該」は，本項の初めにある「意見聴取の期日における」を意味している。

(3) 意見聴取規則第20条第1項（意見聴取調書の記載事項）

意見聴取規則第20条第1項は，意見聴取調書の具体的記載事項を規定している。

（意見聴取調書及び意見聴取報告書の記載事項等）

第20条 法第58条第1項に規定する調書（以下「意見聴取調書」という。）には，次に掲げる事項を記載しなければならない。

一　事件名
二　当事者の氏名又は名称

三　意見聴取の期日及び場所
四　指定職員の氏名及び職名
五　第15条第1項の職員の氏名及び職名
六　意見聴取の期日に出頭した者の氏名及び職名，立ち会った通訳人の氏名並びに出席した審査官等の氏名及び職名
七　当事者が意見聴取の期日に出頭しなかった場合にあっては，出頭しなかったことについての正当な理由の有無
八　法第54条第1項の審査官等による説明の要旨及び意見聴取の期日における当事者による意見陳述等の経過
九　法第50条第1項第1号及び第2号に掲げる事項に対する当事者の陳述（法第55条の規定により提出された陳述書における意見の陳述を含む。）の要旨
十　証拠が提出された場合にあっては，その標目
十一　その他参考となるべき事項
2～5　（略：後記2(5)及び3(3)参照）

　なお，第7号では，当事者が意見聴取の期日に出頭しなかった場合における正当な理由の有無が記載事項とされているところ，正当な理由としては，例えば，天災，交通機関の途絶等が考えられる（前記法第57条の解説の2参照）。

　また，第11号には「その他参考となるべき事項」が掲げられているところ，例えば，意見聴取の期日において，意見聴取規則第17条の規定による意見陳述等の制限及び秩序維持のための指定職員の権限が行使された場合などには，その事実及びその際の状況等を記録しておくことが考えられる。

(4)　**第3項（陳述書及び証拠の添付）**

　意見聴取の期日において当事者から提出された証拠は，当該当事者が陳述する意見の根拠となるべき重要な資料である。このため，本項は，意見聴取の期日において当事者から証拠が提出された場合には，これを意見聴取調書に添付しなければならない旨を規定しており，公正取引委員会による参酌（法第60条）の対象となることを確保している。同様に，意見聴取

の期日への出頭に代えて当事者から陳述書及び証拠が提出された場合（法第55条）には，当該陳述書及び証拠を意見聴取調書に添付することとなる。

(5) 意見聴取規則第20条第2項及び第3項（意見聴取調書への引用・添付）

意見聴取規則第20条第2項及び第3項は，意見聴取調書への引用・添付について規定している。

> （意見聴取調書及び意見聴取報告書の記載事項等）
> **第20条** （略：前記2(3)参照）
> 2　意見聴取調書には，法第58条第3項に規定する証拠（法第55条の規定により陳述書及び証拠が提出されたときは，当該提出された陳述書及び証拠）のほか，第16条の規定により書面が提出されたときは，当該書面を添付しなければならない。
> 3　意見聴取調書には，書面，図画，写真その他指定職員が適当と認めるものを引用し，これを添付して当該調書の一部とすることができる。
> 4・5　（略：後記3(3)参照）

　当事者が期日に出頭して口頭で意見を陳述する場合，意見聴取調書には当事者が期日において行った陳述の「要旨」が記載される（法第58条第1項）。しかしながら，当該当事者が意見聴取規則第16条の規定により期日に先立って自らの陳述内容等を記載した書面を指定職員に提出した場合には，当該書面は，意見聴取調書に記載される陳述の「要旨」とともに，公正取引委員会が当該当事者の意見を理解するための重要な資料となり得る。このため，意見聴取規則第20条第2項は，法第58条第3項に規定する証拠等に加え，当事者が自らの陳述内容等を記載した書面を期日に先立ち提出した場合には，当該書面を意見聴取調書に添付しなければならない旨を規定している。これにより，当事者の意見はより確実・正確な形で公正取引委員会に報告され，参酌されることとなる。

　また，意見聴取規則第20条第3項では，指定職員が適当と認める書面等の意見聴取調書への引用・添付について規定している。

3　第4項（意見聴取報告書の作成，委員会への提出）

本項は，指定職員に対して，意見聴取に係る事件の論点を整理した意見聴取報告書の作成を義務付けるとともに，意見聴取調書とともに公正取引委員会に提出しなければならない旨を規定している。

(1)　「意見聴取の終結後速やかに」

指定職員は，意見聴取が終結した場合（意見聴取の期日における当事者による意見陳述等（法第54条）若しくは意見聴取の期日への出頭に代えた陳述書等の提出（法第55条）が行われ，かつ，続行期日の指定（法第56条）を要しないと判断される場合，又は法第57条に規定する当事者の不出頭等により意見聴取を終結する場合）には，終結後速やかに意見聴取報告書を作成しなければならない。

(2)　「意見聴取に係る事件の論点を整理し」

意見聴取手続において，当事者は，法第52条の規定による証拠の閲覧・謄写，意見聴取の期日における審査官等による冒頭説明等を経て，期日において意見を陳述し，証拠を提出することとなる。

各期日における意見陳述等の経過については本条第1項の規定により作成される意見聴取調書に記録されることとなるが，指定職員は，公正取引委員会が排除措置命令に係る最終的な判断を行う際の事実認定や法的評価の参考に資するよう，各期日に係る意見聴取調書の作成に加えて，意見聴取全般にわたって行われた当事者と審査官等とのやり取りを踏まえた上で，双方の考え方が対立している点等について，論点の整理を行う任務を負う。

この点，行政手続法の聴聞では，聴聞主宰者は，不利益処分の原因となる事実に対する当事者等の主張に理由があるかどうかについての「意見」を述べることとされている（行政手続法第24条第3項）。これは，一般に，行政処分が独任の行政庁（処分庁）の判断により行われるのが通常であることを踏まえ，当該処分庁から相対的に独立した人格を有する聴聞主宰者が事件を吟味し，その判断（意見）を当該処分庁の意思決定に反映させる

ことに意義があると考えられたことによるものである。

これに対し，今般の改正により整備する意見聴取手続における指定職員には，意見聴取の対象とされた事件についての最終的な処理方針について，公正取引委員会に対して「意見」を述べる任務は与えられていない。これは，独占禁止法違反事件の処理については，職権行使の独立性を保障された5名の法律又は経済に関する学識経験のある者からなる合議制の機関である公正取引委員会が，当事者から陳述された意見や提出された証拠を踏まえて，合議により，事実認定を行い最終的な命令を下すという極めて厳格な仕組みが採られていることによる。すなわち，このような独占禁止法及び独立行政委員会である公正取引委員会という組織の特殊性を踏まえ，意見聴取手続においては，指定職員が行政手続法における聴聞主宰者と同様に「意見」を提出し，処分庁である公正取引委員会が当該「意見」を十分参酌する義務を負うという仕組みを採用する必要性は必ずしも高くないと考えられたものである。

しかしながら，第三者的性格を有する主宰者が事件を吟味し，その判断を処分庁の意思決定に反映させるという聴聞の意義を完全に放棄することもまた適当ではないと考えられる。そこで，一方では職権行使の独立性を保障された合議制機関である公正取引委員会の機能を保持しつつ，他方で第三者的な主宰者が意見を聴取するという意義を活かすため，指定職員が意見聴取報告書において事件の論点を摘示し，当該論点に関する審査官等及び当事者の主張・立証を整理して，公正取引委員会における行政処分に係る意思決定の参考とすることが適当であると考えられたものである。

なお，本項に規定する「論点」に類似する語として，訴訟の場合に用いられる「争点」の語がある。今般の改正によって廃止する審判手続においては，審査官及び被審人との間で繰り返し行われる主張・立証を通じた「争点整理」が行われていた。訴訟手続又は審判手続における「争点」は，まさに対審構造の厳格な手続の下で当事者が主張・立証を尽くすことを前提に「整理」されるものである。これに対して，平成25年改正により整備された意見聴取手続は，処分の名宛人となるべき者から十分に意見を聴取するための手続であり，審判手続のような対審構造による厳格な手続と

は異なるものである。そして，意見聴取の主宰者である指定職員に，訴訟手続又は審判手続において裁判官又は審判官が行う「争点整理」と同様の任務を課すことは制度設計として無理があることから，本項では「論点」の整理という語が用いられている。

(3) 意見聴取規則第20条第4項及び第5項（意見聴取報告書の記載事項等）

意見聴取規則第20条第4項及び第5項は，意見聴取報告書の記載事項等について規定している。

> （意見聴取調書及び意見聴取報告書の記載事項等）
> **第20条**　（略：前記2(3)参照）
> 2・3　（略：前記2(5)参照）
> 4　法第58条第4項に規定する報告書（以下「意見聴取報告書」という。）には，次に掲げる事項を記載しなければならない。
> 　一　事件名
> 　二　当事者の氏名又は名称
> 　三　意見聴取に係る事件の論点
> 5　意見聴取報告書には，書面，図画，写真その他指定職員が適当と認めるものを引用し，これを添付して当該報告書の一部とすることができる。

なお，意見聴取報告書に記載される「意見聴取に係る事件の論点」は1つであるとは限らない。また，前記(2)のとおり，意見聴取報告書に記載される「論点」は，いわゆる訴訟手続における「争点」とはその実質において異なるものであるところ，意見聴取報告書における論点の記載に当たっては，各論点ごとに，当該論点に関する当事者の意見の要旨及び当該論点に関して審査官等から行われた説明の要旨を簡潔に記載すれば足りる。

(4) 公正取引委員会への意見聴取調書及び意見聴取報告書の提出

指定職員は，意見聴取調書及び意見聴取報告書を公正取引委員会に提出しなければならない。

4　第5項（意見聴取調書及び意見聴取報告書の閲覧）

(1)　閲覧を求めることができる期限等

　当事者は，指定職員が作成した意見聴取調書及び意見聴取報告書の閲覧を求めることができる。

　当事者が閲覧を求めることができる期間については，特段の限定は設けられていない。これは，意見聴取の透明性の確保，当事者による意見陳述・証拠提出や事後救済手続の便宜に資するため，意見聴取調書及び意見聴取報告書が作成されて以降認められることとするとともに，意見聴取を経て排除措置命令を受けた者の事後救済に関する訴えの利益が排除されない限り，原則として随時これを可能としておくことが適当と考えられたことによるものである。

　また，意見聴取調書及び意見聴取報告書については，意見聴取手続の経過を指定職員が責任をもって記載すべきものであり，当事者にその訂正権まで認めるものではない。

(2)　意見聴取規則第21条及び同規則第22条（意見聴取調書及び意見聴取報告書の作成の通知及び閲覧の手続）

　当事者が，法第58条第5項の規定により意見聴取調書及び意見聴取報告書の閲覧の求めを適切に行うためには，指定職員において意見聴取調書及び意見聴取報告書が作成されたことを知り得るようにしておくとともに，閲覧を求めるための手続を明らかにしておく必要がある。このため，意見聴取規則第21条及び同規則第22条は，意見聴取調書及び意見聴取報告書の作成の通知及び閲覧の手続を規定している。

　（意見聴取調書及び意見聴取報告書の作成の通知）

第21条　指定職員は，意見聴取調書及び意見聴取報告書を作成したときは，その旨を当事者に通知するものとする。

2　指定職員は，前項の通知をするときは，法第58条第5項の規定により前項の意見聴取調書及び意見聴取報告書の閲覧を求めることができる旨を教示するものとする。

> (意見聴取調書及び意見聴取報告書の閲覧の手続)
> **第22条** 法第58条第5項の規定による閲覧の求めについては，当事者は，様式第2号による書面を，意見聴取の終結前にあっては指定職員に，意見聴取の終結後にあっては委員会に提出して行うものとする。ただし，意見聴取の期日における閲覧については，その期日において口頭で求めれば足りる。
> 2　指定職員又は委員会は，当事者から前項本文の求めがあった場合において，閲覧について日時，場所及び方法を指定したときは，速やかに，その旨を当該当事者に通知しなければならない。

　意見聴取規則第21条は，指定職員が意見聴取調書及び意見聴取報告書を作成したときの通知(同条第1項)及びそれらの閲覧を求めることができる旨の教示(同条第2項)について規定している。

　なお，指定職員による続行期日の指定により，期日が複数回開催された場合には，各期日ごとの意見聴取調書が作成された都度，当事者に対してその旨の通知が行われることとなる。

　意見聴取規則第22条第1項は，意見聴取調書及び意見聴取報告書の閲覧を求める方法について，原則として同項の様式第2号(後記第3部第1章 資料1-3 末尾参照)を提出して行うべき旨を規定している。

　意見聴取調書及び意見聴取報告書の閲覧は，法第52条第1項の規定による証拠の閲覧と同様，通常，公正取引委員会が指定する場所(公正取引委員会の事務所等)において，公正取引委員会の職員立会いの下で閲覧に供する方法により行われることとなる。

第59条（意見聴取の再開）

> **第59条**　公正取引委員会は，意見聴取の終結後に生じた事情に鑑み必要があると認めるときは，指定職員に対し，前条第4項の規定により提出された報告書を返戻して意見聴取の再開を命ずることができる。
> ②　第56条第2項本文の規定は，前項の場合について準用する。

> **解　説**

1　改正の趣旨

　今般の改正により整備する意見聴取手続の基本的発想は，当事者に対して処分の原因となる事実に関する説明を受ける機会や，当該事実に関する証拠にアクセスする機会を何ら与えないまま，当該事実や証拠に基づいて処分を行ってはならないというものである。

　このため，公正取引委員会は，意見聴取手続をその趣旨を踏まえつつ適法に行うべき責務があるという観点から，例えば，意見聴取終結後かつ排除措置命令を行うまでの間に，排除措置命令の原因となる事実の範囲内で当該事実関係の判断を左右し得る新たな証拠を得た場合など，意見聴取の終結後に生じた事情に鑑み必要があると認めるときは，当事者からの意見聴取を再開することが必要であると考えられる。

　本条は，このような場合における意見聴取の再開について規定している。

2　第1項及び第2項（意見聴取の再開）

(1)　「意見聴取の終結後に生じた事情」

　意見聴取の終結後に排除措置命令の原因となる事実の範囲内において，当該事実関係の判断を左右し得る新たな証拠を公正取引委員会が得た場合や，同様の既存の証拠に瑕疵があったと公正取引委員会が判断したような場合などをいう。

　なお，排除措置命令の原因となる事実の範囲を超えた新たな事実又はこれに関する証拠が判明した場合（これにより処分の原因となる事実が大きく異なることとなる場合）には，同一の命令となるものであってもその原因となる事実が異なることから，当該事実を原因として命令を行おうとする場合には，本項の規定による意見聴取の再開ではなく，新たに意見聴取を行うことになる。

(2)　「報告書を返戻して意見聴取の再開を命ずる」

　意見聴取を再開する場合には，当該終結した意見聴取を主宰し，かつそ

の終結の判断をした者が指定職員であるということを踏まえ，公正取引委員会は，自ら意見聴取を行うのではなく，指定職員に対して意見聴取報告書を返戻し，その再開を命ずることとされている。

なお，本条の規定による意見聴取の再開は，法第56条の規定による続行期日の指定の場合と同様の場合に行われると考えられることから，当事者に対する意見聴取の再開の通知については，続行期日の指定の通知（法第56条第2項）の規定を準用することとしている。

第60条（公正取引委員会の参酌義務）

> 第60条　公正取引委員会は，排除措置命令に係る議決をするときは，第58条第1項に規定する調書及び同条第4項に規定する報告書の内容を十分に参酌してしなければならない。

解説

1　改正の趣旨

意見聴取を経て指定職員が作成した意見聴取調書及び意見聴取報告書は，法第58条第4項の規定により指定職員から公正取引委員会に提出されることとなるが，公正取引委員会が排除措置命令を行う意思決定（合議による議決）をするに当たって，指定職員の成果が十分に考慮されない場合には，意見聴取を行う意義が没却されることになる。このため，本条は，公正取引委員会に対し，意見聴取調書及び意見聴取報告書の内容を十分に参酌する義務を課している。

2　「十分に参酌」

「十分に参酌」とは，公正取引委員会が排除措置命令について最終的な判断を行うに際して，意見聴取調書及び意見聴取報告書の内容を十分に考慮しこれを酌み取る必要があることを意味する。

指定職員が作成する意見聴取調書には，当事者の陳述の要旨が記載される（法第55条の規定により陳述書が提出された場合には，当該陳述書が添付さ

れる。）とともに，当事者により提出された証拠が添付される。また，意見聴取報告書には，指定職員により整理された論点が記載される。このため，本条の規定により，公正取引委員会は，排除措置命令案に対する当事者の意見及び当事者から提出された証拠並びに整理された論点について十分に参酌することとなり，より効率的に当事者の意見を検証することが可能となる。

なお，意見聴取を経た上での最終的な判断を行う権限は公正取引委員会が有しているところ，本条の規定により，公正取引委員会は，指定職員が作成した意見聴取調書及び意見聴取報告書の内容を十分に参酌する義務を負うものの，その判断が意見聴取調書や意見聴取報告書の内容に拘束されることはない。

第61条（排除措置命令）

第61条　排除措置命令は，文書によつて行い，排除措置命令書には，違反行為を排除し，又は違反行為が排除されたことを確保するために必要な措置並びに公正取引委員会の認定した事実及びこれに対する法令の適用を示し，委員長及び第65条第1項の規定による合議に出席した委員がこれに記名押印しなければならない。
②　排除措置命令は，その名あて人に排除措置命令書の謄本を送達することによつて，その効力を生ずる。

解説

本条は，排除措置命令の方式について規定しており，旧法第49条第1項及び第2項に対応するものである。

なお，旧法第49条第3項ないし第5項については，排除措置命令に係る処分前手続についての規定であったところ，前記のとおり，法第49条ないし法第57条において排除措置命令に係る意見聴取手続について規定することに伴い，同規定を削除している。また，旧法第49条第6項及び第7項については，審判請求に係る規定であったところ，審判制度の廃止に伴い，同規定も同様に削除している。

第62条（課徴金納付命令）

第62条 第7条の2第1項（同条第2項及び第8条の3において読み替えて準用する場合を含む。）若しくは第4項又は第20条の2から第20条の6までの規定による命令（以下「納付命令」という。）は，文書によつて行い，課徴金納付命令書には，納付すべき課徴金の額，<u>課徴金の計算の基礎及び課徴金に係る違反行為</u>並びに納期限を記載し，委員長及び<u>第65条第1項</u>の規定による合議に出席した委員がこれに記名押印しなければならない。

② 納付命令は，その名あて人に課徴金納付命令書の謄本を送達することによつて，その効力を生ずる。

③ 第1項の課徴金の納期限は，課徴金納付命令書の謄本を発する日から<u>7月</u>を経過した日とする。

④ <u>第49条から第60条までの規定は，納付命令について準用する。この場合において，第50条第1項第1号中「予定される排除措置命令の内容」とあるのは「納付を命じようとする課徴金の額」と，同項第2号中「公正取引委員会の認定した事実及びこれに対する法令の適用」とあり，及び第52条第1項中「公正取引委員会の認定した事実」とあるのは「課徴金の計算の基礎及び課徴金に係る違反行為」と，第54条第1項中「予定される排除措置命令の内容，公正取引委員会の認定した事実及び第52条第1項に規定する証拠のうち主要なもの並びに公正取引委員会の認定した事実に対する法令の適用」とあるのは「納付を命じようとする課徴金の額，課徴金の計算の基礎及び課徴金に係る違反行為並びに第62条第4項の規定により読み替えて準用する第52条第1項に規定する証拠のうち主要なもの」と読み替えるものとする。</u>

解　説

1　改正の趣旨

本条第1項ないし第3項は，課徴金納付命令の方式及びその納期限について規定しており，旧法第50条第1項ないし第3項に対応するものである。また，本条第4項は，適正手続の保障の観点から，公正取引委員会に対して，当該課徴金納付命令の名宛人となるべき者について意見聴取を行うべきことを義務付ける旨を規定している。

なお，旧法第50条第4項及び第5項は審判請求に係る規定であったところ，審判制度の廃止に伴い，両規定を削除している。また，旧法第50条第6項は，課徴金納付命令に係る処分前手続に係る規定であったところ，本条第4項が課徴金納付命令に係る意見聴取を規定していることに伴い，旧法第50条第6項を削除している。

2 第3項（課徴金の納期限）

本項は，課徴金の納期限について，課徴金納付命令書の謄本を発する日から7月を経過した日と定めている。

旧法においては，課徴金の納期限は3か月と定められていたところ，これは，審判請求期間（60日）に1か月の猶予をもたせたものであった。審判制度の廃止に伴い，課徴金納付命令に係る取消訴訟の出訴期間についても行政事件訴訟法の出訴期間（6か月）となるところ，これを踏まえ，本項では，課徴金の納期限について，出訴期間の6か月に1か月の猶予をもたせて7か月とするものである。

なお，納期限の起算点については，旧法と同様に課徴金納付命令書の謄本を「発する日」とされているが，これは，仮に，起算点を謄本の「送達日」とした場合，公正取引委員会が正確な起算点を把握することが困難となるためである。

3 第4項（意見聴取手続の準用）

本項は，課徴金納付命令を行おうとする場合における手続について，以下のとおり必要な読替えを行った上で，排除措置命令に係る意見聴取の手続（法第49条ないし法第60条）を準用する旨を規定している。

（法第 62 条の規定による読替え）

読替え前		読替え後
読み替える条	読み替えられる字句	
法第50条第1項第1号	予定される排除措置命令の内容	納付を命じようとする課徴金の額
法第50条第1項第2号	公正取引委員会の認定した事実及びこれに対する法令の適用	課徴金の計算の基礎及び課徴金に係る違反行為
法第52条第1項	公正取引委員会の認定した事実	課徴金の計算の基礎及び課徴金に係る違反行為
法第54条第1項	予定される排除措置命令の内容，公正取引委員会の認定した事実及び第52条第1項に規定する証拠のうち主要なもの並びに公正取引委員会の認定した事実に対する法令の適用	納付を命じようとする課徴金の額，課徴金の計算の基礎及び課徴金に係る違反行為並びに第62条第4項の規定により読み替えて準用する第52条第1項に規定する証拠のうち主要なもの

第4章 附　則

第1条（施行期日）

> **第1条** この法律は，公布の日から起算して1年6月を超えない範囲内において政令で定める日から施行する。ただし，附則第15条及び第16条の規定は，公布の日から施行する。

解　説

本条は，平成25年改正法の施行期日を規定している。

当該施行期日は，ただし書の規定を除き，公布の日から起算して1年6月を超えない範囲内において政令で定める日から施行することとしている。具体的には，「私的独占の禁止及び公正取引の確保に関する法律の一部を改正する法律の施行期日を定める政令」（平成27年政令第14号）において，平成27年4月1日を施行期日としている。

また，ただし書に規定する，施行に伴い必要な経過措置を政令で定める旨の規定（附則第15条）及び公正取引委員会の調査手続についての検討規定（附則第16条）については，公布の日（平成25年12月13日）から施行されている。

なお，公正取引委員会の調査手続についての検討規定（附則第16条）が公布の日から施行された理由は，同規定は公布後1年を目途に結論を得ることとされ，迅速に検討を開始する必要があったためである。

第2条（施行日前に排除措置命令又は納付命令に係る通知があった場合についての経過措置）

> **第2条** この法律の施行の日（以下「施行日」という。）前に一の違反行為について当該違反行為をした事業者又は事業者団体若しくはその構成事業者（事業者の利益のためにする行為を行う役員，従業員，代理人その他の者が

第2条（施行日前に排除措置命令又は納付命令に係る通知があった場合についての経過措置） 109

> 構成事業者である場合には，当該事業者を含む。附則第7条第1項におい
> て同じ。）の全部又は一部に対し改正前の私的独占の禁止及び公正取引の確
> 保に関する法律（以下「旧法」という。）第49条第5項（旧法第50条第6
> 項において読み替えて準用する場合を含む。）の規定による通知があった場
> 合における当該違反行為を排除し又は当該違反行為が排除されたことを確
> 保するために必要な措置を命ずる手続，課徴金の納付を命ずる手続，課徴
> 金を徴収し又は還付する手続，審判手続（審判官の指定の手続を含む。次
> 条及び附則第4条において同じ。），当該審判手続による審決の取消しの訴
> えに係る手続その他これらに類する手続として公正取引委員会規則で定め
> るものについては，なお従前の例による。

解　説

1　規定の趣旨

　本条は，旧法の規定により排除措置命令又は課徴金納付命令を行うための手続が開始されている場合について，平成25年改正法施行後も引き続き旧法の規定に基づいて手続が行われる旨を明らかにするものである。

　平成25年改正法施行前に違反行為について違反行為者のいずれかに対して排除措置命令又は課徴金納付命令の事前通知があった場合，当該違反行為について違反行為者に命じられた排除措置命令及び課徴金納付命令のいずれの手続についても，一般的に，同法施行後も当該命令が確定するまで引き続き旧法の規定に基づいて手続を行うこととなる（平成17年改正前の独占禁止法の規定に基づいて排除措置又は課徴金納付を命ずる手続が開始されている場合は，平成17年改正法附則第2条の規定により，平成17年改正法による改正前の独占禁止法に基づいて手続を行うこととなる。）。

2　「当該違反行為を排除し又は当該違反行為が排除されたことを確保するために必要な措置を命ずる手続」

　排除措置命令の方式（旧法第49条第1項），弁明の機会の付与（同条第3項），代理人選任権（同条第4項），事前通知（同条第5項），監査のための強制処分（旧法第70条の8）等の排除措置命令に係る手続を指す。

なお、監査の結果、確定前の排除措置命令違反に対して過料を科す場合については、附則第12条第1項の規定によりなお従前の例によることとなる（後記附則第12条の解説参照）。

3 「課徴金の納付を命ずる手続」

課徴金納付命令の方式（旧法第50条第1項）、納期限（同条第3項）、弁明の機会の付与（同条第6項）等の課徴金納付命令に係る手続を指す。

排除措置命令を命ずる時点で違反行為が終了していない場合、排除措置命令と課徴金納付命令を同時に命ずることができず、排除措置命令により違反行為を排除した上で課徴金納付命令が命じられることとなる。この場合、先行する排除措置命令に係る事前通知が施行日前に行われていれば、後行する課徴金納付命令、その審判手続及び取消訴訟もなお従前の例によることとなる。

4 「課徴金を徴収し又は還付する手続」

課徴金及び延滞金の徴収（旧法第70条の9）、課徴金の還付（旧法第70条の10）、納付命令後の罰金調整の決定（旧法第51条第1項）等の手続を指す。

本規定に基づき、旧法第66条第3項の規定により課徴金納付命令の全部又は一部を取り消した場合において、既に納付された金額のうち還付すべきものがあるときは、なお従前の例により、支払決定をした日までの加算金を付して還付することとなる。また、延滞金については、本規定に基づき、命令確定後もなお従前の例により算定し、徴収する手続を採ることとなる。

5 「審判手続」

審判請求（旧法第52条）、職権による執行停止（旧法第54条）、審判手続（旧法第55条ないし旧法第64条、旧法第66条、及び旧法第68条ないし旧法第70条の4）、供託による執行免除及び供託に係る保証金等の没取（旧法第70条の6及び旧法第70条の7）、事件記録の閲覧謄写制限（旧法第70条の15）

等の審判に係る手続を指す（附則第3条及び附則第4条において同じ。）。

6 「当該審判手続による審決の取消しの訴えに係る手続」

審決の取消しの訴えの提起（旧法第77条），実質的証拠法則（旧法第80条），新証拠の提出制限（旧法第81条），審決の取消し（旧法第82条），審決取消訴訟の第一審の裁判権（旧法第85条）等の審決取消訴訟に係る手続を指す。

7 「その他これらに類する手続」

前記2ないし6の手続以外の手続について，なお従前の例によるべき事態が生じた場合は，公正取引委員会規則にて定めることができる。

8 附則第2条の対象とならない手続

手続を開始した日が平成25年改正法施行前である場合であっても，①認可申請の却下（旧法第70条の11），②排除措置命令の取消し又は変更（旧法第70条の12第2項），③無過失損害賠償請求（旧法第26条及び旧法第85条等）及び④緊急停止命令（旧法第70条の13，旧法第86条等）には，本条の規定の効果は及ばない。

①及び②については，審判制度の廃止に伴い，認可申請の却下は，「審決」ではなく「決定」により行うところ，実質的な変更は，委員長及び合議に出席した委員による署名押印を記名押印に改めることなどにとどまることから，当該認可申請が行われた時期にかかわらず，施行日以後は認可申請の却下を平成25年改正法によって行うこととして特段問題はないためである。

また，本条の対象は，処分前手続の開始から排除措置命令が確定するまでの間についての排除措置に関する手続規定であるため，③及び④の手続には，本条の規定のなお従前の例によるとする効果は及ばない（③の手続については後記附則第7条の解説，④の手続については後記附則第10条の解説参照）。

図表1

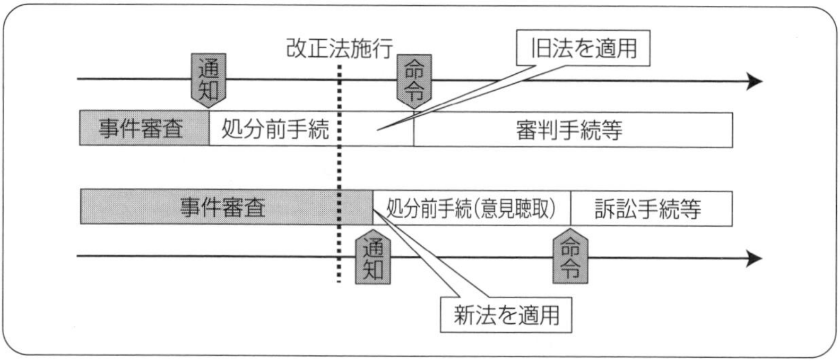
改正法施行
旧法を適用
通知
命令
事件審査
処分前手続
審判手続等
事件審査
処分前手続(意見聴取)
訴訟手続等
通知
命令
新法を適用

第3条（施行日前に独占的状態に係る審判開始決定書の謄本の送達があった場合についての経過措置）

第3条　施行日前に旧法第55条第3項の規定による審判開始決定書の謄本の送達があった場合における独占的状態に係る商品又は役務について競争を回復させるために必要な措置を命ずる手続，審判手続，当該審判手続による審決の取消しの訴えに係る手続その他これらに類する手続として公正取引委員会規則で定めるものについては，なお従前の例による。

解　説

本条は，旧法の規定により独占的状態に対する競争回復措置を命ずるための手続が平成25年改正法施行前に開始されている場合について，同法施行後も引き続き旧法の規定に基づいて手続が行われることを明らかにするものである。

なお，平成27年3月末日現在，当該競争回復措置を命ずるための手続が開始され審判又は訴訟に係属している事件はない。

第4条（施行日前に認可の取消しに係る審判手続を開始した場合についての経過措置）

第4条　施行日前に旧法第70条の12第1項の規定により審判手続を開始した場合における審判手続，当該審判手続による審決の取消しの訴えに係る

手続その他これらに類する手続として公正取引委員会規則で定めるものについては，なお従前の例による。

解説

　本条は，旧法の規定により認可の取消しに係る審判手続が平成25年改正法施行前に開始されている場合について，同法施行後も引き続き旧法の規定に基づいて手続が行われることを明らかにするものである。
　なお，平成27年3月末日現在，当該認可の取消しに係る手続が開始され審判又は訴訟に係属している事件はない。

第5条（審決を受けたことがある者に対する納付命令に関する規定の適用関係1）

> **第5条**　改正後の私的独占の禁止及び公正取引の確保に関する法律（以下「新法」という。）第7条の2第1項（同条第2項において読み替えて準用する場合を含む。）又は第4項の規定により課徴金の納付を命ずる場合において，当該事業者が，同条第1項，第2項又は第4項に規定する違反行為に係る事件についての調査開始日（当該違反行為に係る事件について私的独占の禁止及び公正取引の確保に関する法律第47条第1項第4号に掲げる処分又は同法第102条第1項に規定する処分が最初に行われた日（当該処分が行われなかったときは，当該事業者が当該違反行為について新法第62条第4項において読み替えて準用する新法第50条第1項の規定による通知（次条において「事前通知」という。）を受けた日）をいう。第3項において同じ。）から遡り10年以内に，旧法第51条第2項の規定による審決を受けたことがあるときは，当該審決を新法第63条第2項の規定による決定とみなして，新法第7条の2第7項及び第9項の規定を適用する。
> ②　新法第7条の2第1項，第2項又は第4項に規定する違反行為をした事業者が法人である場合において，当該法人が合併により消滅したときは，当該法人が受けた旧法第51条第2項の規定による審決を新法第63条第2項の規定による決定とみなして，新法第7条の2第24項の規定を適用する。
> ③　新法第7条の2第1項，第2項又は第4項に規定する違反行為をした事業者が法人である場合において，当該法人が当該違反行為に係る事件についての調査開始日以後においてその一若しくは二以上の子会社等（新法第

> 7条の2第13項第1号に規定する子会社等をいう。以下この項において同じ。)に対して当該違反行為に係る事業の全部を譲渡し、又は当該法人(会社に限る。)が当該違反行為に係る事件についての調査開始日以後においてその一若しくは二以上の子会社等に対して分割により当該違反行為に係る事業の全部を承継させ、かつ、合併以外の事由により消滅したときは、当該法人が受けた旧法第51条第2項の規定による審決を新法第63条第2項の規定による決定とみなして、新法第7条の2第25項の規定を適用する。

解説

1 改正の趣旨

本条は、不当な取引制限、支配型私的独占及び排除型私的独占に係る課徴金について、罰金調整による納付命令の取消しが、審決(旧法第51条第2項)ではなく決定(法第63条第2項)によることになったことに伴い、繰返し違反に対する割増算定率(法第7条の2第7項及び第9項)、違反事業者を合併した事業者に対する納付命令(同条第24項)、及び、違反事業の分割又は譲渡を受けた事業者に対する納付命令(同条第25項)の適用について、旧法の「審決」を平成25年改正法の「決定」とみなす旨を規定している。

2 第1項(繰返しの違反に対する割増算定率)

本項は、違反事業者が、調査開始日、すなわち当該違反行為に係る事件についての立入検査(法第47条第1項第4号)若しくは臨検・捜索・差押え(法第102条第1項)が最初に行われた日(これらが行われなかったときは、事前通知を受けた日)から遡り10年以内に、不当な取引制限、支配型私的独占又は排除型私的独占について旧法第51条第2項の規定による審決を受けている場合は、当該審決を法第63条第2項の規定による「決定」とみなし、課徴金について割増算定率を適用する旨を規定している。

3 第2項(違反事業者を合併した事業者に対する課徴金納付命令)

違反事業者を合併した事業者については、当該違反事業者に命じられる

べき課徴金の納付を当該違反事業者に代わって命じられるところ，その額の算定に当たり，当該違反事業者が過去に受けた罰金調整による課徴金納付命令の取消し審決も繰返し違反に対する割増算定率を適用する根拠となるため，本項は，本条第1項と同様に，これを法第63条第2項の規定による決定とみなす旨を規定している。

4　第3項（違反事業の分割又は譲渡を受けた事業者に対する課徴金納付命令）

違反事業の分割又は譲渡を受けた特定事業承継子会社等については，違反事業者に命じられるべき課徴金の納付を代わりに命じられるところ，その額の算定に当たり，当該違反事業者が過去に受けた罰金調整による課徴金納付命令の取消し審決も繰返し違反に対する割増算定率を適用する根拠となるため，本項は，本条第1項と同様に，これを法第63条第2項の規定による決定とみなす旨を規定している。

第6条（審決を受けたことがある者に対する納付命令に関する規定の適用関係2）

> **第6条**　新法第20条の2の規定の適用については，当該事業者が，同条に規定する違反行為に係る事件について私的独占の禁止及び公正取引の確保に関する法律第47条第1項第4号に掲げる処分が最初に行われた日から遡り10年以内（当該処分が行われなかったときは，当該事業者が当該違反行為について事前通知を受けた日から遡り10年以内）に，同法第19条の規定に違反する行為（同法第2条第9項第1号に該当するものに限る。）について旧法第66条第4項の規定による審決（原処分の全部を取り消す場合のものに限り，附則第2条の規定によりなお従前の例によることとされる場合におけるものを含む。）を受けたことがあるとき（当該審決が確定している場合に限る。）は，当該審決を新法第20条の2の規定による命令であって確定しているものとみなす。
> ②　新法第20条の3の規定の適用については，当該事業者が，同条に規定する違反行為に係る事件について私的独占の禁止及び公正取引の確保に関する法律第47条第1項第4号に掲げる処分が最初に行われた日から遡り10年以内（当該処分が行われなかったときは，当該事業者が当該違反行為に

ついて事前通知を受けた日から遡り10年以内）に，同法第19条の規定に違反する行為（同法第2条第9項第2号に該当するものに限る。）について旧法第66条第4項の規定による審決（原処分の全部を取り消す場合のものに限り，附則第2条の規定によりなお従前の例によることとされる場合におけるものを含む。）を受けたことがあるとき（当該審決が確定している場合に限る。）は，当該審決を新法第20条の3の規定による命令であって確定しているものとみなす。

③　新法第20条の4の規定の適用については，当該事業者が，同条に規定する違反行為に係る事件について私的独占の禁止及び公正取引の確保に関する法律第47条第1項第4号に掲げる処分が最初に行われた日から遡り10年以内（当該処分が行われなかったときは，当該事業者が当該違反行為について事前通知を受けた日から遡り10年以内）に，同法第19条の規定に違反する行為（同法第2条第9項第3号に該当するものに限る。）について旧法第66条第4項の規定による審決（原処分の全部を取り消す場合のものに限り，附則第2条の規定によりなお従前の例によることとされる場合におけるものを含む。）を受けたことがあるとき（当該審決が確定している場合に限る。）は，当該審決を新法第20条の4の規定による命令であって確定しているものとみなす。

④　新法第20条の5の規定の適用については，当該事業者が，同条に規定する違反行為に係る事件について私的独占の禁止及び公正取引の確保に関する法律第47条第1項第4号に掲げる処分が最初に行われた日から遡り10年以内（当該処分が行われなかったときは，当該事業者が当該違反行為について事前通知を受けた日から遡り10年以内）に，同法第19条の規定に違反する行為（同法第2条第9項第4号に該当するものに限る。）について旧法第66条第4項の規定による審決（原処分の全部を取り消す場合のものに限り，附則第2条の規定によりなお従前の例によることとされる場合におけるものを含む。）を受けたことがあるとき（当該審決が確定している場合に限る。）は，当該審決を新法第20条の5の規定による命令であって確定しているものとみなす。

解　説

　平成21年改正法による課徴金制度の見直しにより，共同の取引拒絶等

の法第2条第9項第1号ないし第4号に規定する4つの行為類型について，事業者が，当該行為に係る調査開始日から10年以内に同種の違反行為について排除措置命令等（確定したものに限る。）を受けていた場合には，繰り返し違反行為を行った者として課徴金を賦課する制度が導入された。

過去の違反行為歴と数えるものとしては，例えば，旧法第20条の2の規定による課徴金納付命令については，①旧法第20条の規定による排除措置命令（旧法第2条第9項第1号に係るものに限る。），②旧法第20条の2の規定による課徴金納付命令及び③旧法第66条第4項の規定による違法宣言審決（旧法第2条第9項第1号に係るものであって，原処分が全部取消しの場合に限る。）が規定されている。

本条は，共同の取引拒絶等の4つの行為類型については，当該行為に係る調査開始日から遡り10年以内に同種の違反行為に係る違法宣言審決を受けており，それが確定している場合には，当該審決を，平成25年改正法に基づく確定した課徴金納付命令とみなして，法第20条の2ないし法第20条の5の各規定を適用する旨を規定している。

なお，調査開始日から遡り10年以内に前記①ないし③の処分を受けた場合以外にも，旧法第2条第9項各号に係る違反行為について平成17年改正前の独占禁止法に基づく勧告審決，同意審決，審判審決等の行政処分を受けていた場合にも，平成25年改正法に基づく確定した課徴金納付命令とみなされる（平成21年改正法附則第8条）。この点についての経過措置は，法の適用関係を明確にする観点から，平成21年改正法附則第8条を改正することによって対応している（後記附則第24条の解説参照）。

第7条（排除措置命令等が確定した場合における損害賠償に関する訴えに関する経過措置）

第7条 施行日前に確定した旧法第49条第1項に規定する排除措置命令（排除措置命令がされなかった場合にあっては，旧法第50条第1項に規定する納付命令（旧法第8条第1号又は第2号の規定に違反する行為をした事業者団体の構成事業者に対するものを除く。次項において同じ。））又は旧法第66条第4項の規定による審決に係る違反行為に係る私的独占の禁止及び

公正取引の確保に関する法律第25条の規定による損害賠償に関する訴えについては，なお従前の例による。
② 附則第2条の規定によりなお従前の例によることとされる場合における施行日以後に確定した旧法第49条第1項に規定する排除措置命令（排除措置命令がされなかった場合にあっては，旧法第50条第1項に規定する納付命令）又は旧法第66条第4項の規定による審決に係る違反行為に係る私的独占の禁止及び公正取引の確保に関する法律第25条の規定による損害賠償に関する訴えについては，なお従前の例による。

解説

1 第1項（旧法の命令・審決に係る無過失損害賠償請求訴訟の訴訟手続1）

本項は，平成25年改正法施行前に確定した排除措置命令（排除措置命令がなされなかった場合は課徴金納付命令）又は旧法に基づく違法宣言審決（旧法第66条第4項）を受けた事業者についても，法第25条の規定による無過失損害賠償請求訴訟の対象とする必要があるため，同訴訟についてはなお従前の例による旨を規定している。

2 第2項（旧法の命令・審決に係る無過失損害賠償請求訴訟の訴訟手続2）

排除措置命令又は課徴金納付命令に係る事前通知が平成25年改正法施行前に行われる場合には，附則第2条によって旧法の規定に従うこととなる（東京高等裁判所の特別合議体が管轄することとなる。）ところ，本項は，これら旧法の規定に基づく排除措置命令（排除措置命令がなされなかった場合は課徴金納付命令）及び違法宣言審決に基づき提起される法第25条の規定による無過失損害賠償請求訴訟についても，なお従前の例による旨を規定している。

図表2
【無過失損害賠償請求訴訟（法第25条）がなお旧法の例による場合】

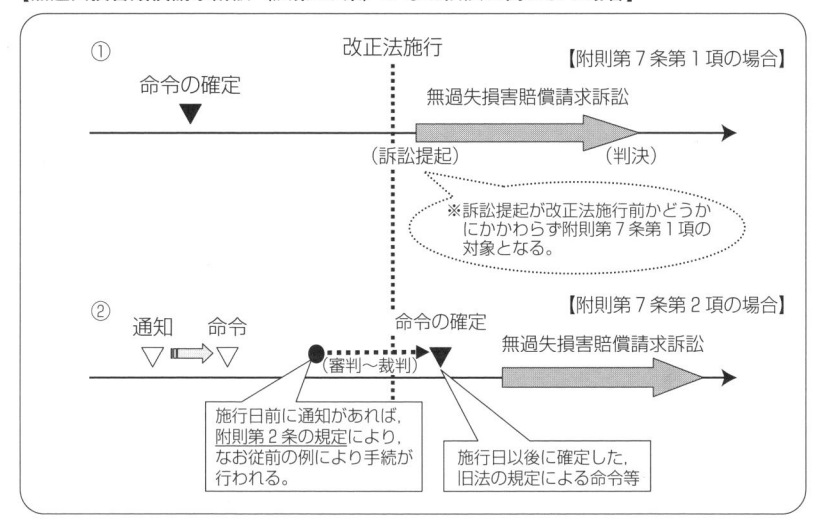

```
①           改正法施行                【附則第7条第1項の場合】
  命令の確定    │        無過失損害賠償請求訴訟
     ▼         │    ──────────────────▶
───────────────┼─────────────────────────────
            (訴訟提起)              (判決)
                  ※訴訟提起が改正法施行前かどうか
                   にかかわらず附則第7条第1項の
                   対象となる。

②  通知  命令       命令の確定          【附則第7条第2項の場合】
    ▽ ⇒ ▽    ●┄┄┄┄▼   無過失損害賠償請求訴訟
───────────(審判〜裁判)──────────────────────▶
         施行日前に通知があれば，  施行日以後に確定した，
         附則第2条の規定により，  旧法の規定による命令等
         なお従前の例により手続が
         行われる。
```

（注1） ①は，排除措置命令等が平成25年改正法「施行日前に確定」している場合に当たる。
→損害賠償に関する訴えについては，なお従前の例による（附則第7条第1項）。

（注2） ②は，平成25年改正法施行前に旧法第49条第5項の規定による通知があり，その後の審判手続，訴訟手続を経て排除措置命令等が確定するまでの手続は，なお従前の例による（附則第2条）ため，「附則第2条の規定によりなお従前の例によることとされる場合における施行日以後に」排除措置命令等が確定している場合に当たる。
→損害賠償に関する訴えについては，なお従前の例による（附則第7条第2項）。

第8条（審判官に関する経過措置）

第8条 附則第2条から第4条までの規定によりなお従前の例によることとされる審判手続に係る事務が終了するまでの間は，新法第35条第3項の規定の適用については，同項中「局務」とあるのは，「局務（私的独占の禁止及び公正取引の確保に関する法律の一部を改正する法律（平成25年法律第100号）附則第2条から第4条までの規定によりなお従前の例によること

とされる審判官の指定の手続により，公正取引委員会が審判官を指定して行わせることとした事務を除く。）」とする。
② 旧法第35条第7項から第9項までの規定は，附則第2条から第4条までの規定によりなお従前の例によることとされる審判手続に係る事務が終了するまでの間は，なおその効力を有する。

解説

本条は，附則第2条，附則第3条又は附則第4条の経過措置に係る事務が終了するまでの間，審判手続を存続させる必要があるため，旧法における審判官の設置等に係る規定についても効力を有する旨を明らかにするものである。

第9条（競争を回復させるために必要な措置を命ずる審決に関する規定の適用関係）

第9条 旧法第65条又は第67条第1項の規定による審決（当該審決が確定した場合に限る。）については，新法第64条第1項に規定する競争回復措置命令であって確定したものとみなして，新法第68条及び第70条の3第3項の規定を適用する。
② 旧法第65条又は第67条第1項の規定による審決（附則第3条の規定によりなお従前の例によることとされる場合における旧法第65条又は同項の規定による審決を含む。）が確定した場合において，当該審決を受けた者が施行日以後においてこれに従わないときは，当該審決を新法第64条第1項に規定する競争回復措置命令であって確定したものとみなして，新法第90条第3号，第92条，第95条第1項第2号，第2項第2号及び第5項，第95条の2並びに第95条の3の規定を適用する。

解説

1 第1項（審決確定後の行政手続に関する経過措置）

独占的状態について競争を回復させるために必要な措置を命ずる審決（旧法第65条又は旧法第67条第1項）に関する手続は，附則第3条により，平成25年改正法施行前に手続が開始されている場合には，なお従前の例

により手続が行われるものとしているところ，当該審決が確定した後に行われることが想定される手続については附則第3条の規定の効果は及ばない。そこで，本項は，確定した審決について適用されることがある審決の履行に関する監査処分（法第68条），及び審決後の事情変更による審決の取消し又は変更決定（法第70条の3）について，旧法の「審決」を平成25年改正法の「競争回復措置命令」とみなし，これらに平成25年改正法の規定を適用する旨を規定している。

なお，平成27年3月末日現在，旧法第65条又は旧法第67条第1項の規定による審決が行われたことはない。

図表3
【附則第9条第2項によって新法の刑事罰が科される例】

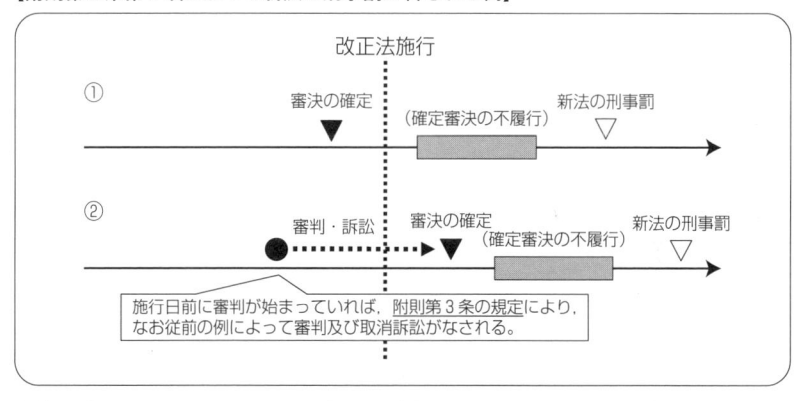

```
                    改正法施行
                       ｜
①                     ｜
          審決の確定    ｜    新法の刑事罰
            ▼         ｜（確定審決の不履行） ▽
────────────────┼──────────────→
                       ｜
②                     ｜
        審判・訴訟  審決の確定  新法の刑事罰
          ●······▶ ▼（確定審決の不履行） ▽
────────────────┼──────────────→
       ┌─────────────────────────┐
       │施行日前に審判が始まっていれば，附則第3条の規定により，│
       │なお従前の例によって審判及び取消訴訟がなされる。       │
       └─────────────────────────┘
```

（注）①は，旧法の規定による審決が確定し，かつ，平成25年改正法施行後に当該確定審決に従わない行為をした場合（「当該審決を受けた者が施行日以後においてこれに従わないとき」）に当たる。
　→当該確定審決を平成25年改正法の競争回復措置命令であって確定したものとみなして，同法の刑事罰に関する規定を適用する（附則第9条第2項）。

　②は，平成25年改正法施行前に審判が始まっており，その後の手続はなお従前の例によることとなる（附則第3条）。これは，「附則第3条の規定によりなお従前の例によることとされる場合における」旧法の規定による審決に当たる。
　→当該確定審決を平成25年改正法の競争回復措置命令であって確定したものとみなして，同法の刑事罰に関する規定を適用する（附則第9条第2項）。

2　第2項（審決確定後の刑事罰）

　本項は，平成25年改正法施行後に行われた確定審決違反行為について，旧法の「審決」を平成25年改正法の競争回復措置命令とみなして同法の罰則を適用する旨を確認的に明らかにしている。また，排除措置命令については平成25年改正法も旧法も手続の変更がないため，罰則に関する経過措置の規定の対象としていない。

第10条（緊急停止命令に係る事件の手続に関する経過措置）

> **第10条**　この法律の施行の際現に裁判所に係属している旧法第70条の13第1項及び旧法第70条の14第2項において準用する旧法第70条の7第1項に規定する事件の手続については，なお従前の例による。

解説

　本条は，緊急停止命令に係る事件（旧法第70条の13第1項），緊急停止命令の執行免除のため供託した保証金等の没取に係る事件（旧法第70条の14第2項において準用する旧法第70条の7第1項）について，現に東京高等裁判所に係属しているものについては，なお従前の例による旨を規定している。「事件の手続」についてなお従前の例によることとしているのは，事件の管轄を東京高等裁判所に専属させるだけでなく，同裁判所における5人の判事による特別合議体での審理手続（旧法第87条）についても，なお従前の例による趣旨である。

　なお，平成27年3月末日現在，裁判所に係属している旧法第70条の13第1項に係る事件及び旧法第70条の14第2項において準用する旧法第70条の7第1項に係る事件はない。

第11条（施行日前に認可申請の却下等の審決を受けた者に対する抗告訴訟に関する経過措置）

> **第11条**　旧法第70条の11第1項及び第70条の12第2項の規定による審決については，新法第76条第2項に規定する決定とみなして，新法第77条，第85条（第1号に係る部分に限る。），第86条，第87条及び第88条の規

第11条(施行日前に認可申請の却下等の審決を受けた者に対する抗告訴訟に関する経過措置)

定を適用する。
② この法律の施行の際現に旧法第77条第1項に規定する期間が進行している前項に規定する審決の取消しの訴えの出訴期間については，なお従前の例による。
③ 第1項の規定にかかわらず，この法律の施行の際現に係属している同項に規定する審決に係る行政事件訴訟法（昭和37年法律第139号）第3条第1項に規定する抗告訴訟については，なお従前の例による。

解説

1 第1項（改正法の規定による抗告訴訟）

① 課徴金と罰金の調整に関する審決（旧法第51条第1項及び第2項）
② 株式所有に関する認可申請を却下する審決（旧法第70条の11第1項）
③ 株式所有に関する認可を取り消し又は変更する審決（旧法第70条の12第1項）
④ 排除措置命令又は独占的状態に対する措置を命ずる審決を取り消し又は変更する審決（旧法第70条の12第2項）

は，審判制度の廃止に伴い，平成25年改正法においては「決定」の方式によって行われることとなるところ，本項は，同法施行前に行われた旧法に基づく認可申請の却下等の審決（②及び④の審決）について，同法施行後に提起される抗告訴訟に同法の訴訟手続を適用する旨を明らかにするものである。

②の審決については，先に審判手続や取消訴訟（東京高等裁判所）を経て行われる処分ではないことから，経過措置として旧法の訴訟手続を適用することを手当てしていない。他方，④の審決については，旧法の手続に基づき行われた原処分を対象とするものであるから，経過措置として旧法の訴訟手続を適用することを手当てすることも考えられるが，事情変更による命令等の取消し・変更は原処分の確定後，相当長期の期間を置いて行われる場合がある（例えば，約40年後に一部変更が行われた事件[注]がある。）ことから，平成25年改正法施行後は同法の訴訟手続を適用するものである（そうでなければ，東京高等裁判所における特別合議体が半永久的に存置さ

れることとなる。）。

　なお，本項で言及されていない①及び③の審決については，平成25年改正法施行後にも従前の規定により審決が行われる場合があり，その抗告訴訟についても従前の規定に従い行われる（前記附則第2条及び附則第4条参照）。

　（注）　野田醤油事件・公取委審決平成5年6月28日審決集第40巻241頁。

2　第2項（旧法の規定による取消訴訟の出訴期間）

　今般の改正では，審決取消訴訟の出訴期間を30日とした旧法の規定を廃止しているところ，本項は，平成25年改正法施行前に本条第1項の審決（旧法の規定による認可申請の却下等の審決）があり，同法施行の時点で旧法の出訴期間が進行している場合，引き続き旧法の出訴期間による旨を明らかにするものである。

　ただし，平成27年3月末日現在，本条第1項の審決が行われ旧法の出訴期間が進行している事件はない。

3　第3項（現に係属している訴訟についての経過措置）

　本条第1項の審決（旧法の規定による認可申請の却下等の審決）に係る抗告訴訟が平成25年改正法施行の際に既に裁判所に係属している場合には，改めて同法の規定に従い手続を行うこととすると，訴訟経済に反し，また，当事者にとっても負担であるため，本項は，旧法の規定に従い本条第1項の審決に係る抗告訴訟の手続を進行する旨を規定している。

　なお，平成27年3月末日現在，裁判所に係属している本条第1項の審決に係る事件はない。

第12条（過料についての裁判の手続に関する経過措置）

> **第12条**　施行日前にした旧法第49条第1項に規定する排除措置命令及び附則第2条の規定によりなお従前の例によることとされる場合における施行日以後にした同項に規定する排除措置命令に違反する行為に対する過料に

ついての裁判の手続については，なお従前の例による。
② 施行日前にした旧法第70条の13第1項の規定による裁判及び附則第10条の規定によりなお従前の例によることとされる場合における施行日以後にした同項の規定による裁判に違反する行為に対する過料についての裁判の手続については，なお従前の例による。

解 説

　本条は，旧法の規定により命じられた排除措置命令に従わない者に対する過料の手続及び旧法の規定により命じられた緊急停止命令に従わない者に対する過料の手続について，なお従前の例による旨を確認的に明らかにするものである。

図表4
【附則第12条第2項によって過料の裁判を旧法の手続で行う例】

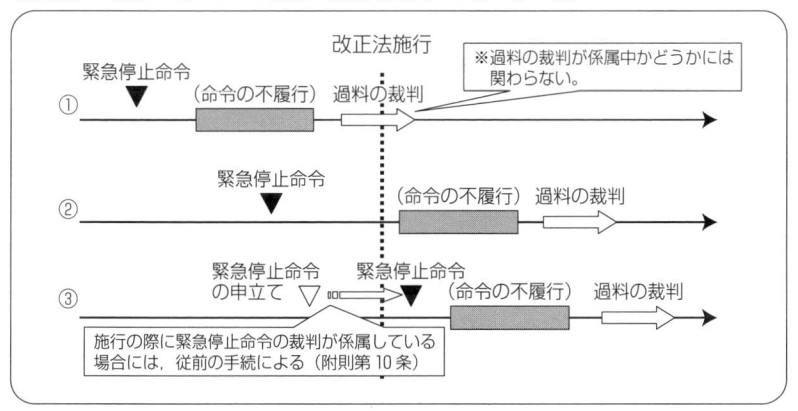

①	緊急停止命令 ▼ （命令の不履行） 過料の裁判	※過料の裁判が係属中かどうかには関わらない。
②	緊急停止命令 （命令の不履行） 過料の裁判	
③	緊急停止命令 緊急停止命令 の申立て ▽ ▼ （命令の不履行） 過料の裁判	

（改正法施行）

施行の際に緊急停止命令の裁判が係属している場合には，従前の手続による（附則第10条）

(注1) ①は，平成25年改正法施行前に緊急停止命令の裁判がある場合であって，命令の不履行も同法施行前にあった場合。②は，命令の不履行は同法施行後にあった場合。どちらも附則第12条第2項前段の適用がある。

(注2) ③は，緊急停止命令に係る裁判が施行の際現に係属しており，従前の手続により行われる（附則第10条）場合において，命令の不履行（違反行為）が平成25年改正法施行後に生じている場合。附則第12条第2項後段の適用がある。

第13条（処分，手続等に関する経過措置）

> 第13条　施行日前に旧法又はこれに基づく命令の規定によってした処分，手続その他の行為であって，新法又はこれに基づく命令の規定に相当の規定があるものは，この附則に別段の定めがあるものを除き，新法又はこれに基づく命令の相当の規定によってしたものとみなす。

解　説

　本条は，旧法と平成25年改正法の間で条文の位置の変更等がある処分等の行為に関して，同法施行前に旧法の規定に基づき行った処分，手続その他の行為については，同法の相当の規定によってしたものとみなす旨を規定している。

第14条（罰則に関する経過措置）

> 第14条　施行日前にした行為及びこの附則の規定によりなお従前の例によることとされる場合における施行日以後にした行為に対する罰則の適用については，なお従前の例による。

解　説

　審判制度の廃止に伴い，①審判手続における虚偽の陳述又は鑑定（旧法第92条の2），②審判官に対する検査妨害等（旧法第94条），③審判手続における参考人又は鑑定人に対する命令違反（旧法第94条の2第2号）の各行為に対する罰則が廃止されたため，これらの罪については，原則として，平成25年改正法施行後にした行為は罰則の対象とならない。ただし，同法施行前にした行為及び附則の規定により行われる審判手続において同法施行後にした行為については，同法施行後も罰則の規定を適用することができる旨を，本条は明らかにするものである。

第15条（政令への委任）

> 第15条　この附則に規定するもののほか，この法律の施行に伴い必要な経過

措置は，政令で定める。

解説

本条は，平成25年改正法の施行に関して必要な経過措置は，附則で定めているもの以外については政令で定める旨を規定している。

第16条（検討）

第16条 政府は，公正取引委員会が事件について必要な調査を行う手続について，我が国における他の行政手続との整合性を確保しつつ，事件関係人が十分な防御を行うことを確保する観点から検討を行い，この法律の公布後1年を目途に結論を得て，必要があると認めるときは，所要の措置を講ずるものとする。

解説

1 規定の趣旨

平成25年改正法の本則には，「公正取引委員会が事件について必要な調査を行う手続」についての改正事項は含まれておらず，附則第16条において，同法公布後1年を目途に結論を得て，必要があると認めるときは，所要の措置を講ずる旨を規定している。

なお，同条の規定に鑑み，内閣府特命担当大臣の有識者懇談会として「独占禁止法審査手続についての懇談会」（以下「内閣府懇談会」という。）が開催された（平成26年2月～平成26年12月）。同懇談会では，立入検査に関連する論点，供述聴取に関連する論点，弁護士・依頼者間秘匿特権等に関して検討が行われ，平成26年12月に報告書（後記第3部第2章 資料2-7 参照）が公表された。

2 「公正取引委員会が事件について必要な調査を行う手続」

公正取引委員会が事件について必要な調査を行う際には，法第47条第1項の規定に基づく行政処分である審尋（第1号前段），報告命令（第1号

後段),鑑定(第2号),提出命令(第3号前段),留置(第3号後段),立入検査(第4号)を行うほか,こうした行政処分を用いず,調査対象事業者の任意の協力を得て調査を行うこともある。内閣府懇談会では,公正取引委員会が排除措置命令等の行政処分を行うことを念頭に置いて行うこれら両方の調査手続が検討の対象とされた。

3 「我が国における他の行政手続」

「公正取引委員会が事件について必要な調査を行う手続」の検討の際には,我が国における他の行政手続との整合性を確保する必要があるとされた。内閣府懇談会では,金融商品取引法に基づく取引調査と国税通則法に基づく税務調査を比較参照しつつ検討が行われた。

4 「事件関係人が十分な防御を行うことを確保する観点から検討」

公正取引委員会の調査手続の検討に当たっては,事件関係人が十分な防御を行うことを確保する観点から検討を行うこととされた。内閣府懇談会では,立入検査に関連する論点として立入検査時の弁護士の立会い,立入検査における提出物件の謄写等が,供述聴取に関連する論点として供述聴取時の弁護士の立会い,供述聴取過程の録音・録画,調書作成時における供述人への調書の写しの交付等が,また,弁護士・依頼者間秘匿特権の問題が主に取り上げられ,検討が行われた。

第17条ないし第22条(中小企業設置法等の一部改正)

第17条ないし第22条 (略)

解 説

これらの条は,独占禁止法以外の法律の規定を改める旨を規定したものである。

附則第17条	中小企業庁設置法及び輸出入取引法の一部改正
附則第18条	水産業協同組合法の一部改正
附則第19条	水産業協同組合法の一部改正に伴う経過措置
附則第20条	中小企業等協同組合法の一部改正
附則第21条	中小企業等協同組合法の一部改正に伴う経過措置
附則第22条	不当景品類及び不当表示防止法の一部改正

第23条及び第24条（私的独占の禁止及び公正取引の確保に関する法律の一部を改正する法律の一部改正）

1 附則第23条及び附則第24条の趣旨

　附則第23条及び附則第24条は，平成17年改正法及び平成21年改正法の附則のうち平成25年改正法施行後も適用されるべき規定を有効に機能させるために，同附則について必要な改正を規定している。

　以下の解説においては，平成21年改正法附則第7条において定義される「平成18年1月改正前独占禁止法」を「平成17年改正前の独占禁止法」と，同改正法附則第7条及び同附則第8条中の「旧独占禁止法」を「平成21年改正前の独占禁止法」という。

2 平成17年改正法附則（附則第23条による改正後）

平成17年改正法附則第7条第3項（審決及び納付命令に関する経過措置）

第7条　（略）
② （略）
③　旧法第48条第4項，第53条の3又は第54条第1項若しくは第2項の規定による審決（旧法第8条の4第1項に規定する措置を命ずるものを除く。）が確定した場合において，当該審決を受けた者が平成18年1月4日以後においてこれに従わないときは，当該審決を新私的独占禁止法の規定により確定した排除措置命令とみなして，新私的独占禁止法第90条第3号，第92条，第95条第1項第2号及び第3号（新私的独占禁止法第90条第3号に係る部分に限る。），第2項第2号及び第3号（新私的独占禁止法第90条

第3号に係る部分に限る。）並びに第5項，第95条の2並びに第95条の3の規定を適用する。

解説

　平成17年改正法附則第7条第3項は，平成17年改正前の独占禁止法上の審決に事業者が従わない場合は，当該審決を同法施行後の排除措置命令とみなして確定排除措置命令違反等の罪の規定（法第90条第3号，法第92条，法第95条第1項第2号及び第3号，第2項第2号及び第3号並びに第5項，法第95条の2並びに法第95条の3）を適用する旨を規定していたところ，附則第23条は，平成25年改正法施行後においても同様の取扱いをする旨を明らかにするものである。

平成17年改正法附則第8条（審決及び排除措置命令に関する経過措置）

第8条　旧法第48条第4項，第53条の3又は第54条第1項若しくは第2項の規定による審決（旧法第8条の4第1項に規定する措置を命ずるものを除く。）を受けた者が平成18年1月4日以後においてこれに違反しているときは，当該審決を新私的独占禁止法の規定による排除措置命令とみなして，新私的独占禁止法第97条の規定を適用する。

解説

　平成17年改正法附則第8条は，平成17年改正前の独占禁止法上の審決に違反した場合には，当該審決を同法施行後の排除措置命令とみなして排除措置命令違反の罪（過料）の規定（法第97条）を適用する旨を規定していたところ，附則第23条は，平成25年改正法施行後においても同様の取扱いをする旨を明らかにするものである。

3　平成21年改正法附則（附則第24条による改正後）

平成21年改正法附則第5条（課徴金に関する経過措置1）

第5条　私的独占の禁止及び公正取引の確保に関する法律の一部を改正する

法律（平成25年法律第100号）による改正後の私的独占の禁止及び公正取引の確保に関する法律（次条から附則第8条まで，附則第15条及び附則第16条第2項において「新私的独占禁止法」という。）第7条の2第4項又は第20条の2から第20条の6までに規定する違反行為についてこれらの規定による課徴金の納付を命ずる場合において，当該違反行為が施行日前に開始され，施行日以後になくなったものであるときは，当該違反行為のうち施行日前に係るものについては，課徴金の納付を命ずることができない。

解　説

　平成21年改正法附則第5条は，同法によって課徴金制度の適用対象となった違反行為（排除型私的独占，共同の取引拒絶，差別対価，不当廉売，再販売価格の拘束及び優越的地位の濫用の6つの行為類型）に該当する行為が行われた場合，平成21年改正法施行（平成22年1月1日）前の行為については課徴金の納付を命ずることができない旨規定していたところ，附則第24条は，これらの行為については，平成25年改正法においても同様の取扱いをする旨を規定している。

図表5
【平成21年改正法附則第5条の例】

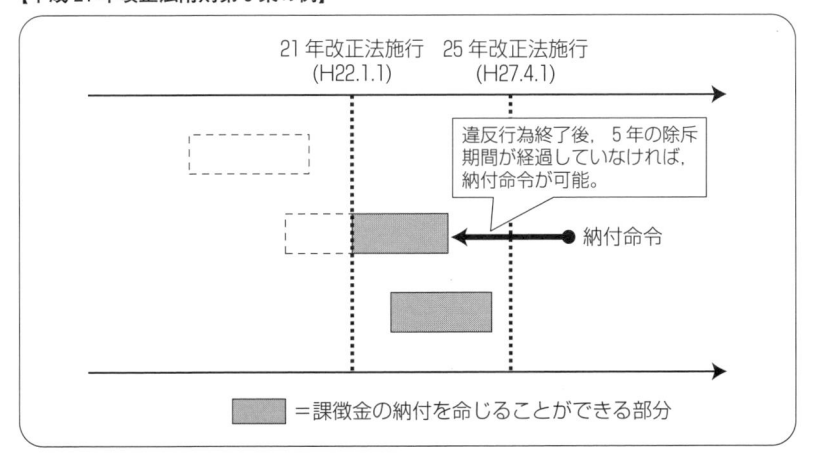

平成21年改正法附則第6条第2項ないし第4項（課徴金に関する経過措置2）

第6条 （略）

② 新私的独占禁止法第7条の2第1項の規定により課徴金の納付を命ずる場合において，当該事業者が同条第8項各号に規定する行為に該当する行為をした場合（施行日以後にした場合に限る。）における当該行為に係る違反行為のうち施行日前に係るものについての課徴金の額の計算については，同項及び同条第9項の規定を適用しない。

③ 新私的独占禁止法第7条の2第24項の規定は，旧独占禁止法第7条の2第1項若しくは第2項に規定する違反行為をした事業者（会社以外の法人に限る。）が施行日前に合併により消滅した場合における合併後存続し，又は合併により設立された法人及び当該違反行為をした事業者（会社に限る。）が施行日前に合併により消滅した場合における合併後存続し，又は合併により設立された会社以外の法人については，適用しない。

④ 新私的独占禁止法第7条の2第25項（新私的独占禁止法第20条の7において読み替えて準用する場合を含む。以下この項において同じ。）の規定は，施行日以後に新私的独占禁止法第7条の2第1項，第2項若しくは第4項又は第20条の2から第20条の6までに規定する違反行為に係る事件について私的独占の禁止及び公正取引の確保に関する法律第47条第1項第4号に掲げる処分又は同法第102条第1項に規定する処分が行われた場合（当該処分が行われなかったときは，当該違反行為について新私的独占禁止法第62条第4項において読み替えて準用する新私的独占禁止法第50条第1項の規定による通知（以下「事前通知」という。）が行われた場合）における新私的独占禁止法第7条の2第25項に規定する特定事業承継子会社等について適用する。

解説

(1) 第2項（主導的役割を果たした事業者に対する割増算定率）

平成21年改正法によって，不当な取引制限において主導的な役割を果たした事業者に対しては，課徴金の割増算定率が適用されることとなった（法第7条の2第8項）。

平成21年改正法附則第6条第2項は，法第7条の2第8項の各号のい

図表 6
【平成 21 年改正法附則第 6 条第 2 項の例】

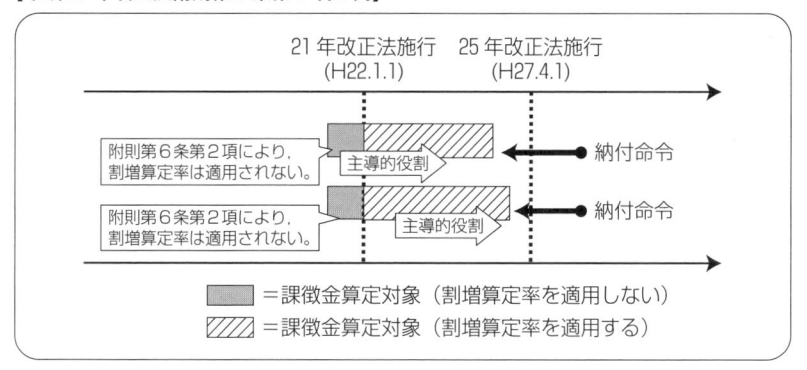

```
                    21年改正法施行        25年改正法施行
                    (H22.1.1)            (H27.4.1)
附則第6条第2項により，
割増算定率は適用されない。    主導的役割  ←  納付命令

附則第6条第2項により，
割増算定率は適用されない。    主導的役割  ←  納付命令

  ■ ＝課徴金算定対象（割増算定率を適用しない）
  ▨ ＝課徴金算定対象（割増算定率を適用する）
```

ずれかに該当する行為が平成 21 年改正法施行（平成 22 年 1 月 1 日）前に開始され同法施行後になくなったものである場合又は同法施行後に開始されたものである場合には，当該違反行為のうち同法施行前に係る部分には課徴金の割増算定率を適用しない旨を明らかにしていたところ，附則第 24 条は，このような取扱いは平成 25 年改正法施行後も維持する旨を規定している。

(2) 第 3 項（合併後の法人に対する課徴金）

平成 21 年改正法によって，会社以外の法人に係る合併の場合においても，違反事業者が合併によって消滅したときは，合併後の存続法人・新設法人に対して課徴金を命じることとされている（法第 7 条の 2 第 24 項）。平成 21 年改正法附則第 6 条第 3 項前段は，違反事業者が会社以外の法人である場合について，同法施行（平成 22 年 1 月 1 日）後に合併があった場合に限って法第 7 条の 2 第 24 項の規定を適用する旨を，また，平成 21 年改正法附則第 6 条第 3 項後段は，違反事業者が会社である場合において，同法施行前に当該会社に合併があったときは，存続法人・新設法人が会社以外の法人であれば，旧法の規定は適用されない旨規定していたところ，附則第 24 条は，このような取扱いは平成 25 年改正法施行後も維持する旨を規定している。

(3) 第4項（特定事業承継子会社等に対する課徴金）

平成21年改正法によって，特定事業承継子会社等に対して課徴金の納付を命じることとされている（法第7条の2第25項）。平成21年改正法附則第6条第4項は，同法施行（平成22年1月1日）後に立入検査等が行われた後に当該違反行為に係る事業を譲り受け又は承継した特定事業承継子会社等に限って，課徴金の納付を命じることができるとしたものであるところ，附則第24条は，このような取扱いは平成25年改正法施行後も維持する旨を規定している。

図表7
【平成21年改正法附則第6条第4項の例】

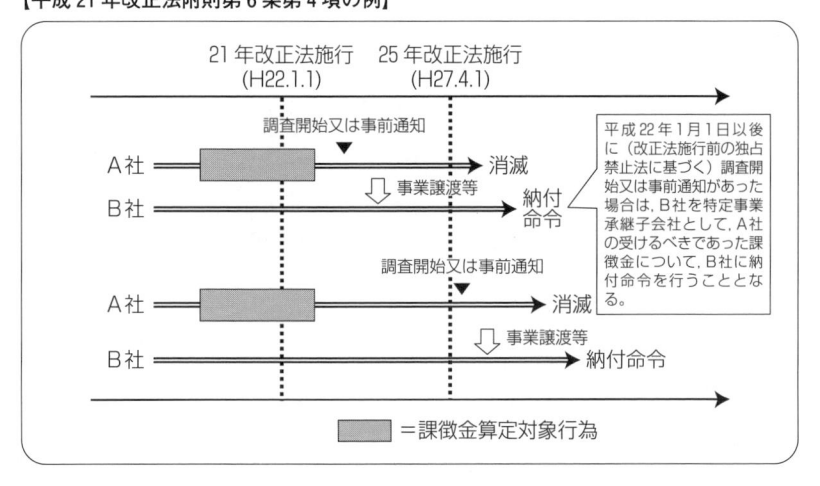

```
                21年改正法施行       25年改正法施行
                (H22.1.1)            (H27.4.1)
                     調査開始又は事前通知
                          ▼
A社 ━━━━━━━▮▮▮▮▮▮━━━━━━━━━━━━→ 消滅
                  ⇩ 事業譲渡等               納付
B社 ━━━━━━━━━━━━━━━━━━━━━━━━━━→  命令

                          調査開始又は事前通知
                                    ▼
A社 ━━━━━━━▮▮▮▮▮▮━━━━━━━━━━━━→ 消滅
                          ⇩ 事業譲渡等
B社 ━━━━━━━━━━━━━━━━━━━━━━━━━━→ 納付命令

              ▮ ＝課徴金算定対象行為
```

平成22年1月1日以後に（改正法施行前の独占禁止法に基づく）調査開始又は事前通知があった場合は，B社を特定事業承継子会社として，A社の受けるべきであった課徴金について，B社に納付命令を行うこととなる。

平成21年改正法附則第7条（審決及び納付命令に関する経過措置）

第7条 <u>新私的独占禁止法第7条の2第1項</u>（同条第2項において読み替えて準用する場合を含む。以下この項において同じ。）又は第4項の規定により課徴金の納付を命ずる場合において，当該事業者が，同条第1項，第2項又は第4項に規定する違反行為に係る事件について<u>私的独占の禁止及び公正取引の確保に関する法律第47条第1項第4号に掲げる処分又は同法第102条第1項に規定する処分が最初に行われた日から遡り10年以内</u>（当該処分が行われなかったときは，当該事業者が当該違反行為について事前通

知を受けた日から遡り10年以内）に，私的独占の禁止及び公正取引の確保に関する法律の一部を改正する法律（平成17年法律第35号）による改正前の私的独占の禁止及び公正取引の確保に関する法律（以下「平成18年1月改正前独占禁止法」という。）第7条の2第1項の規定による命令を受けたことがあるとき（当該命令についての審判手続の開始を請求することなく平成18年1月改正前独占禁止法第48条の2第5項に規定する期間を経過している場合に限る。）又は平成18年1月改正前独占禁止法第54条の2第1項の規定による審決を受けたことがあるとき（当該審決が確定している場合に限る。）は，当該命令又は審決を新私的独占禁止法第7条の2第1項の規定による命令であって確定しているものとみなして，同条第7項及び第9項の規定を適用する。

② 新私的独占禁止法第7条の2第7項及び第9項の規定は，同条第4項の規定により課徴金の納付を命ずる場合において，当該事業者が，当該違反行為に係る事件について私的独占の禁止及び公正取引の確保に関する法律第47条第1項第4号に掲げる処分又は同法第102条第1項に規定する処分が最初に行われた日から遡り10年以内（当該処分が行われなかったときは，当該事業者が当該違反行為について事前通知を受けた日から遡り10年以内）に，旧独占禁止法第7条の2第6項第1号に規定する命令，通知若しくは審決又は同項第2号に規定する命令，通知若しくは審決を受けたことがある者である場合における当該課徴金の額の計算についても，適用する。

解　説

(1)　第1項（繰り返しの違反に対する割増算定率1)

　平成21年改正法附則第7条第1項は，不当な取引制限，支配型私的独占及び排除型私的独占に係る課徴金について，行為類型の違いに関係なく，平成17年改正前の独占禁止法上の課徴金納付命令（審判請求せず確定したもの）又は課徴金納付を命じる審判審決を平成21年改正法上の課徴金納付命令とみなして繰り返し違反に対する割増算定率に係る規定（法第7条の2第7項及び第9項）を適用する旨の経過措置を規定していたところ，附則第24条は，このような取扱いは平成25年改正法施行後も維持する旨を規定している。

(2) 第2項（繰り返しの違反に対する割増算定率2）

　平成21年改正法附則第7条第2項は，法第7条の2第4項の規定により排除型私的独占行為に対して課徴金納付命令を行う際に，平成21年改正前の独占禁止法第7条の2第1項又は第2項の規定による納付命令（カルテル又は支配型私的独占に対する課徴金）を受けている場合に割増算定率が適用される旨を明らかにしていたところ，附則第24条は，このような取扱いは平成25年改正法施行後も維持する旨を規定している。

平成21年改正法附則第8条（審決及び排除措置命令に関する経過措置）

> 第8条　新私的独占禁止法第20条の2の規定の適用については，当該事業者が，同条に規定する違反行為に係る事件について私的独占の禁止及び公正取引の確保に関する法律第47条第1項第4号に掲げる処分が最初に行われた日から遡り10年以内（当該処分が行われなかったときは，当該事業者が当該違反行為について事前通知を受けた日から遡り10年以内）に，平成18年1月改正前独占禁止法第19条の規定に違反する行為（新私的独占禁止法第2条第9項第1号に規定する行為に相当するものに限る。）について平成18年1月改正前独占禁止法第48条第4項，第53条の3若しくは第54条の規定による審決を受けたことがあるとき（当該審決が確定している場合に限る。）又は旧独占禁止法第19条の規定に違反する行為（新私的独占禁止法第2条第9項第1号に規定する行為に相当するものに限る。）について旧独占禁止法第20条の規定による命令を受けたことがあるとき（当該命令が確定している場合に限る。）若しくは旧独占禁止法第66条第4項の規定による審決（原処分の全部を取り消す場合のものに限る。）を受けたことがあるとき（当該審決が確定している場合に限る。）は，当該審決又は命令を新私的独占禁止法第20条の2の規定による命令であって確定しているものとみなす。
> ②　新私的独占禁止法第20条の3の規定の適用については，当該事業者が，同条に規定する違反行為に係る事件について私的独占の禁止及び公正取引の確保に関する法律第47条第1項第4号に掲げる処分が最初に行われた日から遡り10年以内（当該処分が行われなかったときは，当該事業者が当該違反行為について事前通知を受けた日から遡り10年以内）に，平成18年

1月改正前独占禁止法第19条の規定に違反する行為（新私的独占禁止法第2条第9項第2号に規定する行為に相当するものに限る。）について平成18年1月改正前独占禁止法第48条第4項，第53条の3若しくは第54条の規定による審決を受けたことがあるとき（当該審決が確定している場合に限る。）又は旧独占禁止法第19条の規定に違反する行為（新私的独占禁止法第2条第9項第2号に規定する行為に相当するものに限る。）について旧独占禁止法第20条の規定による命令を受けたことがあるとき（当該命令が確定している場合に限る。）若しくは旧独占禁止法第66条第4項の規定による審決（原処分の全部を取り消す場合のものに限る。）を受けたことがあるとき（当該審決が確定している場合に限る。）は，当該審決又は命令を新私的独占禁止法第20条の3の規定による命令であって確定しているものとみなす。

③　新私的独占禁止法第20条の4の規定の適用については，当該事業者が，同条に規定する違反行為に係る事件について私的独占の禁止及び公正取引の確保に関する法律第47条第1項第4号に掲げる処分が最初に行われた日から遡り10年以内（当該処分が行われなかったときは，当該事業者が当該違反行為について事前通知を受けた日から遡り10年以内）に，平成18年1月改正前独占禁止法第19条の規定に違反する行為（新私的独占禁止法第2条第9項第3号に規定する行為に相当するものに限る。）について平成18年1月改正前独占禁止法第48条第4項，第53条の3若しくは第54条の規定による審決を受けたことがあるとき（当該審決が確定している場合に限る。）又は旧独占禁止法第19条の規定に違反する行為（新私的独占禁止法第2条第9項第3号に規定する行為に相当するものに限る。）について旧独占禁止法第20条の規定による命令を受けたことがあるとき（当該命令が確定している場合に限る。）若しくは旧独占禁止法第66条第4項の規定による審決（原処分の全部を取り消す場合のものに限る。）を受けたことがあるとき（当該審決が確定している場合に限る。）は，当該審決又は命令を新私的独占禁止法第20条の4の規定による命令であって確定しているものとみなす。

④　新私的独占禁止法第20条の5の規定の適用については，当該事業者が，同条に規定する違反行為に係る事件について私的独占の禁止及び公正取引の確保に関する法律第47条第1項第4号に掲げる処分が最初に行われた日

から遡り10年以内（当該処分が行われなかったときは，当該事業者が当該違反行為について事前通知を受けた日から遡り10年以内）に，平成18年1月改正前独占禁止法第19条の規定に違反する行為（新私的独占禁止法第2条第9項第4号に規定する行為に相当するものに限る。）について平成18年1月改正前独占禁止法第48条第4項，第53条の3若しくは第54条の規定による審決を受けたことがあるとき（当該審決が確定している場合に限る。）又は旧独占禁止法第19条の規定に違反する行為（新私的独占禁止法第2条第9項第4号に規定する行為に相当するものに限る。）について旧独占禁止法第20条の規定による命令を受けたことがあるとき（当該命令が確定している場合に限る。）若しくは旧独占禁止法第66条第4項の規定による審決（原処分の全部を取り消す場合のものに限る。）を受けたことがあるとき（当該審決が確定している場合に限る。）は，当該審決又は命令を新私的独占禁止法第20条の5の規定による命令であって確定しているものとみなす。

解　説

　平成21年改正法による課徴金制度の見直しにより，共同の取引拒絶等の法第2条第9項第1号ないし第4号に規定する4つの行為類型について，当該行為に係る調査開始日から10年以内に同種の違反行為について排除措置命令（確定したものに限る。）を受けていた場合には，繰り返し違反行為を行った者として課徴金を賦課する制度が導入された。

　平成21年改正法附則第8条は，例えば，平成21年改正後の独占禁止法第20条の2の規定による課徴金納付命令については，平成21年改正前の独占禁止法第19条の違反行為（平成21年改正後の独占禁止法第2条第9項第1号に規定する行為に相当するものに限る。）に対する①平成21年改正後の独占禁止法第20条の規定による排除措置命令，②同法第66条第4項の規定による違法宣言審決（原処分が全部取消しの場合に限る。）及び③平成17年改正前の独占禁止法の勧告審決，同意審決，審判審決等が，過去の違反行為歴として数えられる旨の経過措置を置くものであったところ，附則第24条は，このような取扱いは平成25年改正法施行後も維持する旨を規定している。

平成 21 年改正法附則第 15 条（文書提出命令の特則についての経過措置）

> 第 15 条　新私的独占禁止法第 80 条から第 83 条までの規定は，施行日以後に提起された訴えについて適用し，施行日前に提起された訴えについては，なお従前の例による。

解　説

　平成 21 年改正法附則第 15 条は，平成 21 年改正法により導入された文書提出命令（旧法第 83 条の 4）について，差止請求訴訟の被告に新たな義務を課すものであることから，平成 21 年改正法施行（平成 22 年 1 月 1 日）前に提起された訴えについては文書提出命令の対象としないことを明らかにしていた。また，文書提出命令と併せて導入された秘密保持命令の規定（旧法第 83 条の 5 ないし旧法第 83 条の 7）についても同様の経過措置が設けられていたところ，附則第 24 条は，このような取扱いは平成 25 年改正法施行後も維持する旨を規定している。

平成 21 年改正法附則第 16 条第 2 項（求意見制度についての経過措置）

> 第 16 条　（略）
> ②　新私的独占禁止法第 84 条第 2 項において準用する同条第 1 項の規定は，附則第 1 条ただし書に規定する規定の施行の日以後に提起された訴えにおいて相殺のために裁判上主張された私的独占の禁止及び公正取引の確保に関する法律第 25 条の規定による損害賠償の請求について適用し，同日前に提起された訴えにおいて相殺のために裁判上主張された同条の規定による損害賠償の請求については，なお従前の例による。

解　説

　平成 21 年改正法によって，無過失損害賠償請求訴訟（法第 25 条）について，平成 21 年改正前の独占禁止法では裁判所が公正取引委員会に対し義務的に意見を求める制度であったものが，必要に応じて意見を求める制度へと変更された（法第 84 条）。平成 21 年改正法附則第 16 条は，①法第

84条の施行（平成21年7月10日）前に無過失損害賠償請求訴訟が提起された場合（平成21年改正法附則第16条第1項）又は②同条の施行前に訴えのあった民事訴訟等における請求に対し，被告側からの相殺の抗弁という形で無過失損害賠償請求が主張された場合（同条第2項）にあっては，同条施行後であっても任意的ではなく義務的に裁判所が意見を求めることを担保するための手当てを行っていたところ，附則第24条は，②平成21年7月10日前に提起された訴えにおいて相殺のために無過失損害賠償請求が主張される場合について，平成25年改正法施行後においても同様の取扱い（裁判所が公正取引委員会に対し義務的に意見を求める）を維持する旨を規定している。

　なお，①平成21年7月10日前に提起された無過失損害賠償請求訴訟における同手続は平成25年改正法成立前に全て終結しており，平成21年改正法附則第16条第1項に相当する経過措置を設ける必要はない。

第3部

資　料

第1章 関係法令等

資料1-1 私的独占の禁止及び公正取引の確保に関する法律の一部を改正する法律（平成25年法律第100号）新旧対照条文

○私的独占の禁止及び公正取引の確保に関する法律（昭和22年法律第54号）

（下線部分は改正部分）

改　正　後	改　正　前
私的独占の禁止及び公正取引の確保に関する法律目次 　第一章　総則（第一条・第二条） 　第二章　私的独占及び不当な取引制限（第三条―第七条の二） 　第三章　事業者団体（第八条―第八条の三） 　第三章の二　独占的状態（第八条の四） 　第四章　株式の保有，役員の兼任，合併，分割，株式移転及び事業の譲受け（第九条―第十八条） 　第五章　不公正な取引方法（第十九条―第二十条の七） 　第六章　適用除外（第二十一条―第二十三条） 　第七章　差止請求及び損害賠償（第二十四条―第二十六条） 　第八章　公正取引委員会 　　第一節　設置，任務及び所掌事務並びに組織等（第二十七条―第四十四条） 　　第二節　手続（第四十五条―第七十条の十二） 　　第三節　雑則（第七十一条―第七十六条） 　第九章　訴訟（第七十七条―第八十八	私的独占の禁止及び公正取引の確保に関する法律目次 　第一章　総則（第一条・第二条） 　第二章　私的独占及び不当な取引制限（第三条―第七条の二） 　第三章　事業者団体（第八条―第八条の三） 　第三章の二　独占的状態（第八条の四） 　第四章　株式の保有，役員の兼任，合併，分割，株式移転及び事業の譲受け（第九条―第十八条） 　第五章　不公正な取引方法（第十九条―第二十条の七） 　第六章　適用除外（第二十一条―第二十三条） 　第七章　差止請求及び損害賠償（第二十四条―第二十六条） 　第八章　公正取引委員会 　　第一節　設置，任務及び所掌事務並びに組織等（第二十七条―第四十四条） 　　第二節　手続（第四十五条―第七十条の二十二） 　　第三節　雑則（第七十一条―第七十六条） 　第九章　訴訟（第七十七条―第八十八

資料1-1 私的独占の禁止及び公正取引の確保に関する法律の一部を改正する法律（平成25年法律第100号）新旧対照条文

改 正 後	改 正 前
条） 第十章　雑則（第八十八条の二） 第十一章　罰則（第八十九条―第百条） 第十二章　犯則事件の調査等（第百一条―第百十八条） 附則 第七条の二　（略） ②～⑤　（略） ⑥　第一項の規定により課徴金の納付を命ずる場合において，当該事業者が，当該違反行為に係る事件について第四十七条第一項第四号に掲げる処分又は第百二条第一項に規定する処分が最初に行われた日（以下この条において「調査開始日」という。）の一月前の日（当該処分が行われなかつたときは，当該事業者が当該違反行為について<u>第六十二条第四項において読み替えて準用する第五十条第一項</u>の規定による通知（次項，第十項及び第二十条の二から第二十条の五までにおいて「事前通知」という。）を受けた日の一月前の日）までに当該違反行為をやめた者（当該違反行為に係る実行期間が二年未満である場合に限る。）であるときは，第一項中「百分の十」とあるのは「百分の八」と，「百分の三」とあるのは「百分の二・四」と，「百分の二」とあるのは「百分の一・六」と，前項中「百分の四」とあるのは「百分の三・二」と，「百分の一・二」とあるのは「百分の一」と，「百分の一」とあるのは「百分の〇・八」とする。ただし，当該事業者が，次項から第九項までの規定の適用を受ける者であるときは，この限りでない。 ⑦　第一項（第二項において読み替えて準用する場合を含む。以下この項，第十九項，第二十二項及び第二十三項に	条） 第十章　雑則（第八十八条の二） 第十一章　罰則（第八十九条―第百条） 第十二章　犯則事件の調査等（第百一条―第百十八条） 附則 第七条の二　（略） ②～⑤　（略） ⑥　第一項の規定により課徴金の納付を命ずる場合において，当該事業者が，当該違反行為に係る事件について第四十七条第一項第四号に掲げる処分又は第百二条第一項に規定する処分が最初に行われた日（以下この条において「調査開始日」という。）の一月前の日（当該処分が行われなかつたときは，当該事業者が当該違反行為について<u>第五十条第六項において読み替えて準用する第四十九条第五項</u>の規定による通知（次項，第十項及び第二十条の二から第二十条の五までにおいて「事前通知」という。）を受けた日の一月前の日）までに当該違反行為をやめた者（当該違反行為に係る実行期間が二年未満である場合に限る。）であるときは，第一項中「百分の十」とあるのは「百分の八」と，「百分の三」とあるのは「百分の二・四」と，「百分の二」とあるのは「百分の一・六」と，前項中「百分の四」とあるのは「百分の三・二」と，「百分の一・二」とあるのは「百分の一」と，「百分の一」とあるのは「百分の〇・八」とする。ただし，当該事業者が，次項から第九項までの規定の適用を受ける者であるときは，この限りでない。 ⑦　第一項（第二項において読み替えて準用する場合を含む。以下この項，第十九項，第二十二項及び第二十三項に

改　正　後	改　正　前
おいて同じ。）又は第四項の規定により課徴金の納付を命ずる場合において，当該事業者が次の各号のいずれかに該当する者であるときは，第一項中「百分の十」とあるのは「百分の十五」と，「百分の三」とあるのは「百分の四・五」と，「百分の二」とあるのは「百分の三」と，第四項中「百分の六」とあるのは「百分の九」と，「百分の二」とあるのは「百分の三」と，「百分の一」とあるのは「百分の一・五」と，第五項中「百分の四」とあるのは「百分の六」と，「百分の一・二」とあるのは「百分の一・八」と，「百分の一」とあるのは「百分の一・五」とする。ただし，当該事業者が，第九項の規定の適用を受ける者であるときは，この限りでない。 一　調査開始日から<u>遡り</u>十年以内に，第一項若しくは第四項の規定による命令を受けたことがある者（当該命令が確定している場合に限る。次号において同じ。）又は第十八項若しくは第二十一項の規定による通知若しくは<u>第六十三条第二項の規定による決定</u>を受けたことがある者 二　第四十七条第一項第四号に掲げる処分又は第百二条第一項に規定する処分が行われなかつた場合において，当該事業者が当該違反行為について事前通知を受けた日から<u>遡り</u>十年以内に，第一項若しくは第四項の規定による命令を受けたことがある者又は第十八項若しくは第二十一項の規定による通知若しくは<u>第六十三条第二項の規定による決定</u>を受けたことがある者 ⑧〜㉓（略） ㉔　第一項，第二項又は第四項に規定する違反行為をした事業者が法人である	おいて同じ。）又は第四項の規定により課徴金の納付を命ずる場合において，当該事業者が次の各号のいずれかに該当する者であるときは，第一項中「百分の十」とあるのは「百分の十五」と，「百分の三」とあるのは「百分の四・五」と，「百分の二」とあるのは「百分の三」と，第四項中「百分の六」とあるのは「百分の九」と，「百分の二」とあるのは「百分の三」と，「百分の一」とあるのは「百分の一・五」と，第五項中「百分の四」とあるのは「百分の六」と，「百分の一・二」とあるのは「百分の一・八」と，「百分の一」とあるのは「百分の一・五」とする。ただし，当該事業者が，第九項の規定の適用を受ける者であるときは，この限りでない。 一　調査開始日から<u>さかのぼり</u>十年以内に，第一項若しくは第四項の規定による命令を受けたことがある者（当該命令が確定している場合に限る。次号において同じ。）又は第十八項若しくは第二十一項の規定による通知若しくは<u>第五十一条第二項の規定による審決</u>を受けたことがある者 二　第四十七条第一項第四号に掲げる処分又は第百二条第一項に規定する処分が行われなかつた場合において，当該事業者が当該違反行為について事前通知を受けた日から<u>さかのぼり</u>十年以内に，第一項若しくは第四項の規定による命令を受けたことがある者又は第十八項若しくは第二十一項の規定による通知若しくは<u>第五十一条第二項の規定による審決</u>を受けたことがある者 ⑧〜㉓（略） ㉔　第一項，第二項又は第四項に規定する違反行為をした事業者が法人である

資料1-1 私的独占の禁止及び公正取引の確保に関する法律の一部を改正する法律（平成25年法律第100号）新旧対照条文

改　正　後	改　正　前
場合において，当該法人が合併により消滅したときは，当該法人がした違反行為並びに当該法人が受けた第一項（第二項において読み替えて準用する場合を含む。）及び第四項の規定による命令，第十八項及び第二十一項の規定による通知並びに<u>第六十三条第二項の規定による決定</u>（以下この項及び次項において「命令等」という。）は，合併後存続し，又は合併により設立された法人がした違反行為及び当該合併後存続し，又は合併により設立された法人が受けた命令等とみなして，前各項及び次項の規定を適用する。 ㉕～㉗（略） 第八条の二　（略） ②　（略） ③　公正取引委員会は，事業者団体に対し，第一項又は前項において準用する第七条第二項に規定する措置を命ずる場合において，特に必要があると認めるときは，第八章第二節に規定する手続に従い，当該団体の役員若しくは管理人又はその構成事業者（事業者の利益のためにする行為を行う役員，従業員，代理人その他の者が構成事業者である場合には，当該事業者を含む。第二十六条第一項において同じ。）に対しても，第一項又は前項において準用する第七条第二項に規定する措置を確保するために必要な措置を命ずることができる。 第十条　（略） ②～⑧（略） ⑨　公正取引委員会は，第十七条の二第一項の規定により当該届出に係る株式の取得に関し必要な措置を命じようとする場合には，前項本文に規定する三十日の期間又は同項ただし書の規定に	場合において，当該法人が合併により消滅したときは，当該法人がした違反行為並びに当該法人が受けた第一項（第二項において読み替えて準用する場合を含む。）及び第四項の規定による命令，第十八項及び第二十一項の規定による通知並びに<u>第五十一条第二項の規定による審決</u>（以下この項及び次項において「命令等」という。）は，合併後存続し，又は合併により設立された法人がした違反行為及び当該合併後存続し，又は合併により設立された法人が受けた命令等とみなして，前各項及び次項の規定を適用する。 ㉕～㉗（略） 第八条の二　（略） ②　（略） ③　公正取引委員会は，事業者団体に対し，第一項又は前項において準用する第七条第二項に規定する措置を命ずる場合において，特に必要があると認めるときは，第八章第二節に規定する手続に従い，当該団体の役員若しくは管理人又はその構成事業者（事業者の利益のためにする行為を行う役員，従業員，代理人その他の者が構成事業者である場合には，当該事業者を含む。第二十六条第一項及び<u>第五十九条第二項</u>において同じ。）に対しても，第一項又は前項において準用する第七条第二項に規定する措置を確保するために必要な措置を命ずることができる。 第十条　（略） ②～⑧（略） ⑨　公正取引委員会は，第十七条の二第一項の規定により当該届出に係る株式の取得に関し必要な措置を命じようとする場合には，前項本文に規定する三十日の期間又は同項ただし書の規定に

改正後	改正前
より短縮された期間(公正取引委員会が株式取得会社に対してそれぞれの期間内に公正取引委員会規則で定めるところにより必要な報告,情報又は資料の提出(以下この項において「報告等」という。)を求めた場合においては,前項の届出受理の日から百二十日を経過した日と<u>全て</u>の報告等を受理した日から九十日を経過した日とのいずれか遅い日までの期間)内に,株式取得会社に対し,<u>第五十条第一項の規定</u>による通知をしなければならない。ただし,次に掲げる場合は,この限りでない。 一・二　(略) ⑩　(略) 第二十条の二　事業者が,次の各号のいずれかに該当する者であつて,第十九条の規定に違反する行為(第二条第九項第一号に該当するものに限る。)をしたときは,公正取引委員会は,第八章第二節に規定する手続に従い,当該事業者に対し,当該行為をした日から当該行為がなくなる日までの期間(当該期間が三年を超えるときは,当該行為がなくなる日から<u>遡つて</u>三年間とする。)における,当該行為において当該事業者がその供給を拒絶し,又はその供給に係る商品若しくは役務の数量若しくは内容を制限した事業者の競争者に対し供給した同号イに規定する商品又は役務と同一の商品又は役務(同号ロに規定する違反行為にあつては,当該事業者が同号ロに規定する他の事業者(以下この条において「拒絶事業者」という。)に対し供給した同号ロに規定する商品又は役務と同一の商品又は役務(当該拒絶事業者が当該同一の商品又は役務を供給するために必要な商品又は役務を含む。),拒絶事業者	より短縮された期間(公正取引委員会が株式取得会社に対してそれぞれの期間内に公正取引委員会規則で定めるところにより必要な報告,情報又は資料の提出(以下この項において「報告等」という。)を求めた場合においては,前項の届出受理の日から百二十日を経過した日と<u>すべて</u>の報告等を受理した日から九十日を経過した日とのいずれか遅い日までの期間)内に,株式取得会社に対し,<u>第四十九条第五項の規定</u>による通知をしなければならない。ただし,次に掲げる場合は,この限りでない。 一・二　(略) ⑩　(略) 第二十条の二　事業者が,次の各号のいずれかに該当する者であつて,第十九条の規定に違反する行為(第二条第九項第一号に該当するものに限る。)をしたときは,公正取引委員会は,第八章第二節に規定する手続に従い,当該事業者に対し,当該行為をした日から当該行為がなくなる日までの期間(当該期間が三年を超えるときは,当該行為がなくなる日から<u>さかのぼつて</u>三年間とする。)における,当該行為において当該事業者がその供給を拒絶し,又はその供給に係る商品若しくは役務の数量若しくは内容を制限した事業者の競争者に対し供給した同号イに規定する商品又は役務と同一の商品又は役務(同号ロに規定する違反行為にあつては,当該事業者が同号ロに規定する他の事業者(以下この条において「拒絶事業者」という。)に対し供給した同号ロに規定する商品又は役務と同一の商品又は役務(当該拒絶事業者が当該同一の商品又は役務を供給するために必要な商品又は役務を含む。),拒絶

資料1-1 私的独占の禁止及び公正取引の確保に関する法律の一部を改正する法律（平成25年法律第100号）新旧対照条文

改正後	改正前
がその供給を拒絶し，又はその供給に係る商品若しくは役務の数量若しくは内容を制限した事業者の競争者に対し当該事業者が供給した当該同一の商品又は役務及び拒絶事業者が当該事業者に対し供給した当該同一の商品又は役務）の政令で定める方法により算定した売上額に百分の三（当該事業者が小売業を営む場合は百分の二，卸売業を営む場合は百分の一とする。）を乗じて得た額に相当する額の課徴金を国庫に納付することを命じなければならない。ただし，当該事業者が当該行為に係る行為について第七条の二第一項（同条第二項及び第八条の三において読み替えて準用する場合を含む。次条から第二十条の五までにおいて同じ。）若しくは第七条の二第四項の規定による命令（当該命令が確定している場合に限る。第二十条の四及び第二十条の五において同じ。），第七条の二第十八項若しくは第二十一項の規定による通知若しくは<u>第六十三条第二項の規定による決定</u>を受けたとき，又はこの条の規定による課徴金の額が百万円未満であるときは，その納付を命ずることができない。 一　当該行為に係る事件について第四十七条第一項第四号に掲げる処分が最初に行われた日（次条から第二十条の五までにおいて「調査開始日」という。）から<u>遡り</u>十年以内に，前条の規定による命令（第二条第九項第一号に係るものに限る。次号において同じ。）<u>又は</u>この条の規定による命令を受けたことがある者（当該命令が確定している場合に限る。次号において同じ。）	事業者がその供給を拒絶し，又はその供給に係る商品若しくは役務の数量若しくは内容を制限した事業者の競争者に対し当該事業者が供給した当該同一の商品又は役務及び拒絶事業者が当該事業者に対し供給した当該同一の商品又は役務）の政令で定める方法により算定した売上額に百分の三（当該事業者が小売業を営む場合は百分の二，卸売業を営む場合は百分の一とする。）を乗じて得た額に相当する額の課徴金を国庫に納付することを命じなければならない。ただし，当該事業者が当該行為に係る行為について第七条の二第一項（同条第二項及び第八条の三において読み替えて準用する場合を含む。次条から第二十条の五までにおいて同じ。）若しくは第七条の二第四項の規定による命令（当該命令が確定している場合に限る。第二十条の四及び第二十条の五において同じ。），第七条の二第十八項若しくは第二十一項の規定による通知若しくは<u>第五十一条第二項の規定による審決</u>を受けたとき，又はこの条の規定による課徴金の額が百万円未満であるときは，その納付を命ずることができない。 一　当該行為に係る事件について第四十七条第一項第四号に掲げる処分が最初に行われた日（次条から第二十条の五までにおいて「調査開始日」という。）から<u>さかのぼり</u>十年以内に，前条の規定による命令（第二条第九項第一号に係るものに限る。次号において同じ。）若しくはこの条の規定による命令を受けたことがある者（当該命令が確定している場合に限る。次号において同じ。）<u>又は第六十六条第四項の規定による審決（原処分の全部を取り消す場合における第二条第九項第一号に係るもの</u>

147

改　正　後	改　正　前
	に限る。次号において同じ。）を受けたことがある者（当該審決が確定している場合に限る。次号において同じ。）
二　第四十七条第一項第四号に掲げる処分が行われなかつた場合において，当該事業者が当該違反行為について事前通知を受けた日から遡り十年以内に，前条の規定による命令又はこの条の規定による命令を受けたことがある者	二　第四十七条第一項第四号に掲げる処分が行われなかつた場合において，当該事業者が当該違反行為について事前通知を受けた日からさかのぼり十年以内に，前条の規定による命令若しくはこの条の規定による命令を受けたことがある者又は第六十六条第四項の規定による審決を受けたことがある者
第二十条の三　事業者が，次の各号のいずれかに該当する者であつて，第十九条の規定に違反する行為（第二条第九項第二号に該当するものに限る。）をしたときは，公正取引委員会は，第八章第二節に規定する手続に従い，当該事業者に対し，当該行為をした日から当該行為がなくなる日までの期間（当該期間が三年を超えるときは，当該行為がなくなる日から遡つて三年間とする。）における，当該行為において当該事業者が供給した同号に規定する商品又は役務の政令で定める方法により算定した売上額に百分の三（当該事業者が小売業を営む場合は百分の二，卸売業を営む場合は百分の一とする。）を乗じて得た額に相当する額の課徴金を国庫に納付することを命じなければならない。ただし，当該事業者が当該行為に係る行為について第七条の二第一項若しくは第四項若しくは次条の規定による命令（当該命令が確定している場合に限る。），第七条の二第十八項若しくは第二十一項の規定による通知若しくは第六十三条第二項の規定による決定を受けたとき，又はこの条の規定による課徴金の額が百万円未満であ	第二十条の三　事業者が，次の各号のいずれかに該当する者であつて，第十九条の規定に違反する行為（第二条第九項第二号に該当するものに限る。）をしたときは，公正取引委員会は，第八章第二節に規定する手続に従い，当該事業者に対し，当該行為をした日から当該行為がなくなる日までの期間（当該期間が三年を超えるときは，当該行為がなくなる日からさかのぼつて三年間とする。）における，当該行為において当該事業者が供給した同号に規定する商品又は役務の政令で定める方法により算定した売上額に百分の三（当該事業者が小売業を営む場合は百分の二，卸売業を営む場合は百分の一とする。）を乗じて得た額に相当する額の課徴金を国庫に納付することを命じなければならない。ただし，当該事業者が当該行為に係る行為について第七条の二第一項若しくは第四項若しくは次条の規定による命令（当該命令が確定している場合に限る。），第七条の二第十八項若しくは第二十一項の規定による通知若しくは第五十一条第二項の規定による審決を受けたとき，又はこの条の規定による課徴金の額が百万円未

資料1-1 私的独占の禁止及び公正取引の確保に関する法律の一部を改正する法律（平成25年法律第100号）新旧対照条文

改 正 後	改 正 前
るときは，その納付を命ずることができない。 一　調査開始日から遡り十年以内に，第二十条の規定による命令（第二条第九項第二号に係るものに限る。次号において同じ。）又はこの条の規定による命令を受けたことがある者（当該命令が確定している場合に限る。次号において同じ。） 二　第四十七条第一項第四号に掲げる処分が行われなかつた場合において，当該事業者が当該違反行為について事前通知を受けた日から遡り十年以内に，第二十条の規定による命令又はこの条の規定による命令を受けたことがある者 第二十条の四　事業者が，次の各号のいずれかに該当する者であつて，第十九条の規定に違反する行為（第二条第九項第三号に該当するものに限る。）をしたときは，公正取引委員会は，第八章第二節に規定する手続に従い，当該事業者に対し，当該行為をした日から当該行為がなくなる日までの期間（当該期間が三年を超えるときは，当該行為がなくなる日から遡つて三年間とする。）における，当該行為において当該事業者が供給した同号に規定する商品又は役務の政令で定める方法により算定した売上額に百分の三（当該事業者が小売業を営む場合は百分の二，卸	満であるときは，その納付を命ずることができない。 一　調査開始日からさかのぼり十年以内に，第二十条の規定による命令（第二条第九項第二号に係るものに限る。次号において同じ。）若しくはこの条の規定による命令を受けたことがある者（当該命令が確定している場合に限る。次号において同じ。）又は第六十六条第四項の規定による審決（原処分の全部を取り消す場合における第二条第九項第二号に係るものに限る。次号において同じ。）を受けたことがある者（当該審決が確定している場合に限る。次号において同じ。） 二　第四十七条第一項第四号に掲げる処分が行われなかつた場合において，当該事業者が当該違反行為について事前通知を受けた日からさかのぼり十年以内に，第二十条の規定による命令若しくはこの条の規定による命令を受けたことがある者又は第六十六条第四項の規定による審決を受けたことがある者 第二十条の四　事業者が，次の各号のいずれかに該当する者であつて，第十九条の規定に違反する行為（第二条第九項第三号に該当するものに限る。）をしたときは，公正取引委員会は，第八章第二節に規定する手続に従い，当該事業者に対し，当該行為をした日から当該行為がなくなる日までの期間（当該期間が三年を超えるときは，当該行為がなくなる日からさかのぼつて三年間とする。）における，当該行為において当該事業者が供給した同号に規定する商品又は役務の政令で定める方法により算定した売上額に百分の三（当該事業者が小売業を営む場合は百分の

改 正 後	改 正 前
売業を営む場合は百分の一とする。）を乗じて得た額に相当する額の課徴金を国庫に納付することを命じなければならない。ただし，当該事業者が当該行為に係る行為について第七条の二第一項若しくは第四項の規定による命令，同条第十八項若しくは第二十一項の規定による通知若しくは<u>第六十三条第二項の規定による決定</u>を受けたとき，又はこの条の規定による課徴金の額が百万円未満であるときは，その納付を命ずることができない。 一　調査開始日から<u>遡り</u>十年以内に，第二十条の規定による命令（第二条第九項第三号に係るものに限る。次号において同じ。）<u>又は</u>この条の規定による命令を受けたことがある者（当該命令が確定している場合に限る。次号において同じ。） 二　第四十七条第一項第四号に掲げる処分が行われなかつた場合において，当該事業者が当該違反行為について事前通知を受けた日から<u>遡り</u>十年以内に，第二十条の規定による命令<u>又は</u>この条の規定による命令を受けたことがある者 第二十条の五　事業者が，次の各号のいずれかに該当する者であつて，第十九条の規定に違反する行為（第二条第九項第四号に該当するものに限る。）をしたときは，公正取引委員会は，第八	二，卸売業を営む場合は百分の一とする。）を乗じて得た額に相当する額の課徴金を国庫に納付することを命じなければならない。ただし，当該事業者が当該行為に係る行為について第七条の二第一項若しくは第四項の規定による命令，同条第十八項若しくは第二十一項の規定による通知若しくは<u>第五十一条第二項の規定による審決</u>を受けたとき，又はこの条の規定による課徴金の額が百万円未満であるときは，その納付を命ずることができない。 一　調査開始日から<u>さかのぼり</u>十年以内に，第二十条の規定による命令（第二条第九項第三号に係るものに限る。次号において同じ。）<u>若しく</u>はこの条の規定による命令を受けたことがある者（当該命令が確定している場合に限る。次号において同じ。）<u>又は第六十六条第四項の規定による審決（原処分の全部を取り消す場合における第二条第九項第三号に係るものに限る。次号において同じ。）を受けたことがある者（当該審決が確定している場合に限る。次号において同じ。）</u> 二　第四十七条第一項第四号に掲げる処分が行われなかつた場合において，当該事業者が当該違反行為について事前通知を受けた日から<u>さかのぼり</u>十年以内に，第二十条の規定による命令<u>若しく</u>はこの条の規定による命令を受けたことがある者<u>又は第六十六条第四項の規定による審決を受けたことがある者</u> 第二十条の五　事業者が，次の各号のいずれかに該当する者であつて，第十九条の規定に違反する行為（第二条第九項第四号に該当するものに限る。）をしたときは，公正取引委員会は，第八

資料1-1 私的独占の禁止及び公正取引の確保に関する法律の一部を改正する法律（平成25年法律第100号）新旧対照条文

改　正　後	改　正　前
章第二節に規定する手続に従い，当該事業者に対し，当該行為をした日から当該行為がなくなる日までの期間（当該期間が三年を超えるときは，当該行為がなくなる日から遡つて三年間とする。）における，当該行為において当該事業者が供給した同号に規定する商品の政令で定める方法により算定した売上額に百分の三（当該事業者が小売業を営む場合は百分の二，卸売業を営む場合は百分の一とする。）を乗じて得た額に相当する額の課徴金を国庫に納付することを命じなければならない。ただし，当該事業者が当該行為に係る行為について第七条の二第一項若しくは第四項の規定による命令，同条第十八項若しくは第二十一項の規定による通知若しくは第六十三条第二項の規定による決定を受けたとき，又はこの条の規定による課徴金の額が百万円未満であるときは，その納付を命ずることができない。 一　調査開始日から遡り十年以内に，第二十条の規定による命令（第二条第九項第四号に係るものに限る。次号において同じ。）又はこの条の規定による命令を受けたことがある者（当該命令が確定している場合に限る。次号において同じ。） 二　第四十七条第一項第四号に掲げる処分が行われなかつた場合において，当該事業者が当該違反行為について事前通知を受けた日から遡り十年以内に，第二十条の規定による命	章第二節に規定する手続に従い，当該事業者に対し，当該行為をした日から当該行為がなくなる日までの期間（当該期間が三年を超えるときは，当該行為がなくなる日からさかのぼつて三年間とする。）における，当該行為において当該事業者が供給した同号に規定する商品の政令で定める方法により算定した売上額に百分の三（当該事業者が小売業を営む場合は百分の二，卸売業を営む場合は百分の一とする。）を乗じて得た額に相当する額の課徴金を国庫に納付することを命じなければならない。ただし，当該事業者が当該行為に係る行為について第七条の二第一項若しくは第四項の規定による命令，同条第十八項若しくは第二十一項の規定による通知若しくは第五十一条第二項の規定による審決を受けたとき，又はこの条の規定による課徴金の額が百万円未満であるときは，その納付を命ずることができない。 一　調査開始日からさかのぼり十年以内に，第二十条の規定による命令（第二条第九項第四号に係るものに限る。次号において同じ。）若しくはこの条の規定による命令を受けたことがある者（当該命令が確定している場合に限る。次号において同じ。）又は第六十六条第四項の規定による審決（原処分の全部を取り消す場合における第二条第九項第四号に係るものに限る。次号において同じ。）を受けたことがある者（当該審決が確定している場合に限る。次号において同じ。） 二　第四十七条第一項第四号に掲げる処分が行われなかつた場合において，当該事業者が当該違反行為について事前通知を受けた日からさかのぼり十年以内に，第二十条の規定に

151

改正後	改正前
令又はこの条の規定による命令を受けたことがある者	よる命令若しくはこの条の規定による命令を受けたことがある者又は第六十六条第四項の規定による審決を受けたことがある者
第二十条の七　第七条の二第二十二項から第二十五項まで及び第二十七項の規定は，第二十条の二から前条までに規定する違反行為が行われた場合に準用する。この場合において，第七条の二第二十二項中「第一項又は第四項」とあるのは「第二十条の二から第二十条の六まで」と，「第一項，第四項から第九項まで，第十一項，第十二項又は第十九項」とあるのは「これら」と，同条第二十三項中「第一項，第四項から第九項まで，第十一項，第十二項又は第十九項」とあるのは「第二十条の二から第二十条の六まで」と，同条第二十四項中「第一項，第二項又は第四項」とあるのは「第二十条の二から第二十条の六まで」と，「並びに当該法人が受けた第一項（第二項において読み替えて準用する場合を含む。）及び第四項の規定による命令，第十八項及び第二十一項の規定による通知並びに第六十三条第二項の規定による決定（以下この項及び次項において「命令等」という。）は，合併後存続し，又は合併により設立された法人がした違反行為及び当該合併後存続し，又は合併により設立された法人が受けた命令等」とあるのは「は，合併後存続し，又は合併により設立された法人がした違反行為」と，「前各項及び次項」とあるのは「第二十条の七において読み替えて準用する前二項及び次項並びに第二十条の二から第二十条の六まで」と，同条第二十五項中「第一項，第二項又は第四項」とあるのは「第二十条の二から第二十条の六まで」と，「違	第二十条の七　第七条の二第二十二項から第二十五項まで及び第二十七項の規定は，第二十条の二から前条までに規定する違反行為が行われた場合に準用する。この場合において，第七条の二第二十二項中「第一項又は第四項」とあるのは「第二十条の二から第二十条の六まで」と，「第一項，第四項から第九項まで，第十一項，第十二項又は第十九項」とあるのは「これら」と，同条第二十三項中「第一項，第四項から第九項まで，第十一項，第十二項又は第十九項」とあるのは「第二十条の二から第二十条の六まで」と，同条第二十四項中「第一項，第二項又は第四項」とあるのは「第二十条の二から第二十条の六まで」と，「並びに当該法人が受けた第一項（第二項において読み替えて準用する場合を含む。）及び第四項の規定による命令，第十八項及び第二十一項の規定による通知並びに第五十一条第二項の規定による審決（以下この項及び次項において「命令等」という。）は，合併後存続し，又は合併により設立された法人がした違反行為及び当該合併後存続し，又は合併により設立された法人が受けた命令等」とあるのは「は，合併後存続し，又は合併により設立された法人がした違反行為」と，「前各項及び次項」とあるのは「第二十条の七において読み替えて準用する前二項及び次項並びに第二十条の二から第二十条の六まで」と，同条第二十五項中「第一項，第二項又は第四項」とあるのは「第二十条の二から第二十条の六まで」と，「違

資料1-1 私的独占の禁止及び公正取引の確保に関する法律の一部を改正する法律（平成25年法律第100号）新旧対照条文

改　正　後	改　正　前
反行為及び当該法人が受けた命令等」とあり，及び「違反行為及び当該特定事業承継子会社等が受けた命令等」とあるのは「違反行為」と，「前各項」とあるのは「第二十条の七において読み替えて準用する前三項及び第二十条の二から第二十条の六まで」と，「第一項（第二項において読み替えて準用する場合を含む。）中「当該」とあるのは「第二十条の二から第二十条の六までの規定中「，当該」と，「特定事業承継子会社等（第二十五項に規定する特定事業承継子会社等をいう。以下同じ。）に対し，この項（次項において読み替えて準用する場合を含む。）の規定による命令を受けた他の特定事業承継子会社等と連帯して」と，第四項中「当該事業者に対し」とあるのは「特定事業承継子会社等に対し，この項の規定による命令を受けた他の特定事業承継子会社等と連帯して」とあるのは「，特定事業承継子会社等に対し，この条の規定による命令を受けた他の特定事業承継子会社等と連帯して」と，「第二十二項」とあるのは「第二十条の七において読み替えて準用する第二十二項」と，「受けた特定事業承継子会社等」とあるのは「受けた特定事業承継子会社等（第二十条の七において読み替えて準用する第二十五項に規定する特定事業承継子会社等をいう。以下この項において同じ。）」と，同条第二十七項中「実行期間（第四項に規定する違反行為については，違反行為期間）の終了した日」とあるのは「当該行為がなくなつた日」と読み替えるものとする。 第二十六条　前条の規定による損害賠償の請求権は，<u>第四十九条</u>に規定する排除措置命令（排除措置命令がされなか	反行為及び当該法人が受けた命令等」とあり，及び「違反行為及び当該特定事業承継子会社等が受けた命令等」とあるのは「違反行為」と，「前各項」とあるのは「第二十条の七において読み替えて準用する前三項及び第二十条の二から第二十条の六まで」と，「第一項（第二項において読み替えて準用する場合を含む。）中「当該」とあるのは「第二十条の二から第二十条の六までの規定中「，当該」と，「特定事業承継子会社等（第二十五項に規定する特定事業承継子会社等をいう。以下同じ。）に対し，この項（次項において読み替えて準用する場合を含む。）の規定による命令を受けた他の特定事業承継子会社等と連帯して」と，第四項中「当該事業者に対し」とあるのは「特定事業承継子会社等に対し，この項の規定による命令を受けた他の特定事業承継子会社等と連帯して」とあるのは「，特定事業承継子会社等に対し，この条の規定による命令を受けた他の特定事業承継子会社等と連帯して」と，「第二十二項」とあるのは「第二十条の七において読み替えて準用する第二十二項」と，「受けた特定事業承継子会社等」とあるのは「受けた特定事業承継子会社等（第二十条の七において読み替えて準用する第二十五項に規定する特定事業承継子会社等をいう。以下この項において同じ。）」と，同条第二十七項中「実行期間（第四項に規定する違反行為については，違反行為期間）の終了した日」とあるのは「当該行為がなくなつた日」と読み替えるものとする。 第二十六条　前条の規定による損害賠償の請求権は，<u>第四十九条第一項</u>に規定する排除措置命令（排除措置命令がさ

改正後	改正前
つた場合にあつては，第六十二条第一項に規定する納付命令（第八条第一号又は第二号の規定に違反する行為をした事業者団体の構成事業者に対するものを除く。））が確定した後でなければ，裁判上主張することができない。 ②　前項の請求権は，同項の排除措置命令又は納付命令が確定した日から三年を経過したときは，時効によつて消滅する。 第三十五条　（略） ②　（略） ③　事務総長は，事務総局の局務を統理する。 ④～⑥　（略） ⑦・⑧　（略） 第四十九条　公正取引委員会は，第七条第一項若しくは第二項（第八条の二第二項及び第二十条第二項において準用する場合を含む。），第八条の二第一項若しくは第三項，第十七条の二又は第二十条第一項の規定による命令（以下「排除措置命令」という。）をしようとするときは，当該排除措置命令の名宛人となるべき者について，意見聴取を行わなければならない。	れなかつた場合にあつては，第五十条第一項に規定する納付命令（第八条第一号又は第二号の規定に違反する行為をした事業者団体の構成事業者に対するものを除く。）又は第六十六条第四項の審決が確定した後でなければ，裁判上これを主張することができない。 ②　前項の請求権は，同項の排除措置命令若しくは納付命令又は審決が確定した日から三年を経過したときは，時効によつて消滅する。 第三十五条　（略） ②　（略） ③　事務総長は，事務総局の局務（第五十六条第一項の規定により，公正取引委員会が審判官を指定して行わせることとした事務を除く。）を統理する。 ④～⑥　（略） ⑦　審判手続（審決を除く。）の全部又は一部を行わせるため，事務総局に審判官を置く。 ⑧　審判官の定数は，政令で定める。 ⑨　審判官は，事務総局の職員のうち，審判手続を行うについて必要な法律及び経済に関する知識経験を有し，かつ，公正な判断をすることができると認められる者について，公正取引委員会が定める。 ⑩・⑪　（略）

資料1-1 私的独占の禁止及び公正取引の確保に関する法律の一部を改正する法律（平成25年法律第100号）新旧対照条文

改　正　後	改　正　前
第五十条　公正取引委員会は，前条の意見聴取を行うに当たつては，意見聴取を行うべき期日までに相当な期間をおいて，排除措置命令の名宛人となるべき者に対し，次に掲げる事項を書面により通知しなければならない。 一　予定される排除措置命令の内容 二　公正取引委員会の認定した事実及びこれに対する法令の適用 三　意見聴取の期日及び場所 四　意見聴取に関する事務を所掌する組織の名称及び所在地 ②　前項の書面においては，次に掲げる事項を教示しなければならない。 一　意見聴取の期日に出頭して意見を述べ，及び証拠を提出し，又は意見聴取の期日への出頭に代えて陳述書及び証拠を提出することができること。 二　意見聴取が終結する時までの間，第五十二条の規定による証拠の閲覧又は謄写を求めることができること。 第五十一条　前条第一項の規定による通知を受けた者（以下「当事者」という。）は，代理人を選任することができる。 ②　代理人は，各自，当事者のために，意見聴取に関する一切の行為をすることができる。 第五十二条　当事者は，第五十条第一項の規定による通知があつた時から意見聴取が終結する時までの間，公正取引委員会に対し，当該意見聴取に係る事件について公正取引委員会の認定した事実を立証する証拠の閲覧又は謄写（謄写については，当該証拠のうち，当該当事者若しくはその従業員が提出したもの又は当該当事者若しくはその従業員の供述を録取したものとして公	

改　正　後	改　正　前
正取引委員会規則で定めるものの謄写に限る。以下この条において同じ。）を求めることができる。この場合において，公正取引委員会は，第三者の利益を害するおそれがあるときその他正当な理由があるときでなければ，その閲覧又は謄写を拒むことができない。 ② 前項の規定は，当事者が，意見聴取の進行に応じて必要となつた証拠の閲覧又は謄写を更に求めることを妨げない。 ③ 公正取引委員会は，前二項の閲覧又は謄写について日時及び場所を指定することができる。 第五十三条　意見聴取は，公正取引委員会が事件ごとに指定するその職員（以下「指定職員」という。）が主宰する。 ② 公正取引委員会は，前項に規定する事件について審査官の職務を行つたことのある職員その他の当該事件の調査に関する事務に従事したことのある職員を意見聴取を主宰する職員として指定することができない。 第五十四条　指定職員は，最初の意見聴取の期日の冒頭において，当該意見聴取に係る事件について第四十七条第二項の規定により指定された審査官その他の当該事件の調査に関する事務に従事した職員（次項及び第三項並びに第五十六条第一項において「審査官等」という。）に，予定される排除措置命令の内容，公正取引委員会の認定した事実及び第五十二条第一項に規定する証拠のうち主要なもの並びに公正取引委員会の認定した事実に対する法令の適用を意見聴取の期日に出頭した当事者に対し説明させなければならない。 ② 当事者は，意見聴取の期日に出頭して，意見を述べ，及び証拠を提出し，	

資料1-1 私的独占の禁止及び公正取引の確保に関する法律の一部を改正する法律（平成25年法律第100号）新旧対照条文

改 正 後	改 正 前
並びに指定職員の許可を得て審査官等に対し質問を発することができる。 ③　指定職員は，意見聴取の期日において必要があると認めるときは，当事者に対し質問を発し，意見の陳述若しくは証拠の提出を促し，又は審査官等に対し説明を求めることができる。 ④　意見聴取の期日における意見聴取は，公開しない。 第五十五条　当事者は，意見聴取の期日への出頭に代えて，指定職員に対し，意見聴取の期日までに陳述書及び証拠を提出することができる。 第五十六条　指定職員は，意見聴取の期日における当事者による意見陳述，証拠提出及び質問並びに審査官等による説明（第五十八条第一項及び第二項において「当事者による意見陳述等」という。）の結果，なお意見聴取を続行する必要があると認めるときは，さらに新たな期日を定めることができる。 ②　前項の場合においては，当事者に対し，あらかじめ，次回の意見聴取の期日及び場所を書面により通知しなければならない。ただし，意見聴取の期日に出頭した当事者に対しては，当該意見聴取の期日においてこれを告知すれば足りる。 第五十七条　指定職員は，当事者が正当な理由なく意見聴取の期日に出頭せず，かつ，第五十五条に規定する陳述書又は証拠を提出しない場合には，当該当事者に対し改めて意見を述べ，及び証拠を提出する機会を与えることなく，意見聴取を終結することができる。 ②　指定職員は，前項に規定する場合のほか，当事者が意見聴取の期日に出頭	

改　正　後	改　正　前
せず，かつ，第五十五条に規定する陳述書又は証拠を提出しない場合において，当該当事者の意見聴取の期日への出頭が相当期間引き続き見込めないときは，当該当事者に対し，期限を定めて陳述書及び証拠の提出を求め，当該期限が到来したときに意見聴取を終結することができる。 第五十八条　指定職員は，意見聴取の期日における当事者による意見陳述等の経過を記載した調書を作成し，当該調書において，第五十条第一項第一号及び第二号に掲げる事項に対する当事者の陳述の要旨を明らかにしておかなければならない。 ②　前項に規定する調書は，意見聴取の期日における当事者による意見陳述等が行われた場合には各期日ごとに，当該当事者による意見陳述等が行われなかつた場合には意見聴取の終結後速やかに作成しなければならない。 ③　第一項に規定する調書には，提出された証拠（第五十五条の規定により陳述書及び証拠が提出されたときは，提出された陳述書及び証拠）を添付しなければならない。 ④　指定職員は，意見聴取の終結後速やかに，当該意見聴取に係る事件の論点を整理し，当該整理された論点を記載した報告書を作成し，第一項に規定する調書とともに公正取引委員会に提出しなければならない。 ⑤　当事者は，第一項に規定する調書及び前項に規定する報告書の閲覧を求めることができる。 第五十九条　公正取引委員会は，意見聴取の終結後に生じた事情に鑑み必要があると認めるときは，指定職員に対し，前条第四項の規定により提出された報	

資料1-1 私的独占の禁止及び公正取引の確保に関する法律の一部を改正する法律（平成25年法律第100号）新旧対照条文

改　正　後	改　正　前
告書を返戻して意見聴取の再開を命ずることができる。 ②　第五十六条第二項本文の規定は，前項の場合について準用する。 第六十条　公正取引委員会は，排除措置命令に係る議決をするときは，第五十八条第一項に規定する調書及び同条第四項に規定する報告書の内容を十分に参酌してしなければならない。 第六十一条　排除措置命令は，文書によつて行い，排除措置命令書には，違反行為を排除し，又は違反行為が排除されたことを確保するために必要な措置並びに公正取引委員会の認定した事実及びこれに対する法令の適用を示し，委員長及び第六十五条第一項の規定による合議に出席した委員がこれに記名押印しなければならない。 ②　（略）	第四十九条　第七条第一項若しくは第二項（第八条の二第二項及び第二十条第二項において準用する場合を含む。），第八条の二第一項若しくは第三項，第十七条の二又は第二十条第一項の規定による命令（以下「排除措置命令」という。）は，文書によつてこれを行い，排除措置命令書には，違反行為を排除し，又は違反行為が排除されたことを確保するために必要な措置並びに公正取引委員会の認定した事実及びこれに対する法令の適用を示し，委員長及び第六十九条第一項の規定による合議に出席した委員がこれに記名押印しなければならない。 ②　（略） ③　公正取引委員会は，排除措置命令をしようとするときは，当該排除措置命令の名あて人となるべき者に対し，あらかじめ，意見を述べ，及び証拠を提出する機会を付与しなければならない。 ④　排除措置命令の名あて人となるべき者は，前項の規定により意見を述べ，又は証拠を提出するに当たつては，代理人（弁護士，弁護士法人又は公正取引委員会の承認を得た適当な者に限る。第五十二条第一項，第五十七条，第五十九条，第六十条及び第六十三条において同じ。）を選任することがで

160 第1章 関係法令等

改　正　後	改　正　前
	きる。 ⑤　公正取引委員会は，第三項の規定による意見を述べ，及び証拠を提出する機会を付与するときは，その意見を述べ，及び証拠を提出することができる期限までに相当な期間をおいて，排除措置命令の名あて人となるべき者に対し，次に掲げる事項を書面により通知しなければならない。 　一　予定される排除措置命令の内容 　二　公正取引委員会の認定した事実及びこれに対する法令の適用 　三　公正取引委員会に対し，前二号に掲げる事項について，意見を述べ，及び証拠を提出することができる旨並びにその期限 ⑥　排除措置命令に不服がある者は，公正取引委員会規則で定めるところにより，排除措置命令書の謄本の送達があつた日から六十日以内（天災その他この期間内に審判を請求しなかつたことについてやむを得ない理由があるときは，その理由がやんだ日の翌日から起算して一週間以内）に，公正取引委員会に対し，当該排除措置命令について，審判を請求することができる。 ⑦　前項に規定する期間内に同項の規定による請求がなかつたときは，排除措置命令は，確定する。
<u>第六十二条</u>　第七条の二第一項（同条第二項及び第八条の三において読み替えて準用する場合を含む。）若しくは第四項又は第二十条の二から第二十条の六までの規定による命令（以下「納付命令」という。）は，文書によつて行い，課徴金納付命令書には，納付すべき課徴金の額<u>，課徴金の計算の基礎及び課徴金に係る違反行為</u>並びに納期限を記載し，委員長及び<u>第六十五条第一項</u>の規定による合議に出席した委員がこれ	<u>第五十条</u>　第七条の二第一項（同条第二項及び第八条の三において読み替えて準用する場合を含む。）若しくは第四項又は第二十条の二から第二十条の六までの規定による命令（以下「納付命令」という。）は，文書によつて<u>これを</u>行い，課徴金納付命令書には，納付すべき課徴金の額<u>及びその計算の基礎</u>，課徴金に係る違反行為並びに納期限を記載し，委員長及び<u>第六十九条第一項</u>の規定による合議に出席した委員

資料1-1 私的独占の禁止及び公正取引の確保に関する法律の一部を改正する法律（平成25年法律第100号）新旧対照条文

改 正 後	改 正 前
に記名押印しなければならない。 ② （略） ③ 第一項の課徴金の納期限は，課徴金納付命令書の謄本を発する日から七月を経過した日とする。 ④ 第四十九条から第六十条までの規定は，納付命令について準用する。この場合において，第五十条第一項第一号中「予定される排除措置命令の内容」とあるのは「納付を命じようとする課徴金の額」と，同項第二号中「公正取引委員会の認定した事実及びこれに対する法令の適用」とあり，及び第五十二条第一項中「公正取引委員会の認定した事実」とあるのは「課徴金の計算の基礎及び課徴金に係る違反行為」と，第五十四条第一項中「予定される排除措置命令の内容，公正取引委員会の認定した事実及び第五十二条第一項に規定する証拠のうち主要なもの並びに公正取引委員会の認定した事実に対する法令の適用」とあるのは「納付を命じようとする課徴金の額，課徴金の計算の基礎及び課徴金に係る違反行為並びに第六十二条第四項の規定により読み替えて準用する第五十二条第一項に規定する証拠のうち主要なもの」と読み替えるものとする。	がこれに記名押印しなければならない。 ② （略） ③ 第一項の課徴金の納期限は，課徴金納付命令書の謄本を発する日から三月を経過した日とする。 ④ 納付命令に不服がある者は，公正取引委員会規則で定めるところにより，課徴金納付命令書の謄本の送達があつた日から六十日以内（天災その他この期間内に審判を請求しなかつたことについてやむを得ない理由があるときは，その理由がやんだ日の翌日から起算して一週間以内）に，公正取引委員会に対し，当該納付命令について，審判を請求することができる。 ⑤ 前項に規定する期間内に同項の規定による請求がなかつたときは，納付命令は，確定する。 ⑥ 前条第三項から第五項までの規定は，納付命令について準用する。この場合において，同項第一号中「予定される排除措置命令の内容」とあるのは「納付を命じようとする課徴金の額」と，同項第二号中「公正取引委員会の認定した事実及びこれに対する法令の適用」とあるのは「課徴金の計算の基礎及びその課徴金に係る違反行為」と

改　正　後	改　正　前
	読み替えるものとする。
<u>第六十三条</u>　第七条の二第一項（同条第二項において読み替えて準用する場合を含む。次項において同じ。）又は第四項の規定により公正取引委員会が納付命令を行つた後，同一事件について，当該納付命令を受けた者に対し，罰金の刑に処する確定裁判があつたときは，公正取引委員会は，<u>決定</u>で，当該納付命令に係る課徴金の額を，その額から当該裁判において命じられた罰金額の二分の一に相当する金額を控除した額に変更しなければならない。ただし，当該納付命令に係る課徴金の額が当該罰金額の二分の一に相当する金額を超えないとき，又は当該変更後の額が百万円未満となるときは，この限りでない。	<u>第五十一条</u>　第七条の二第一項（同条第二項において読み替えて準用する場合を含む。次項及び第三項において同じ。）又は第四項の規定により公正取引委員会が納付命令を行つた後，同一事件について，当該納付命令を受けた者に対し，罰金の刑に処する確定裁判があつたときは，公正取引委員会は，<u>審決</u>で，当該納付命令に係る課徴金の額を，その額から当該裁判において命じられた罰金額の二分の一に相当する金額を控除した額に変更しなければならない。ただし，当該納付命令に係る課徴金の額が当該罰金額の二分の一に相当する金額を超えないとき，又は当該変更後の額が百万円未満となるときは，この限りでない。
②　前項ただし書の場合においては，公正取引委員会は，<u>決定</u>で，当該第七条の二第一項又は第四項の規定による納付命令を取り消さなければならない。	②　前項ただし書の場合においては，公正取引委員会は，<u>審決</u>で，当該第七条の二第一項又は第四項の規定による納付命令を取り消さなければならない。
<u>③　前二項の規定による決定は，文書によつて行い，決定書には，公正取引委員会の認定した事実及びこれに対する法令の適用を記載し，委員長及び第六十五条第一項の規定による合議に出席した委員がこれに記名押印しなければならない。</u>	③　第一項本文の場合において，当該第七条の二第一項又は第四項の規定による納付命令に係る審判手続が終了していないときは，公正取引委員会は，第一項本文の規定にかかわらず，当該同条第一項又は第四項の規定による納付命令に係る審判の請求に対する審決において，当該同条第一項又は第四項の規定による納付命令に係る課徴金の額を当該審判手続を経て決定された額から第一項本文に規定する罰金額の二分の一に相当する金額を控除した額に変更するものとする。
<u>④　第一項及び第二項の規定による決定は，その名宛人に決定書の謄本を送達することによつて，その効力を生ずる。</u>	
<u>⑤</u>　公正取引委員会は，<u>第一項及び第二</u>	④　公正取引委員会は，<u>前三項</u>の場合に

資料1-1 私的独占の禁止及び公正取引の確保に関する法律の一部を改正する法律（平成25年法律第100号）新旧対照条文

改　正　後	改　正　前
項の場合において，変更又は取消し前の納付命令に基づき既に納付された金額（第六十九条第二項に規定する延滞金を除く。）で，還付すべきものがあるときは，遅滞なく，金銭で還付しなければならない。	おいて，変更又は取消し前の納付命令に基づき既に納付された金額（第七十条の九第三項に規定する延滞金を除く。）で，還付すべきものがあるときは，遅滞なく，金銭で還付しなければならない。 第五十二条　第四十九条第六項又は第五十条第四項の規定による審判の請求（以下「審判請求」という。）をする者は，次に掲げる事項を記載した請求書を公正取引委員会に提出しなければならない。 　一　審判請求をする者及びその代理人の氏名又は名称及び住所又は居所 　二　審判請求に係る命令 　三　審判請求の趣旨及び理由 ②　前項第三号に規定する趣旨は，命令の取消し又は変更を求める範囲を明らかにするように記載するものとし，同号に規定する理由においては，排除措置命令又は納付命令（第五項，第五十八条，第五十九条第一項，第六十六条第三項及び第四項並びに第七十条の八において「原処分」という。）に対する主張（排除措置命令にあつてはその原因となる事実に対する主張，納付命令にあつては課徴金の計算の基礎に対する主張）が明らかにされていなければならない。 ③　審判請求があつた場合においては，公正取引委員会は，第六十六条第一項の規定に該当する場合を除き，遅滞なく，当該審判請求に係る命令について審判手続を開始しなければならない。 ④　審判請求は，当該審判請求に係る命令についての最終の審判の期日までは，いつでも，書面により取り下げることができる。 ⑤　第五十五条第三項の規定により審判手続が開始された後，前項の取下げが

改 正 後	改 正 前
	あつたときは，原処分は，確定する。 第五十三条　独占的状態があると認める場合（第八条の四第一項ただし書に規定する場合を除く。第六十七条第一項において同じ。）において，事件を審判手続に付することが公共の利益に適合すると認めるときは，公正取引委員会は，当該事件について審判手続を開始することができる。 ② 公正取引委員会は，前項の規定により審判手続を開始しようとするときは，当該事業者の営む事業に係る主務大臣に協議しなければならない。 第五十四条　公正取引委員会は，排除措置命令に係る審判請求があつた場合において必要と認めるときは，当該排除措置命令の全部又は一部の執行を停止することができる。 ② 前項の規定により執行を停止した場合において，当該執行の停止により市場における競争の確保が困難となるおそれがあるときその他必要があると認めるときは，公正取引委員会は，当該執行の停止を取り消すものとする。 第五十五条　公正取引委員会は，第五十二条第三項の規定により審判手続を開始するときは，審判請求をした者に対し，その旨を記載した審判開始通知書を送付しなければならない。 ② 第五十三条第一項の規定による審判開始決定は，文書によつてこれを行い，審判開始決定書には，事件の要旨及び第八条の四第一項に規定する措置の名あて人の氏名又は名称を記載し，かつ，委員長及び決定の議決に参加した委員がこれに記名押印しなければならない。 ③ 審判手続は，第一項の審判請求をし

資料1-1 私的独占の禁止及び公正取引の確保に関する法律の一部を改正する法律（平成25年法律第100号）新旧対照条文

改　正　後	改　正　前
	た者に審判開始通知書を送付し，又は前項の名あて人に審判開始決定書の謄本を送達することにより，開始する。 ④　第一項の審判請求をした者又は第二項の名あて人（以下「被審人」という。）には，審判の期日に出頭すべき旨を命じなければならない。 ⑤　審判の期日は，審判開始通知書を発した日又は審判開始決定書の謄本を発した日から三十日後に，これを定めなければならない。ただし，被審人の同意を得たときは，この限りでない。 ⑥　第二項に規定する審判開始決定書の謄本の送達を受けた者は，これに対する答弁書を遅滞なく公正取引委員会に提出しなければならない。 第五十六条　公正取引委員会は，審判手続を開始した後，事件ごとに審判官を指定し，公正取引委員会規則で定めるところにより，第四十一条の規定による調査の嘱託及び第四十七条第一項各号に掲げる処分のほか，その後の審判手続（審決を除く。次項，第六十三条及び第六十四条において同じ。）の全部又は一部を行わせることができる。ただし，当該事件について審査官の職務を行つたことのある者その他当該事件の審査に関与したことのある者については，指定することができない。 ②　前項の規定により指定された審判官（複数の者が指定された場合にあつては，そのうち指名された一人の者）は，公正取引委員会規則で定めるところにより，同項の規定に基づき公正取引委員会が行わせることとした審判手続に係る事務を指揮するものとする。 第五十七条　公正取引委員会又は審判官は，被審人又はその代理人が，正当な理由がなく，審判の期日に出頭しない

改　正　後	改　正　前
	ときにおいても，審判を行うことができる。

第五十八条　第四十七条第二項の規定により指定された審査官は，審判に立ち会い，原処分の原因となる事実及び法令の適用並びに原処分が相当であること（当該審判が第八条の四第一項に係る事件についての審判である場合にあつては，独占的状態に該当する事実）について主張し，証拠の申出その他必要な行為をすることができる。
② 　審査官は，前項の場合において，原処分の原因となる事実及び法令の適用（当該審判が第八条の四第一項に係る事件についての審判である場合にあつては，独占的状態に該当する事実）について変更（公正取引委員会規則で定める範囲のものに限る。）の必要があると認めるときは，これを主張することができる。ただし，被審人の利益を害することとなる場合は，この限りでない。

第五十九条　被審人又はその代理人は，審判に際して，公正取引委員会が当該事件についてした原処分又は第八条の四第一項の規定により命じようとする措置が不当である理由を述べ，かつ，これを立証する資料を提出し，公正取引委員会に対し，必要な参考人を審尋し，鑑定人に鑑定を命じ，帳簿書類その他の物件の所持者に対し当該物件の提出を命じ，必要な場所に立ち入つて業務及び財産の状況，帳簿書類その他の物件を検査し，若しくは調査を嘱託することを求め，又は公正取引委員会が出頭を命じた参考人若しくは鑑定人を審尋し，若しくは調査を嘱託された者に質問することができる。
② 　納付命令に係る審判手続において， |

資料1-1 私的独占の禁止及び公正取引の確保に関する法律の一部を改正する法律（平成25年法律第100号）新旧対照条文　　　　167

改　正　後	改　正　前
	被審人（第八条第一号又は第二号の規定に違反する行為をした事業者団体の構成事業者を除く。以下この項において同じ。）又はその代理人は，次の各号のいずれかに該当する場合には，当該納付命令に係る違反行為（第三号の場合にあつては，当該認定に係る部分に限る。）の不存在を主張することができない。 一　第四十九条第七項の規定により納付命令に係る違反行為についての排除措置命令（当該納付命令を受けた者と同一の者に対するものに限る。）が確定したとき。 二　被審人又はその代理人が納付命令に係る違反行為についての排除措置命令について，審判請求を取り下げたとき。 三　納付命令に係る違反行為についての排除措置命令に係る審決において，当該違反行為の全部又は一部が認定されたとき。 第六十条　公正取引委員会又は審判官は，審査官又は被審人若しくはその代理人から申出のあつた証拠を採用しないときは，その理由を示さなければならない。 第六十一条　審判は，これを公開しなければならない。ただし，事業者の事業上の秘密を保つため必要があると認めるとき，又は公益上必要があると認めるときは，これを公開しないことができる。 ②　審判においては，公正取引委員会規則で定めるところにより，調書を作成しなければならない。 第六十二条　刑事訴訟法（昭和二十三年法律第百三十一号）第百四十三条から

改　正　後	改　正　前
	第百四十七条まで，第百四十九条，第百五十四条から第百五十六条まで，第百六十五条及び第百六十六条の規定は，公正取引委員会又は審判官が，審判に際して，参考人を審尋し，又は鑑定人に鑑定を命ずる手続について，これを準用する。 ②　前項の場合において，「裁判所」とあるのは「公正取引委員会又は審判官」と，「証人」とあるのは「参考人」と，「尋問」とあるのは「審尋」と，「被告人」とあるのは「被審人」とそれぞれ読み替えるものとする。
	第六十三条　公正取引委員会は，第五十六条第一項の規定により審判官に審判手続の全部又は一部を行わせた場合において，被審人又はその代理人の申出があるときは，これらの者が直接公正取引委員会に対し陳述する機会を与えなければならない。ただし，第五十二条第三項の規定により納付命令に係る審判手続が開始された場合において，当該納付命令に係る違反行為についての排除措置命令に係る審決において当該違反行為が認定されているときは，この限りでない。
第六十四条　第八条の四第一項の規定による命令（以下「競争回復措置命令」という。）は，文書によつて行い，競争回復措置命令書には，独占的状態に係る商品又は役務について競争を回復させるために必要な措置並びに公正取引委員会の認定した事実及びこれに対する法令の適用を示し，委員長及び次条第一項の規定による合議に出席した委員がこれに記名押印しなければならない。 ②　競争回復措置命令は，その名宛人に競争回復措置命令書の謄本を送達する	第六十四条　公正取引委員会又は審判官は，適当と認めるときは，職権で，審判手続を併合し，又は分離することができる。

資料1-1 私的独占の禁止及び公正取引の確保に関する法律の一部を改正する法律(平成25年法律第100号）新旧対照条文

改　正　後	改　正　前
ことによつて，その効力を生ずる。 ③　競争回復措置命令は，確定しなければ執行することができない。 ④　第四十九条から第六十条までの規定は，競争回復措置命令について準用する。 ⑤　公正取引委員会は，前項において準用する第五十条第一項の規定による通知をしようとするときは，当該事業者の営む事業に係る主務大臣に協議し，かつ，公聴会を開いて一般の意見を求めなければならない。	第六十五条　公正取引委員会は，第八条の四第一項に係る事件について第五十三条第一項の規定により審判開始決定をした後，被審人が，審判開始決定書記載の事実及び法律の適用を認めて，公正取引委員会に対し，その後の審判手続を経ないで審決を受ける旨を文書をもつて申し出て，かつ，独占的状態に係る商品又は役務について競争を回復させるために自らとるべき具体的措置に関する計画書を提出した場合において，適当と認めたときは，その後の審判手続を経ないで当該計画書記載の具体的措置と同趣旨の審決をすることができる。 第六十六条　審判請求が法定の期間経過後にされたものであるときその他不適法であるときは，公正取引委員会は，審決で，当該審判請求を却下する。 ②　審判請求が理由がないときは，公正取引委員会は，審判手続を経た後，審決で，当該審判請求を棄却する。 ③　審判請求が理由があるときは，公正取引委員会は，審判手続を経た後，審決で，原処分の全部又は一部を取り消し，又はこれを変更する。 ④　公正取引委員会は，前項の規定によ

改正後	改正前
	り原処分の全部又は一部を取り消す場合において，当該原処分の時までに第三条，第六条，第八条，第九条第一項若しくは第二項，第十条第一項，第十一条第一項，第十三条，第十四条，第十五条第一項，第十五条の二第一項，第十五条の三第一項，第十六条第一項，第十七条又は第十九条の規定に違反する行為があり，かつ，当該原処分の時において既に当該行為がなくなつていると認めるときは，審決で，その旨を明らかにしなければならない。
	第六十七条　公正取引委員会は，審判手続を経た後，独占的状態があると認める場合には，審決で，被審人に対し，第八条の四第一項に規定する措置を命じなければならない。 ②　公正取引委員会は，審判手続を経た後，審判開始決定の時までに独占的状態に該当する事実がなかつたと認める場合，審判開始決定の時までに独占的状態に該当する事実があり，かつ，既に独占的状態に該当する事実がなくなつていると認める場合又は独占的状態に該当する事実があつて第八条の四第一項ただし書に該当すると認める場合には，審決で，その旨を明らかにしなければならない。
	第六十八条　第六十六条第二項から第四項まで及び前条の規定による審決においては，被審人が争わない事実及び公知の事実を除き，審判手続において取り調べた証拠によつて事実を認定しなければならない。
第六十五条　排除措置命令，納付命令及び競争回復措置命令並びにこの節の規定による決定（第七十条第二項に規定する支払決定を除く。以下同じ。）は，	第六十九条　排除措置命令，納付命令及び審決は，委員長及び委員の合議によらなければならない。

資料1-1 私的独占の禁止及び公正取引の確保に関する法律の一部を改正する法律（平成25年法律第100号）新旧対照条文

改　正　後	改　正　前
委員長及び委員の合議によらなければならない。 ② 　第三十四条第一項，第二項及び第四項の規定は，前項の合議について準用する。 ③ 　競争回復措置命令をするには，前項において準用する第三十四条第二項の規定にかかわらず，三人以上の意見が一致しなければならない。 第六十六条　公正取引委員会の合議は，公開しない。	② 　第三十四条第一項，第二項及び第四項の規定は，前項の合議にこれを準用する。 ③ 　第八条の四第一項の措置を命ずる審決をするには，前項において準用する第三十四条第二項の規定にかかわらず，三人以上の意見が一致しなければならない。 第七十条　公正取引委員会の合議は，これを公開しない。 第七十条の二　審決は，文書によってこれを行い，審決書には，公正取引委員会の認定した事実及びこれに対する法令の適用並びに納付命令に係る第六十六条第三項の審決にあつては，課徴金の計算の基礎を示し，委員長及び合議に出席した委員がこれに署名押印しなければならない。 ② 　審決書には，少数意見を付記することができる。 ③ 　審決は，被審人その他その名あて人に審決書の謄本を送達することによつて，その効力を生ずる。 ④ 　第八条の四第一項の措置を命ずる審決は，確定しなければ執行することができない。 第七十条の三　公正取引委員会は，必要があると認めるときは，職権で，審決の結果について関係のある第三者を当事者として審判手続に参加させることができる。ただし，あらかじめ被審人及び当該第三者を審尋しなければならない。 第七十条の四　関係のある公務所又は公共的な団体は，公益上必要があると認

改　正　後	改　正　前
	めるときは，公正取引委員会の承認を得て，当事者として審判手続に参加することができる。
第六十七条　（略）	第七十条の五　（略）
	第七十条の六　公正取引委員会が排除措置命令をしたときは，被審人は，裁判所の定める保証金又は有価証券（社債，株式等の振替に関する法律第二百七十八条第一項に規定する振替債を含む。次条第一項及び第七十条の十四において同じ。）を供託して，当該排除措置命令が確定するまでその執行を免れることができる。 ②　前項の規定による裁判は，非訟事件手続法（平成二十三年法律第五十一号）により，これを行う。
	第七十条の七　被審人が，前条第一項の規定により供託をした場合において，当該排除措置命令が確定したときは，裁判所は，公正取引委員会の申立てにより，供託に係る保証金又は有価証券の全部又は一部を没取することができる。 ②　前条第二項の規定は，前項の規定による裁判に，これを準用する。
第六十八条　公正取引委員会は，排除措置命令をした後又は競争回復措置命令が確定した後においても，特に必要があるときは，第四十七条の規定により，これらの命令において命じた措置が講じられているかどうかを確かめるために必要な処分をし，又はその職員をして処分をさせることができる。	第七十条の八　公正取引委員会は，排除措置命令（第四十九条第七項又は第五十二条第五項の規定により確定したものに限る。）又は第六十六条第一項から第三項までの審決（原処分の全部を取り消す審決を除く。）若しくは第六十五条若しくは第六十七条第一項の規定による審決をした後においても，特に必要があるときは，第四十七条の規定により，これらの命令又は審決において命じ，又は維持した措置が講じられているかどうかを確かめるために必

資料1-1 私的独占の禁止及び公正取引の確保に関する法律の一部を改正する法律（平成25年法律第100号）新旧対照条文

改　正　後	改　正　前
	要な処分をし，又はその職員をして処分をさせることができる。
第六十九条　（略）	第七十条の九　（略） ② 　前項の規定にかかわらず，納付命令について審判請求がされたとき（第六十六条第一項の規定により当該審判請求が却下された場合を除く。次項において同じ。）は，公正取引委員会は，当該審判請求に対する審決をした後，同条第三項の規定により当該納付命令の全部を取り消す場合を除き，速やかに督促状により期限を指定して当該納付命令に係る課徴金及び次項の規定による延滞金があるときはその延滞金の納付を督促しなければならない。ただし，当該納付命令についての審判請求に対する審決書の謄本が送達された日までに当該課徴金及び延滞金の全部が納付されたときは，この限りでない。
②　公正取引委員会は，前項の規定による督促をしたときは，その督促に係る課徴金の額につき年十四・五パーセントの割合で，納期限の翌日からその納付の日までの日数により計算した延滞金を徴収することができる。ただし，延滞金の額が千円未満であるときは，この限りでない。	③　公正取引委員会は，課徴金をその納期限までに納付しない者があるときは，納期限の翌日からその納付の日までの日数に応じ，当該課徴金の額につき年十四・五パーセントの割合（当該課徴金に係る納付命令について審判請求がされたときは，当該審判請求に対する審決書の謄本の送達の日までは年七・二五パーセントを超えない範囲内において政令で定める割合）で計算した延滞金を徴収することができる。ただし，延滞金の額が千円未満であるときは，この限りでない。
③　（略）	④　（略）
④　公正取引委員会は，第一項の規定による督促を受けた者がその指定する期限までにその納付すべき金額を納付しないときは，国税滞納処分の例により，その督促に係る課徴金及び第二項に規定する延滞金を徴収することができる。	⑤　公正取引委員会は，第一項又は第二項の規定による督促を受けた者がその指定する期限までにその納付すべき金額を納付しないときは，国税滞納処分の例により，これを徴収することができる。

改　正　後	改　正　前
⑤　（略）	⑥　（略）
第七十条　公正取引委員会は，第七条の二第二十五項（第二十条の七において読み替えて準用する場合を含む。）の規定により第七条の二第一項（同条第二項において読み替えて準用する場合を含む。）若しくは第四項又は第二十条の二から第二十条の六までの規定による課徴金の納付を命じた場合において，これらの規定による納付命令に基づき既に納付された金額で，還付すべきものがあるとき（第六十三条第五項に規定する場合を除く。）は，遅滞なく，金銭で還付しなければならない。	第七十条の十　公正取引委員会は，第七条の二第二十五項（第二十条の七において読み替えて準用する場合を含む。）の規定により第七条の二第一項（同条第二項において読み替えて準用する場合を含む。）若しくは第四項又は第二十条の二から第二十条の六までの規定による課徴金の納付を命じた場合において，これらの規定による納付命令に基づき既に納付された金額で，還付すべきものがあるとき（第五十一条第四項又は次項に規定する場合を除く。）は，遅滞なく，金銭で還付しなければならない。
	②　公正取引委員会は，第六十六条第三項の規定により納付命令の全部又は一部を取り消した場合において，取消し前の納付命令に基づき既に納付された金額で，還付すべきものがあるときは，遅滞なく，金銭で還付しなければならない。
②　公正取引委員会は，前項の金額を還付する場合には，当該金額の納付があつた日の翌日から起算して一月を経過する日の翌日からその還付のための支払決定をした日までの期間の日数に応じ，その金額に年七・二五パーセントを超えない範囲内において政令で定める割合を乗じて計算した金額をその還付すべき金額に加算しなければならない。	③　公正取引委員会は，第一項の金額を還付する場合には当該金額の納付があつた日の翌日から起算して一月を経過する日の翌日から，前項の金額を還付する場合には当該金額の納付があつた日の翌日から，それぞれその還付のための支払決定をした日までの期間の日数に応じ，その金額に年七・二五パーセントを超えない範囲内において政令で定める割合を乗じて計算した金額をその還付すべき金額に加算しなければならない。
③　前条第二項ただし書及び第三項の規定は，前項の規定により加算する金額について準用する。	④　前条第三項ただし書及び第四項の規定は，前項の規定により加算する金額について準用する。
第七十条の二　公正取引委員会は，第十一条第一項又は第二項の認可の申請が	第七十条の十一　公正取引委員会は，第十一条第一項又は第二項の認可の申請

資料1-1 私的独占の禁止及び公正取引の確保に関する法律の一部を改正する法律（平成25年法律第100号）新旧対照条文

改　正　後	改　正　前
あつた場合において，当該申請を理由がないと認めるときは，<u>決定</u>でこれを却下しなければならない。 ②　第四十五条第二項の規定は，前項の認可の申請があつた場合について準用する。 ③　<u>第六十三条第三項及び第四項の規定は，第一項の規定による決定について準用する。</u> 第七十条の<u>三</u>　公正取引委員会は，第十一条第一項又は第二項の認可をした場合において，その認可の要件である事実が消滅し，又は変更したと認めるときは，<u>決定</u>でこれを取り消し，又は変更することができる。 ②　<u>第四十九条から第六十条まで並びに第六十三条第三項及び第四項の規定は，前項の規定による決定について準用する。</u> ③　公正取引委員会は，経済事情の変化その他の事由により，排除措置命令<u>又は競争回復措置命令</u>を維持することが不適当であると認めるときは，<u>決定</u>でこれを取り消し，又は変更することができる。ただし，<u>排除措置命令又は競争回復措置命令の名宛人</u>の利益を害することとなる場合は，この限りでない。 ④　<u>第六十三条第三項及び第四項の規定は，前項の規定による決定について準用する。</u> 第七十条の<u>四</u>　（略） ②　<u>前項の規定による裁判は，非訟事件手続法（平成二十三年法律第五十一号）により行う。</u>	があつた場合において，当該申請を理由がないと認めるときは，<u>審決</u>でこれを却下しなければならない。 ②　第四十五条第二項の規定は，前項の認可の申請があつた場合に，<u>これを</u>準用する。 第七十条の<u>十二</u>　公正取引委員会は，第十一条第一項又は第二項の認可をした場合において，その認可の要件である事実が消滅し，又は変更したと認めるときは，<u>審判手続を経て，審決</u>でこれを取り消し，又は変更することができる。<u>この場合において，公正取引委員会は，職権で審判手続を開始することができる。</u> ②　公正取引委員会は，経済事情の変化その他の事由により，排除措置命令<u>若しくは第六十五条若しくは第六十七条第一項の規定による審決</u>を維持することが不適当であると認めるときは，<u>審決</u>でこれを取り消し，又は変更することができる。ただし，<u>被審人</u>の利益を害することとなる場合は，この限りでない。 第七十条の<u>十三</u>　（略） ②　<u>第七十条の六第二項の規定は，前項の規定による裁判に，これを準用する。</u>

改正後	改正前
第七十条の五　前条第一項の規定による裁判については，裁判所の定める保証金又は有価証券(社債，株式等の振替に関する法律第二百七十八条第一項に規定する振替債を含む。次項において同じ。)を供託して，その執行を免れることができる。 ②　前項の規定により供託をした場合において，前条第一項の規定による裁判が確定したときは，裁判所は，公正取引委員会の申立てにより，供託に係る保証金又は有価証券の全部又は一部を没取することができる。 ③　前条第二項の規定は，前二項の規定による裁判について準用する。	第七十条の十四　前条第一項の規定による裁判については，裁判所の定める保証金又は有価証券を供託して，その執行を免れることができる。 ②　第七十条の七の規定は，前項の規定による供託に係る保証金又は有価証券の没取にこれを準用する。 第七十条の十五　利害関係人は，公正取引委員会に対し，審判手続が開始された後，事件記録の閲覧若しくは謄写又は排除措置命令書，課徴金納付命令書，審判開始決定書若しくは審決書の謄本若しくは抄本の交付を求めることができる。この場合において，公正取引委員会は，第三者の利益を害するおそれがあると認めるときその他正当な理由があるときでなければ，事件記録の閲覧又は謄写を拒むことができない。 ②　公正取引委員会は，前項の規定により謄写をさせる場合において，謄写した事件記録の使用目的を制限し，その他適当と認める条件を付することができる。
第七十条の六　(略)	第七十条の十六　(略)
第七十条の七　(略)	第七十条の十七　(略)
第七十条の八　(略) ②～④　(略)	第七十条の十八　(略) ②～④　(略)
第七十条の九　(略)	第七十条の十九　(略)

資料1-1 私的独占の禁止及び公正取引の確保に関する法律の一部を改正する法律（平成25年法律第100号）新旧対照条文

改　正　後	改　正　前
②　公正取引委員会の職員が前項に規定する処分通知等に関する事務を電子情報処理組織を使用して行つたときは，第七十条の七において読み替えて準用する民事訴訟法第百九条の規定による送達に関する事項を記載した書面の作成及び提出に代えて，当該事項を電子情報処理組織を使用して公正取引委員会の使用に係る電子計算機（入出力装置を含む。）に備えられたファイルに記録しなければならない。	②　公正取引委員会の職員が前項に規定する処分通知等に関する事務を電子情報処理組織を使用して行つたときは，第七十条の十七において読み替えて準用する民事訴訟法第百九条の規定による送達に関する事項を記載した書面の作成及び提出に代えて，当該事項を電子情報処理組織を使用して公正取引委員会の使用に係る電子計算機（入出力装置を含む。）に備えられたファイルに記録しなければならない。
第七十条の十　この法律に定めるものを除くほか，公正取引委員会の調査に関する手続その他事件の処理及び第七十条の五第一項の供託に関し必要な事項は，政令で定める。	第七十条の二十　この法律に定めるものを除くほか，公正取引委員会の調査及び審判に関する手続その他事件の処理並びに第七十条の六第一項及び第七十条の十四第一項の供託に関し必要な事項は，政令で定める。
第七十条の十一　公正取引委員会がする排除措置命令，納付命令，競争回復措置命令及び第七十条の二第一項に規定する認可の申請に係る処分並びにこの節の規定による決定その他の処分（第四十七条第二項の規定によつて審査官がする処分及びこの節の規定によつて指定職員がする処分を含む。）については，行政手続法（平成五年法律第八十八号）第二章及び第三章の規定は，適用しない。	第七十条の二十一　公正取引委員会がする排除措置命令，納付命令及び第七十条の十一第一項に規定する認可の申請に係る処分並びにこの節の規定による審決その他の処分（第四十七条第二項の規定によつて審査官がする処分及び第五十六条第一項の規定によつて審判官がする処分を含む。）については，行政手続法（平成五年法律第八十八号）第二章及び第三章の規定は，適用しない。
第七十条の十二　公正取引委員会がした排除措置命令，納付命令及び競争回復措置命令並びにこの節の規定による決定その他の処分（第四十七条第二項の規定によつて審査官がした処分及びこの節の規定によつて指定職員がした処分を含む。）については，行政不服審査法（昭和三十七年法律第百六十号）による不服申立てをすることができない。	第七十条の二十二　公正取引委員会がした排除措置命令及び納付命令並びにこの節の規定による審決その他の処分（第四十七条第二項の規定によつて審査官がした処分及び第五十六条第一項の規定によつて審判官がした処分を含む。）については，行政不服審査法（昭和三十七年法律第百六十号）による不服申立てをすることができない。

改　正　後	改　正　前
<u>第七十三条　削除</u>	第七十三条　公正取引委員会は，第五十三条第一項の規定により審判手続を開始しようとするときは，公聴会を開いて一般の意見を求めなければならない。
第七十五条　第四十七条第一項第一号若しくは第二号<u>又は第二項</u>の規定により出頭又は鑑定を命ぜられた参考人又は鑑定人は，政令で定めるところにより，旅費及び手当を請求することができる。	第七十五条　第四十七条第一項第一号若しくは第二号若しくは第二項又は第五十六条第一項の規定により出頭又は鑑定を命ぜられた参考人又は鑑定人は，政令で定めるところにより，旅費及び手当を請求することができる。
第七十六条　（略） ②　前項の規定により事件の処理手続について規則を定めるに当たつては，<u>排除措置命令，納付命令及び競争回復措置命令並びに前節の規定による決定（以下「排除措置命令等」という。）の名宛人となるべき者</u>が自己の主張を陳述し，及び立証するための機会が十分に確保されること等当該手続の適正の確保が図られるよう留意しなければならない。	第七十六条　（略） ②　前項の規定により事件の処理手続について規則を定めるに当たつては，<u>被審人</u>が自己の主張を陳述し，及び立証するための機会が十分に確保されること等当該手続の適正の確保が図られるよう留意しなければならない。
	<u>第七十七条　公正取引委員会の審決の取消しの訴えは，審決がその効力を生じた日から三十日（第八条の四第一項の措置を命ずる審決については，三月）以内に提起しなければならない。 ②　前項の期間は，不変期間とする。 ③　審判請求をすることができる事項に関する訴えは，審決に対するものでなければ，提起することができない。</u>
第七十<u>七</u>条　<u>排除措置命令等に係る</u>行政事件訴訟法（昭和三十七年法律第百三十九号）第三条第一項に規定する抗告訴訟については，公正取引委員会を被告とする。	第七十<u>八</u>条　公正取引委員会の審決に係る行政事件訴訟法（昭和三十七年法律第百三十九号）第三条第一項に規定する抗告訴訟については，公正取引委員会を被告とする。

資料1-1 私的独占の禁止及び公正取引の確保に関する法律の一部を改正する法律(平成25年法律第100号) 新旧対照条文

改　正　後	改　正　前
	第七十九条　訴えの提起があつたときは，裁判所は，遅滞なく公正取引委員会に対し，当該事件の記録(事件関係人，参考人又は鑑定人の審尋調書及び審判調書その他裁判上証拠となるべき一切のものを含む。)の送付を求めなければならない。 第八十条　第七十七条第一項に規定する訴訟については，公正取引委員会の認定した事実は，これを立証する実質的な証拠があるときには，裁判所を拘束する。 ②　前項に規定する実質的な証拠の有無は，裁判所がこれを判断するものとする。 第八十一条　当事者は，裁判所に対し，当該事件に関係のある新しい証拠の申出をすることができる。ただし，公正取引委員会が認定した事実に関する証拠の申出は，次の各号の一に該当することを理由とするものであることを要する。 　一　公正取引委員会が，正当な理由がなくて，当該証拠を採用しなかつた場合 　二　公正取引委員会の審判に際して当該証拠を提出することができず，かつ，これを提出できなかつたことについて重大な過失がなかつた場合 ②　前項ただし書に規定する証拠の申出については，当事者において，同項各号の一に該当する事実を明らかにしなければならない。 ③　裁判所は，第一項ただし書に規定する証拠の申出に理由があり，当該証拠を取り調べる必要があると認めるときは，公正取引委員会に対し，当該事件を差し戻し，当該証拠を取り調べた上適当な措置をとるべきことを命じなけ

改　正　後	改　正　前
	ればならない。 第八十二条　裁判所は，公正取引委員会の審決が，次の各号のいずれかに該当する場合には，これを取り消すことができる。 　一　審決の基礎となつた事実を立証する実質的な証拠がない場合 　二　審決が憲法その他の法令に違反する場合 ②　公正取引委員会は，審決（第六十六条の規定によるものに限る。）の取消しの判決が確定したときは，判決の趣旨に従い，改めて審判請求に対する審決をしなければならない。 第八十三条　裁判所は，公正取引委員会の審決（第六十七条及び第七十条の十二第一項の規定によるものに限る。）を取り消すべき場合において，さらに審判をさせる必要があると認めるときは，その理由を示して事件を公正取引委員会に差し戻すことができる。
第七十八条　（略） ②　（略）	第八十三条の二　（略） ②　（略）
第七十九条　（略） ②・③　（略）	第八十三条の三　（略） ②・③　（略）
第八十条　（略） ②〜④　（略）	第八十三条の四　（略） ②〜④　（略）
第八十一条　（略） ②〜⑤　（略）	第八十三条の五　（略） ②〜⑤　（略）
第八十二条　（略） ②〜⑤　（略）	第八十三条の六　（略） ②〜⑤　（略）
第八十三条　（略） ②・③　（略）	第八十三条の七　（略） ②・③　（略）

資料1-1 私的独占の禁止及び公正取引の確保に関する法律の一部を改正する法律（平成25年法律第100号）新旧対照条文

改　正　後	改　正　前
第八十四条の四　前条に規定する罪に係る事件について，刑事訴訟法（昭和二十三年法律第百三十一号）第二条の規定により第八十四条の二第一項各号に掲げる裁判所が管轄権を有する場合には，それぞれ当該各号に定める裁判所も，その事件を管轄することができる。	第八十四条の四　前条に規定する罪に係る事件について，刑事訴訟法第二条の規定により第八十四条の二第一項各号に掲げる裁判所が管轄権を有する場合には，それぞれ当該各号に定める裁判所も，その事件を管轄することができる。
<u>第八十五条　次に掲げる訴訟及び事件は，東京地方裁判所の管轄に専属する。</u> <u>一　排除措置命令等に係る行政事件訴訟法第三条第一項に規定する抗告訴訟</u> <u>二　第七十条の四第一項，第七十条の五第一項及び第二項，第九十七条並びに第九十八条に規定する事件</u>	第八十五条　次の各号のいずれかに該当する訴訟については，第一審の裁判権は，東京高等裁判所に属する。 一　公正取引委員会の審決に係る行政事件訴訟法第三条第一項に規定する抗告訴訟（同条第五項から第七項までに規定する訴訟を除く。） 二　第二十五条の規定による損害賠償に係る訴訟
<u>第八十五条の二　第二十五条の規定による損害賠償に係る訴訟の第一審の裁判権は，東京地方裁判所に属する。</u>	
第八十六条　<u>東京地方裁判所は，第八十五条各号に掲げる訴訟及び事件並びに前条に規定する訴訟については，三人の裁判官の合議体で審理及び裁判をする。</u> ②　<u>前項の規定にかかわらず，東京地方裁判所は，同項の訴訟及び事件について，五人の裁判官の合議体で審理及び裁判をする旨の決定をその合議体ですることができる。</u> ③　<u>前項の場合には，判事補は，同時に三人以上合議体に加わり，又は裁判長となることができない。</u>	第八十六条　第七十条の六第一項，第七十条の七第一項（第七十条の十四第二項において準用する場合を含む。），第七十条の十三第一項，第九十七条及び第九十八条に規定する事件は，東京高等裁判所の専属管轄とする。
第八十七条　<u>東京地方裁判所がした第八十五条第一号に掲げる訴訟若しくは第八十五条の二に規定する訴訟について</u>	第八十七条　東京高等裁判所に，第八十五条に掲げる訴訟事件及び前条に掲げる事件のみを取り扱う裁判官の合議体

改　正　後	改　正　前
の終局判決に対する控訴又は第八十五条第二号に掲げる事件についての決定に対する抗告が提起された東京高等裁判所においては，当該控訴又は抗告に係る事件について，五人の裁判官の合議体で審理及び裁判をする旨の決定をその合議体ですることができる。	を設ける。 ② 　前項の合議体の裁判官の員数は，これを五人とする。
第八十八条　排除措置命令等に係る行政事件訴訟法第三条第一項に規定する抗告訴訟については，国の利害に関係のある訴訟についての法務大臣の権限等に関する法律（昭和二十二年法律第百九十四号）第六条の規定は，適用しない。	第八十八条　公正取引委員会の審決に係る行政事件訴訟法第三条第一項に規定する抗告訴訟については，国の利害に関係のある訴訟についての法務大臣の権限等に関する法律（昭和二十二年法律第百九十四号）第六条の規定は，適用しない。
第九十条　次の各号のいずれかに該当するものは，二年以下の懲役又は三百万円以下の罰金に処する。 　一・二　（略） 　三　排除措置命令又は競争回復措置命令が確定した後においてこれに従わないもの	第九十条　次の各号のいずれかに該当するものは，二年以下の懲役又は三百万円以下の罰金に処する。 　一・二　（略） 　三　排除措置命令又は第六十五条若しくは第六十七条第一項の審決が確定した後においてこれに従わないもの
	第九十二条の二　第六十二条において読み替えて準用する刑事訴訟法第百五十四条又は第百六十六条の規定により宣誓した参考人又は鑑定人が虚偽の陳述又は鑑定をしたときは，三月以上十年以下の懲役に処する。 ② 　前項の罪を犯した者が，審判手続終了前であつて，かつ，犯罪の発覚する前に自白したときは，その刑を減軽又は免除することができる。
第九十四条　次の各号のいずれかに該当する者は，一年以下の懲役又は三百万円以下の罰金に処する。 　一　第四十七条第一項第一号又は第二	第九十四条　次の各号のいずれかに該当する者は，一年以下の懲役又は三百万円以下の罰金に処する。 　一　第四十七条第一項第一号若しくは

資料1-1 私的独占の禁止及び公正取引の確保に関する法律の一部を改正する法律（平成25年法律第100号）新旧対照条文

改　正　後	改　正　前
項の規定による事件関係人又は参考人に対する処分に違反して出頭せず，陳述をせず，若しくは虚偽の陳述をし，又は報告をせず，若しくは虚偽の報告をした者 二　第四十七条第一項第二号又は第二項の規定による鑑定人に対する処分に違反して出頭せず，鑑定をせず，又は虚偽の鑑定をした者 三　第四十七条第一項第三号又は第二項の規定による物件の所持者に対する処分に違反して物件を提出しない者 四　第四十七条第一項第四号又は第二項の規定による検査を拒み，妨げ，又は忌避した者 第九十四条の二　第四十条の規定による処分に違反して出頭せず，報告，情報若しくは資料を提出せず，又は虚偽の報告，情報若しくは資料を提出した者は，二十万円以下の罰金に処する。 第九十八条　第七十条の四第一項の規定による裁判に違反したものは，三十万円以下の過料に処する。	第二項又は第五十六条第一項の規定による事件関係人又は参考人に対する処分に違反して出頭せず，陳述をせず，若しくは虚偽の陳述をし，又は報告をせず，若しくは虚偽の報告をした者 二　第四十七条第一項第二号若しくは第二項又は第五十六条第一項の規定による鑑定人に対する処分に違反して出頭せず，鑑定をせず，又は虚偽の鑑定をした者 三　第四十七条第一項第三号若しくは第二項又は第五十六条第一項の規定による物件の所持者に対する処分に違反して物件を提出しない者 四　第四十七条第一項第四号若しくは第二項又は第五十六条第一項の規定による検査を拒み，妨げ，又は忌避した者 第九十四条の二　次の各号のいずれかに該当する者は，二十万円以下の罰金に処する。 一　第四十条の規定による処分に違反して出頭せず，報告，情報若しくは資料を提出せず，又は虚偽の報告，情報若しくは資料を提出した者 二　第六十二条において読み替えて準用する刑事訴訟法第百五十四条又は第百六十六条の規定による参考人又は鑑定人に対する命令に違反して宣誓をしない者 第九十八条　第七十条の十三第一項の規定による裁判に違反したものは，三十万円以下の過料に処する。

○中小企業庁設置法（昭和23年法律第83号）（附則第17条関係）

（下線部分は改正部分）

改　正　後	改　正　前
（所掌事務等） 第四条　（略） ②～⑦　（略） ⑧　公正取引委員会は，中小企業等協同組合が私的独占の禁止及び公正取引の確保に関する法律（昭和二十二年法律第五十四号）第二十二条各号の要件を備える組合でないと認める場合又は中小企業等協同組合の組合員が実質的に小規模の事業者でないと認める場合において，同法第五十条第一項の規定による通知をしたときは，その旨を中小企業庁に通知しなければならない。 ⑨　（略）	（所掌事務等） 第四条　（略） ②～⑦　（略） ⑧　公正取引委員会は，中小企業等協同組合が私的独占の禁止及び公正取引の確保に関する法律（昭和二十二年法律第五十四号）第二十二条各号の要件を備える組合でないと認める場合又は中小企業等協同組合の組合員が実質的に小規模の事業者でないと認める場合において，同法第四十九条第五項の規定による通知をしたときは，その旨を中小企業庁に通知しなければならない。 ⑨　（略）

○輸出入取引法（昭和27年法律第299号）（附則第17条関係）

（下線部分は改正部分）

改　正　後	改　正　前
（公正取引委員会との関係） 第三十四条　（略） ②　（略） ③　公正取引委員会は，前条第一項第一号に該当すると認める場合において，私的独占の禁止及び公正取引の確保に関する法律第五十条第一項の規定による通知をしようとするときは，あらかじめ，経済産業大臣に協議しなければならない。 ④～⑥　（略）	（公正取引委員会との関係） 第三十四条　（略） ②　（略） ③　公正取引委員会は，前条第一項第一号に該当すると認める場合において，私的独占の禁止及び公正取引の確保に関する法律第四十九条第五項の規定による通知をしようとするときは，あらかじめ，経済産業大臣に協議しなければならない。 ④～⑥　（略）

資料1-1 私的独占の禁止及び公正取引の確保に関する法律の一部を改正する法律（平成25年法律第100号）新旧対照条文

○水産業協同組合法（昭和23年法律第242号）（附則第18条関係）

（下線部分は改正部分）

改　正　後	改　正　前
（公正取引委員会の排除措置命令による脱退） 第九十五条の二　組合員は，第九十六条第二項で準用する第二十七条第一項各号に掲げる事由によるほか，次条及び第九十五条の四の規定による公正取引委員会の確定した排除措置命令によつて脱退する。 第九十五条の四　前条の場合については，私的独占禁止法第四十条から第四十二条まで，第四十五条，第四十七条から第六十一条まで，第六十五条第一項及び第二項，第六十六条から第六十八条まで，第七十条の三第三項及び第四項，第七十条の六，第七十条の七，第七十条の九から第七十条の十二まで，第七十五条から第七十七条まで，第八十五条（第一号に係る部分に限る。），第八十六条，第八十七条並びに第八十八条の規定を準用する。 第百三十二条　削除	（公正取引委員会の排除措置命令による脱退） 第九十五条の二　組合員は，第九十六条第二項で準用する第二十七条第一項各号に掲げる事由によるほか，次条から第九十五条の五までの規定による公正取引委員会の確定した排除措置命令によつて脱退する。 第九十五条の四　前条の場合については，私的独占禁止法第四十条から第四十二条まで，第四十五条，第四十七条から第四十九条まで，第五十二条，第五十五条第一項及び第三項から第五項まで，第五十六条から第五十八条まで，第五十九条第一項，第六十条から第六十四条まで，第六十六条，第六十八条，第六十九条第一項及び第二項，第七十条，第七十条の二第一項から第三項まで，第七十条の三から第七十条の五まで，第七十条の八，第七十条の十二第二項，第七十条の十五から第七十条の十七まで，第七十条の十九から第七十条の二十二まで，第七十五条から第八十二条まで並びに第八十八条の規定を準用する。 （東京高等裁判所の管轄権） 第九十五条の五　前条の規定による公正取引委員会の審決に係る訴訟については，第一審の裁判権は，東京高等裁判所に属する。 ②　前項に掲げる訴訟事件は，私的独占禁止法第八十七条第一項の規定により東京高等裁判所に設けられた裁判官の合議体が取り扱うものとする。 第百三十二条　第九十五条の四において

改 正 後	改 正 前
	準用する私的独占禁止法第六十二条において読み替えて準用する刑事訴訟法（昭和二十三年法律第百三十一号）第百五十四条又は第百六十六条の規定により宣誓した参考人又は鑑定人が虚偽の陳述又は鑑定をしたときは，三月以上十年以下の懲役に処する。 <u>②　前項の罪を犯した者が，審判手続終了前であつて，かつ，犯罪の発覚する前に自白したときは，その刑を軽減し，又は免除することができる。</u>
第百三十三条　次の各号のいずれかに該当する者は，一年以下の懲役又は三百万円以下の罰金に処する。 一　第九十五条の四において準用する私的独占禁止法第四十七条第一項第一号<u>又は第二項</u>の規定による事件関係人又は参考人に対する処分に違反して出頭せず，陳述をせず，若しくは虚偽の陳述をし，又は報告をせず，若しくは虚偽の報告をした者 二　第九十五条の四において準用する私的独占禁止法第四十七条第一項第二号<u>又は第二項</u>の規定による鑑定人に対する処分に違反して出頭せず，鑑定をせず，又は虚偽の鑑定をした者 三　第九十五条の四において準用する私的独占禁止法第四十七条第一項第三号<u>又は第二項</u>の規定による物件の所持者に対する処分に違反して物件を提出しない者 四　第九十五条の四において準用する私的独占禁止法第四十七条第一項第四号<u>又は第二項</u>の規定による検査を拒み，妨げ，又は忌避した者	第百三十三条　次の各号のいずれかに該当する者は，一年以下の懲役又は三百万円以下の罰金に処する。 一　第九十五条の四において準用する私的独占禁止法第四十七条第一項第一号<u>若しくは第二項又は第五十六条第一項</u>の規定による事件関係人又は参考人に対する処分に違反して出頭せず，陳述をせず，若しくは虚偽の陳述をし，又は報告をせず，若しくは虚偽の報告をした者 二　第九十五条の四において準用する私的独占禁止法第四十七条第一項第二号<u>若しくは第二項又は第五十六条第一項</u>の規定による鑑定人に対する処分に違反して出頭せず，鑑定をせず，又は虚偽の鑑定をした者 三　第九十五条の四において準用する私的独占禁止法第四十七条第一項第三号<u>若しくは第二項又は第五十六条第一項</u>の規定による物件の所持者に対する処分に違反して物件を提出しない者 四　第九十五条の四において準用する私的独占禁止法第四十七条第一項第四号<u>若しくは第二項又は第五十六条第一項</u>の規定による検査を拒み，妨げ，又は忌避した者

資料1-1 私的独占の禁止及び公正取引の確保に関する法律の一部を改正する法律（平成25年法律第100号）新旧対照条文

改 正 後	改 正 前
第百三十四条　第九十五条の四において準用する私的独占禁止法第四十条の規定による処分に違反して出頭せず，報告，情報若しくは資料を提出せず，又は虚偽の報告，情報若しくは資料を提出した者は，二十万円以下の罰金に処する。	第百三十四条　次の各号のいずれかに該当する者は，二十万円以下の罰金に処する。 一　第九十五条の四において準用する私的独占禁止法第四十条の規定による処分に違反して出頭せず，報告，情報若しくは資料を提出せず，又は虚偽の報告，情報若しくは資料を提出した者 二　第九十五条の四において準用する私的独占禁止法第六十二条において読み替えて準用する刑事訴訟法第百五十四条又は第百六十六条の規定による参考人又は鑑定人に対する命令に違反して宣誓をしない者

＜参考＞独立行政法人通則法の一部を改正する法律の施行に伴う関係法律の整備に関する法律（平成26年法律第67号）＊新旧対照条文

＊本法は，平成27年4月1日（平成25年独占禁止法改正法の施行期日と同日）に施行された。

○私的独占の禁止及び公正取引の確保に関する法律（昭和22年法律第54号）

（下線部分は改正部分）

改 正 後	改 正 前
第二十三条　（略） ②～④　（略） ⑤　第一項又は前項に規定する販売の相手方たる事業者には，次に掲げる法律の規定に基づいて設立された団体を含まないものとする。ただし，第七号及び第十号に掲げる法律の規定に基づいて設立された団体にあつては，事業協同組合，事業協同小組合，協同組合連合会，商工組合又は商工組合連合会が	第二十三条　（略） ②～④　（略） ⑤　第一項又は前項に規定する販売の相手方たる事業者には，次に掲げる法律の規定に基づいて設立された団体を含まないものとする。ただし，第七号及び第十号に掲げる法律の規定に基づいて設立された団体にあつては，事業協同組合，事業協同小組合，協同組合連合会，商工組合又は商工組合連合会が

改 正 後	改 正 前
当該事業協同組合，協同組合連合会，商工組合又は商工組合連合会を直接又は間接に構成する者の消費の用に供する第二項に規定する商品又は前項に規定する物を買い受ける場合に限る。 一～四　（略） 五　行政執行法人の労働関係に関する法律（昭和二十三年法律第二百五十七号） 六～十三　（略） ⑥　（略）	当該事業協同組合，協同組合連合会，商工組合又は商工組合連合会を直接又は間接に構成する者の消費の用に供する第二項に規定する商品又は前項に規定する物を買い受ける場合に限る。 一～四　（略） 五　特定独立行政法人の労働関係に関する法律（昭和二十三年法律第二百五十七号） 六～十三　（略） ⑥　（略）

資料1-2　私的独占の禁止及び公正取引の確保に関する法律施行令等の一部を改正する政令（平成27年政令第15号）新旧対照条文

○私的独占の禁止及び公正取引の確保に関する法律施行令（昭和52年政令第317号）
（下線部分は改正部分）

改 正 後	改 正 前
（法第七十条第二項の政令で定める割合） 第三十二条　法第七十条第二項の政令で定める割合は，年七・二五パーセントとする。ただし，各年の特例基準割合（各年の前年の十一月三十日を経過する時における日本銀行法（平成九年法律第八十九号）第十五条第一項第一号の規定により定められる商業手形の基準割引率に年四パーセントの割合を加算した割合をいう。以下この条において同じ。）が年七・二五パーセントの割合に満たない場合には，その年中においては，当該特例基準割合（当該特例基準割合に〇・一パーセント未満の端数があるときは，これを切り捨てる。）とする。	（法第七十条の九第三項及び第七十条の十第三項の政令で定める割合） 第三十二条　法第七十条の九第三項及び第七十条の十第三項の政令で定める割合は，年七・二五パーセントとする。ただし，各年の特例基準割合（各年の前年の十一月三十日を経過する時における日本銀行法（平成九年法律第八十九号）第十五条第一項第一号の規定により定められる商業手形の基準割引率に年四パーセントの割合を加算した割合をいう。以下この条において同じ。）が年七・二五パーセントの割合に満たない場合には，その年中においては，当該特例基準割合（当該特例基準割合に〇・一パーセント未満の端数があるときは，これを切り捨てる。）とする。

資料1-2 私的独占の禁止及び公正取引の確保に関する法律施行令等の一部を改正する政令(平成27年政令第15号)新旧対照条文

改　正　後	改　正　前
(課徴金の一部納付があつた場合の延滞金の額の計算等) 第三十三条　(略) 2　法第六十九条第二項の規定により延滞金を併せて納付すべき場合において,事業者の納付した金額がその延滞金の額の計算の基礎となる課徴金の額に達するまでは,その納付した金額は,まずその計算の基礎となる課徴金に充てられたものとする。	(課徴金の一部納付があつた場合の延滞金の額の計算等) 第三十三条　(略) 2　法第七十条の九第三項の規定により延滞金を併せて納付すべき場合において,事業者の納付した金額がその延滞金の額の計算の基礎となる課徴金の額に達するまでは,その納付した金額は,まずその計算の基礎となる課徴金に充てられたものとする。

○私的独占の禁止及び公正取引の確保に関する法律の調査手続における参考人及び鑑定人の旅費及び手当に関する政令(昭和23年政令第332号)

(下線部分は改正部分)

改　正　後	改　正　前
私的独占の禁止及び公正取引の確保に関する法律の調査手続における参考人及び鑑定人の旅費及び手当に関する政令	公正取引委員会の審判費用等に関する政令

○私的独占の禁止及び公正取引の確保に関する法律第47条第2項の審査官の指定に関する政令(昭和28年政令第264号)　　(下線部分は改正部分)

改　正　後	改　正　前
私的独占の禁止及び公正取引の確保に関する法律第四十七条第二項の規定による審査官の指定は,事件ごとに,公正取引委員会事務総局の審査局(犯則審査部を除く。)並びに地方事務所及びその支所の職員のうち,事件の審査を行うため必要な法律及び経済に関する知識経験を有するものについて行うものとする。	私的独占の禁止及び公正取引の確保に関する法律第四十七条第二項の規定による審査官の指定は,事件ごとに,公正取引委員会事務総局の審査局(犯則審査部を除く。)並びに地方事務所及びその支所の職員のうち,事件の審査を行い,及び審判に立ち会うため必要な法律及び経済に関する知識経験を有するものについて行うものとする。

資料1-3 公正取引委員会の意見聴取に関する規則
（平成27年公正取引委員会規則第1号）

　私的独占の禁止及び公正取引の確保に関する法律（昭和二十二年法律第五十四号）第五十二条第一項（同法第六十二条第四項において読み替えて準用する場合並びに第六十四条第四項及び第七十条の三第二項において準用する場合を含む。）及び第七十六条第一項の規定に基づき，公正取引委員会の意見聴取に関する規則を次のように定める。

（この規則の趣旨・定義）
第一条　公正取引委員会（以下「委員会」という。）が行う意見聴取の手続については，私的独占の禁止及び公正取引の確保に関する法律（昭和二十二年法律第五十四号）（水産業協同組合法（昭和二十三年法律第二百四十二号）第九十五条の四及び中小企業等協同組合法（昭和二十四年法律第百八十一号）第百八条において準用する場合を含む。以下「法」という。）に定めるもののほか，この規則の定めるところによる。
2　この規則において使用する用語であって，法において使用する用語と同一のものは，これと同一の意義において使用するものとする。

（期間の計算）
第二条　期間の計算については，民法（明治二十九年法律第八十九号）の期間に関する規定に従う。
2　期間の末日が行政機関の休日に関する法律（昭和六十三年法律第九十一号）第一条第一項各号に掲げる日に当たるときは，期間は，その翌日に満了する。

（用語）
第三条　意見聴取の手続においては，日本語を用いる。
2　日本語に通じない者が陳述をしようとする場合には，通訳人に通訳をさせなければならない。
3　法第五十四条第二項又は法第五十五条（これらの規定を法第六十二条第四項において読み替えて準用する場合又は法第六十四条第四項若しくは法第七十条の三第二項において準用する場合を含む。）の規定により提出する証拠が日本語で作成されていないときは，当該証拠により証明しようとする事実に関する部分についてその日本語による翻訳文を添付しなければならない。

(公示送達の方法)
第四条　委員会は，公示送達があったことを官報又は新聞紙に掲載することができる。外国においてすべき送達については，委員会は，官報又は新聞紙への掲載に代えて，公示送達があったことを通知することができる。

(文書の作成)
第五条　意見聴取の手続において作成する文書には，年月日を記載して記名押印しなければならない。

(文書の訂正)
第六条　意見聴取の手続において文書を作成するには，文字を改変してはならない。文字を加え，削り，又は欄外に記載したときは，これに認印しなければならない。この場合において，削った部分は，これを読むことができるように字体を残さなければならない。

(ファクシミリ装置を用いた文書の提出)
第七条　意見聴取の手続において提出する文書は，次に掲げるものを除き，ファクシミリ装置を用いて送信することにより提出することができる。
　一　法第五十五条（法第六十二条第四項において読み替えて準用する場合又は法第六十四条第四項若しくは法第七十条の三第二項において準用する場合を含む。）に規定する陳述書及び証拠
　二　第十一条第一項及び第二項に規定する書面その他の意見聴取の手続上重要な事項を証明する文書
２　ファクシミリ装置を用いて文書が提出された場合は，委員会が受信した時に，当該文書が委員会又は指定職員に提出されたものとみなす。
３　委員会又は指定職員は，前項に規定する場合において，必要があると認めるときは，ファクシミリ装置を用いて文書を提出した者に対し，送信に使用した文書を提出させることができる。

(情報の電磁的方法による提供)
第八条　指定職員は，必要があると認める場合において，当事者が指定職員に提出した書面又は提出しようとする書面に記載した情報の内容を記録した電磁的記録（電子的方式，磁気的方式その他人の知覚によっては認識することができない方式で作られる記録であって，電子計算機による情報処理の用に供されるものをいう。以下この条において同じ。）を有しているときは，当該当事者に対し，当該

電磁的記録に記録された情報を電磁的方法（電子情報処理組織を使用する方法その他の情報通信の技術を利用する方法をいう。）であって指定職員の定めるものにより指定職員に提供することを求めることができる。

（意見聴取の通知）
第九条　法第五十条第一項の規定による通知は，排除措置命令の名宛人となるべき者に対し，同項各号及び同条第二項各号に掲げる事項，事件名並びに意見聴取に係る事件について委員会の認定した事実を立証する証拠の標目を記載した文書を送達して行うものとする。

（意見聴取の期日等の変更）
第十条　委員会が法第五十条第一項の規定による通知をした場合において，当事者は，やむを得ない理由がある場合には，指定職員に対し書面で意見聴取の期日又は場所の変更を申し出ることができる。
2　前項の申出については，その理由を記載した申出書を指定職員に提出して行うものとする。
3　指定職員は，第一項の申出により，又は職権により，意見聴取の期日又は場所を変更することができる。
4　指定職員は，前項の規定により意見聴取の期日又は場所を変更したときは，速やかに，書面でその旨を当事者に通知しなければならない。
5　前四項の規定は，指定職員が法第五十六条第二項（法第五十九条第二項の規定により準用する場合を含む。）の規定による通知をした場合について準用する。

（代理人）
第十一条　代理人の資格は，書面で証明しなければならない。
2　代理人がその資格を失ったときは，当該代理人を選任した当事者は，速やかに，書面でその旨を委員会に届け出なければならない。

（証拠の閲覧の手続）
第十二条　法第五十二条第一項の規定による閲覧の求めについては，当事者は，様式第一号による書面を委員会に提出して行うものとする。
2　委員会は，法第五十二条第一項の閲覧について，その方法を指定することができる。
3　委員会は，法第五十二条第三項の規定により閲覧について日時及び場所を指定したとき並びに前項の規定により閲覧の方法を指定したときは，速やかに，その

旨を当事者に通知しなければならない。この場合において，委員会は，指定する日時，場所及び方法について，意見聴取の期日における当該当事者による意見陳述等（法第五十六条第一項に規定する「当事者による意見陳述等」をいう。以下同じ。）の準備を妨げることがないよう配慮するものとする。
4 委員会は，当事者に対し，法第五十二条第二項の証拠の標目を書面で通知しなければならない。
5 第一項から第三項までの規定は，法第五十二条第二項の閲覧について準用する。
6 指定職員は，法第五十二条第二項の閲覧について日時が指定されたときは，法第五十六条第一項の規定に基づき，当該閲覧の日時以降の日を新たな意見聴取の期日として定めるものとする。

（証拠の謄写の手続）
第十三条 法第五十二条第一項に規定する公正取引委員会規則で定めるものは，意見聴取に係る事件について委員会の認定した事実を立証する証拠のうち，次に掲げるものとする。
 一 法第四十七条第一項第三号の規定により当事者又はその従業員に提出を命じた場合において提出された帳簿書類その他の物件及び当事者又はその従業員が任意に提出した帳簿書類その他の物件
 二 法第百一条第一項の規定により当事者又はその従業員が任意に提出し又は置き去った物件を領置した場合におけるその領置した物件及び法第百二条第一項又は第二項の規定により当事者又はその従業員から差し押さえた物件
 三 法第四十七条第一項第一号の規定により当事者又はその従業員を審尋した場合におけるその公正取引委員会の審査に関する規則（平成十七年公正取引委員会規則第五号）第十一条第一項に規定する審尋調書及び当事者又はその従業員が任意に供述した場合におけるその同規則第十三条第一項に規定する供述調書
 四 法第百一条第一項の規定により当事者又はその従業員に対して質問した場合におけるその結果を記載した調書
2 前条の規定は，法第五十二条第一項及び第二項の謄写について準用する。

（意見聴取を主宰する職員の指定の手続）
第十四条 法第五十三条第一項に規定する意見聴取を主宰する職員の指定は，法第五十条第一項の規定による通知の時までに行うものとする。
2 指定職員が死亡し又は心身の故障その他の事由により意見聴取を継続することができなくなったときは，委員会は，速やかに，新たな職員を指定しなければな

らない。
3　委員会は，法第十七条の二の規定による命令をしようとするときは，法第五十三条第二項に定める職員のほか，同条第一項に規定する事件に係る報告書若しくは届出の受理に関する事務又は議決権の取得若しくは保有の認可並びにこれらの取消し及び変更に関する事務に従事したことのある職員を意見聴取を主宰する職員として指定することができない。
4　委員会は，指定職員を指定したときは，指定職員の氏名を当事者に通知しなければならない。

（事務補助者）
第十五条　委員会は，その職員に指定職員の事務の補助を行わせることができる。
2　法第五十三条第二項及び前条第三項の規定は，前項の場合に準用する。

（期日に先立つ書面等の提出）
第十六条　指定職員は，必要があると認めるときは，意見聴取の期日に先立ち，当事者に対し，法第五十四条第二項の規定により期日において陳述しようとする事項を記載した書面，提出しようとする証拠又は審査官等に対し質問しようとする事項を記載した書面の提出を求めることができる。

（意見聴取の期日における意見陳述等の制限及び秩序維持）
第十七条　指定職員は，意見聴取の期日に出頭した者が意見聴取に係る事件の範囲を超えて，意見を陳述し，又は証拠を提出するときその他意見聴取の適正な進行を図るためにやむを得ないと認めるときは，その者に対し，その意見の陳述又は証拠の提出を制限することができる。
2　指定職員は，前項に規定する場合のほか，意見聴取の期日における秩序を維持するため，意見聴取の進行を妨害し，又はその秩序を乱す者に対し退場を命ずる等適当な措置をとることができる。

（証拠の提出方法）
第十八条　法第五十四条第二項又は法第五十五条の規定による証拠の提出は，当事者の氏名又は名称，住所又は所在地，事件名，証拠の標目及び証明すべき事項を記載した書面を添付して行うものとする。この場合において，供述を証拠として提出するときは，供述者が署名押印した文書をもって行わなければならない。

資料1-3 公正取引委員会の意見聴取に関する規則（平成27年公正取引委員会規則第1号）

（陳述書の記載事項）
第十九条　法第五十五条の規定による陳述書の提出は，当事者の氏名又は名称，住所又は所在地，事件名並びに法第五十条第一項第一号及び第二号に掲げる事項についての意見を記載した書面により行うものとする。

（意見聴取調書及び意見聴取報告書の記載事項等）
第二十条　法第五十八条第一項に規定する調書（以下「意見聴取調書」という。）には，次に掲げる事項を記載しなければならない。
　一　事件名
　二　当事者の氏名又は名称
　三　意見聴取の期日及び場所
　四　指定職員の氏名及び職名
　五　第十五条第一項の職員の氏名及び職名
　六　意見聴取の期日に出頭した者の氏名及び職名，立ち会った通訳人の氏名並びに出席した審査官等の氏名及び職名
　七　当事者が意見聴取の期日に出頭しなかった場合にあっては，出頭しなかったことについての正当な理由の有無
　八　法第五十四条第一項の審査官等による説明の要旨及び意見聴取の期日における当事者による意見陳述等の経過
　九　法第五十条第一項第一号及び第二号に掲げる事項に対する当事者の陳述（法第五十五条の規定により提出された陳述書における意見の陳述を含む。）の要旨
　十　証拠が提出された場合にあっては，その標目
　十一　その他参考となるべき事項
2　意見聴取調書には，法第五十八条第三項に規定する証拠（法第五十五条の規定により陳述書及び証拠が提出されたときは，当該提出された陳述書及び証拠）のほか，第十六条の規定により書面が提出されたときは，当該書面を添付しなければならない。
3　意見聴取調書には，書面，図画，写真その他指定職員が適当と認めるものを引用し，これを添付して当該調書の一部とすることができる。
4　法第五十八条第四項に規定する報告書（以下「意見聴取報告書」という。）には，次に掲げる事項を記載しなければならない。
　一　事件名
　二　当事者の氏名又は名称
　三　意見聴取に係る事件の論点

5 意見聴取報告書には，書面，図画，写真その他指定職員が適当と認めるものを引用し，これを添付して当該報告書の一部とすることができる。

（意見聴取調書及び意見聴取報告書の作成の通知）
第二十一条 指定職員は，意見聴取調書及び意見聴取報告書を作成したときは，その旨を当事者に通知するものとする。
2 指定職員は，前項の通知をするときは，法第五十八条第五項の規定により前項の意見聴取調書及び意見聴取報告書の閲覧を求めることができる旨を教示するものとする。

（意見聴取調書及び意見聴取報告書の閲覧の手続）
第二十二条 法第五十八条第五項の規定による閲覧の求めについては，当事者は，様式第二号による書面を，意見聴取の終結前にあっては指定職員に，意見聴取の終結後にあっては委員会に提出して行うものとする。ただし，意見聴取の期日における閲覧については，その期日において口頭で求めれば足りる。
2 指定職員又は委員会は，当事者から前項本文の求めがあった場合において，閲覧について日時，場所及び方法を指定したときは，速やかに，その旨を当該当事者に通知しなければならない。

（納付命令に係る意見聴取）
第二十三条 第九条から前条までの規定は，納付命令について準用する。この場合において，第九条及び第十三条第一項中「委員会の認定した事実」とあるのは「課徴金の計算の基礎及び課徴金に係る違反行為」と読み替えるものとする。

（競争回復措置命令に係る意見聴取）
第二十四条 第九条から第二十二条までの規定は，競争回復措置命令について準用する。この場合において，第十四条第三項中「法第十七条の二」とあるのは「法第八条の四」と，「報告書若しくは届出の受理に関する事務又は議決権の取得若しくは保有の認可並びにこれらの取消し及び変更に関する事務」とあるのは「独占的状態に係る事業活動及び経済実態の調査に関する事務」と読み替えるものとする。

（認可の取消し又は変更に係る意見聴取）
第二十五条 第九条から第二十二条までの規定は，法第七十条の三第一項の規定による決定について準用する。この場合において，第十四条第三項中「法第十七条

の二の規定による命令」とあるのは「法第七十条の三第一項の規定による決定」と，「同条第一項に規定する事件に係る報告書若しくは届出の受理に関する事務又は議決権の取得若しくは保有の認可並びにこれらの取消し及び変更に関する事務」とあるのは「当該決定又はこれに係る認可に関する事務」と，第十六条並びに第二十条第一項第六号及び第八号中「審査官等」とあるのは「意見聴取に係る決定に関する事務に従事した職員」と読み替えるものとする。

　　　附　　則
この規則は，私的独占の禁止及び公正取引の確保に関する法律の一部を改正する法律（平成二十五年法律第百号）の施行の日（平成二十七年四月一日）から施行する。

様式第1号（用紙の大きさは日本工業規格A4とする。）

平成　年　月　日

証拠の閲覧・謄写申請書

　私的独占の禁止及び公正取引の確保に関する法律第52条第1項の規定による証拠の閲覧・謄写の申請を以下のとおり行います。
　なお，本申請書による証拠の閲覧・謄写の目的は，意見聴取手続又は排除措置命令等の取消訴訟の準備のためであり，その他の目的のために利用はいたしません。

1　事件名

2　申請者

事業者名（氏名）	
代表者名	㊞
所在地（住所）	

3　閲覧又は謄写対応者

部署名・役職名等	
対応者名	
連絡先	

※　代理人が立会いを行う場合は，委任状を提出してください。

4　閲覧又は謄写希望日時

第1希望日	平成　年　月　日（　）　午前・午後　時～　時頃
第2希望日	平成　年　月　日（　）　午前・午後　時～　時頃

5　閲覧又は謄写を希望する物件（証拠品目録記載事項による。）
　□　証拠品目録記載の全ての証拠について，閲覧を希望する。
　□　証拠品目録記載の証拠のうち，謄写申請可能な全ての証拠について，謄写を希望する。
　□　証拠品目録記載の証拠のうち，次の証拠について，閲覧又は謄写を希望する。

品目番号	品目名	閲覧又は謄写の希望	備考
		□閲覧　□謄写	
		□閲覧　□謄写	
		□閲覧　□謄写	
		□閲覧　□謄写	

※　希望するものに✓を付してください。
注1　用紙が足りない場合には別紙により作成し，本申請書に添付してください。
注2　閲覧又は謄写の際は，必ず私的独占の禁止及び公正取引の確保に関する法律第50条第1項の書面の原本を持参してください。

資料1-3 公正取引委員会の意見聴取に関する規則（平成27年公正取引委員会規則第1号） 199

様式第2号（用紙の大きさは日本工業規格A4とする。）

平成　年　月　日

意見聴取調書・意見聴取報告書の閲覧申請書

　私的独占の禁止及び公正取引の確保に関する法律第58条第5項の規定による意見聴取調書（以下「調書」という。）又は意見聴取報告書（以下「報告書」という。）の閲覧の申請を以下のとおり行います。

1　事件名

2　申請者

事業者名 （氏名）	
代表者名	㊞
所在地 （住所）	

3　閲覧対応者

部署名・役職名等	
対応者名	
連絡先	

※　代理人が立会いを行う場合は，委任状を提出してください。

4　閲覧希望日時

第1希望日	平成　年　月　日（　）	午前・午後　時　～　時頃
第2希望日	平成　年　月　日（　）	午前・午後　時　～　時頃

5　閲覧の対象

	調書のみ希望		報告書のみ希望		調書及び報告書を希望

※　希望するものに○を付してください。

6　調書の閲覧を希望する場合における当該調書に係る意見聴取の期日

平成　年　月　日（　）

注1　用紙が足りない場合には別紙により作成し，本申請書に添付してください。
注2　閲覧の際は，必ず私的独占の禁止及び公正取引の確保に関する法律第50条第1項の書面の原本を持参してください。

200　第1章　関係法令等

資料1-4　私的独占の禁止及び公正取引の確保に関する法律の一部を改正する法律の施行に伴う公正取引委員会関係規則の整備に関する規則（平成27年公正取引委員会規則第2号）新旧対照条文

○私的独占の禁止及び公正取引の確保に関する法律第9条から第16条までの規定による認可の申請，報告及び届出等に関する規則（昭和28年公正取引委員会規則第1号）

（下線部分は改正部分）

改　正　後	改　正　前
（意見書及び資料の提出） 第七条の二　届出会社は，公正取引委員会が企業結合届出書を受理した日から法第五十条第一項又は第九条の規定による通知を行う日までの間，いつでも，公正取引委員会に対し，意見書又は審査に必要と考える資料を提出することができる。 （排除措置命令を行わない旨の通知） 第九条　公正取引委員会は，企業結合届出書に係る株式の取得，合併，分割，株式移転又は事業等の譲受けについて法第五十条第一項の規定による通知をしないこととしたときは，届出会社に対し，様式第四十三号，様式第四十四号，様式第四十五号，様式第四十六号，様式第四十七号又は様式第四十八号による通知書を交付するものとする。 **様式第31号**（用紙の大きさは，日本工業規格A4とする。） 　　　　　　　公　　第　　　号 　　　　　　　平成　年　月　日 　　　殿 　　　　　　　公正取引委員会 　　　報　告　等　要　請　書 　私的独占の禁止及び公正取引の確保に関する法律（以下「法」という。）第10	（意見書及び資料の提出） 第七条の二　届出会社は，公正取引委員会が企業結合届出書を受理した日から法第四十九条第五項又は第九条の規定による通知を行う日までの間，いつでも，公正取引委員会に対し，意見書又は審査に必要と考える資料を提出することができる。 （排除措置命令を行わない旨の通知） 第九条　公正取引委員会は，企業結合届出書に係る株式の取得，合併，分割，株式移転又は事業等の譲受けについて法第四十九条第五項の規定による通知をしないこととしたときは，届出会社に対し，様式第四十三号，様式第四十四号，様式第四十五号，様式第四十六号，様式第四十七号又は様式第四十八号による通知書を交付するものとする。 **様式第31号**（用紙の大きさは，日本工業規格A4とする。） 　　　　　　　公　　第　　　号 　　　　　　　平成　年　月　日 　　　殿 　　　　　　　公正取引委員会 　　　報　告　等　要　請　書 　私的独占の禁止及び公正取引の確保に関する法律（以下「法」という。）第10

資料1-4 私的独占の禁止及び公正取引の確保に関する法律の一部を改正する法律の施行に伴う公正取引委員会関係規則の整備に関する規則（平成27年公正取引委員会規則第2号）新旧対照条文　201

改　正　後	改　正　前
条第2項（同条第5項の規定によりみなして適用する場合を含む。）の規定により提出され，平成　年　月　日付け公　　株第　　　号をもって受理した貴社の株式取得に関する計画に関する調査のため必要がありますから，下記事項について提出してください。 　　　　　　記 注意　公正取引委員会が，法第10条第9項に定めるところにより，法第17条の2の規定により当該株式取得に関する計画に関し必要な措置を命ずるため，<u>法第50条第1項の規定</u>による通知をする場合には，平成　年　月　日から120日を経過した日とこの報告等要請書に基づく全ての報告等を受理した日から90日を経過した日とのいずれか遅い日までの期間内にすることとなる。 様式第32号～様式第36号（様式第31号と同様の改正のため記載略） **様式第37号**（用紙の大きさは，日本工業規格A4とする。） 　　　　　　　公　第　　号 　　　　　　　平成　年　月　日 　　殿 　　　　　　　公正取引委員会 　　　報　告　等　受　理　書 　平成　年　月　日付け公　第　　　号をもって要請した貴社の株	条第2項（同条第5項の規定によりみなして適用する場合を含む。）の規定により提出され，平成　年　月　日付け公　　株第　　　号をもって受理した貴社の株式取得に関する計画に関する調査のため必要がありますから，下記事項について提出してください。 　　　　　　記 注意　公正取引委員会が，法第10条第9項に定めるところにより，法第17条の2の規定により当該株式取得に関する計画に関し必要な措置を命ずるため，<u>法第49条第5項</u>の規定による通知をする場合には，平成　年　月　日から120日を経過した日とこの報告等要請書に基づく全ての報告等を受理した日から90日を経過した日とのいずれか遅い日までの期間内にすることとなる。 様式第32号～様式第36号（様式第31号と同様の改正のため記載略） **様式第37号**（用紙の大きさは，日本工業規格A4とする。） 　　　　　　　公　第　　号 　　　　　　　平成　年　月　日 　　殿 　　　　　　　公正取引委員会 　　　報　告　等　受　理　書 　平成　年　月　日付け公　第　　　号をもって要請した貴社の株

改 正 後	改 正 前
式取得に関する計画に関する報告等は，平成　年　月　日受理しました。 　なお，私的独占の禁止及び公正取引の確保に関する法律第10条第9項に定めるところにより，公正取引委員会が，同法第17条の2の規定により当該株式取得に関する計画に関し必要な措置を命ずるため同法第<u>50条第1項</u>の規定による通知をする<u>ことができる期間</u>は，平成　年　月　日までとなります。	式取得に関する計画に関する報告等は，平成　年　月　日受理しました。 　なお，私的独占の禁止及び公正取引の確保に関する法律第10条第9項に定めるところにより，公正取引委員会が，同法第17条の2の規定により当該株式取得に関する計画に関し必要な措置を命ずるため同法第49条第5項の規定による通知をすることができる期間は，平成　年　月　日までとなります。
様式第38号〜様式第42号（様式第37号と同様の改正のため記載略）	様式第38号〜様式第42号（様式第37号と同様の改正のため記載略）
様式第43号（用紙の大きさは，日本工業規格A4とする。） 　　　　　　　　　公　　第　　号 　　　　　　　　　平成　年　月　日 　　殿 　　　　　　　　　公正取引委員会 　　排除措置命令を行わない旨の通知書 　私的独占の禁止及び公正取引の確保に関する法律第10条第2項（同条第5項の規定によりみなして適用する場合を含む。）の規定により提出され，平成　年　月　日付け公　株第　号をもって受理した貴社の株式取得に関する計画については，同法第<u>50条第1項</u>の規定による通知をしないこととしましたので，昭和28年公正取引委員会規則第1号第9条の規定により，その旨を通知します。	**様式第43号**（用紙の大きさは，日本工業規格A4とする。） 　　　　　　　　　公　　第　　号 　　　　　　　　　平成　年　月　日 　　殿 　　　　　　　　　公正取引委員会 　　排除措置命令を行わない旨の通知書 　私的独占の禁止及び公正取引の確保に関する法律第10条第2項（同条第5項の規定によりみなして適用する場合を含む。）の規定により提出され，平成　年　月　日付け公　株第　号をもって受理した貴社の株式取得に関する計画については，同法第49条第5項の規定による通知をしないこととしましたので，昭和28年公正取引委員会規則第1号第9条の規定により，その旨を通知します。
様式第44号〜様式第48号（様式第43号と同様の改正のため記載略）	様式第44号〜様式第48号（様式第43号と同様の改正のため記載略）

○課徴金の納付の督促状の様式等に関する規則（昭和52年公正取引委員会規則第4号）

（下線部分は改正部分）

改　正　後	改　正　前
（課徴金の納付の督促） 第一条　私的独占の禁止及び公正取引の確保に関する法律（昭和二十二年法律第五十四号。以下「法」という。）第六十九条第一項の規定による課徴金の納付の督促は，様式第一号の督促状を送達して行うものとする。 （滞納処分を行う職員の身分証明書） 第二条　法第六十九条第四項の規定により滞納処分を行う職員が携帯する身分証明書は，様式第二号のとおりとする。	（課徴金の納付の督促） 第一条　私的独占の禁止及び公正取引の確保に関する法律（昭和二十二年法律第五十四号。以下「法」という。）第七十条の九第一項及び第二項の規定による課徴金の納付の督促は，様式第一号の督促状を送達して行うものとする。 （滞納処分を行う職員の身分証明書） 第二条　法第七十条の九第五項の規定により滞納処分を行う職員が携帯する身分証明書は，様式第二号のとおりとする。

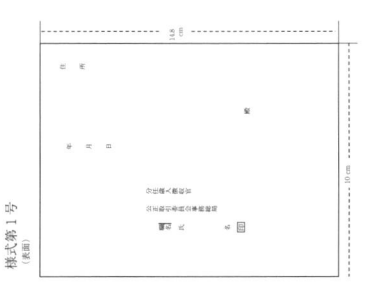

204　第1章　関係法令等

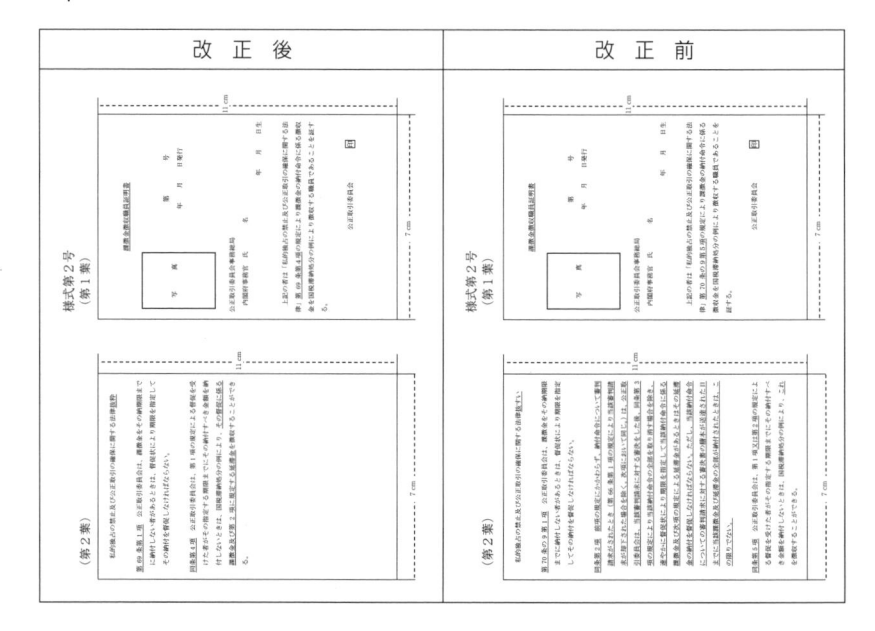

改　正　後	改　正　前
（様式第2号（第1条））	（様式第2号（第1条））
（第2葉）	（第2葉）

○公正取引委員会の所管する法令に係る行政手続等における情報通信の技術の利用に関する法律施行規則（平成15年公正取引委員会規則第1号）

（下線部分は改正部分）

改　正　後	改　正　前
（趣旨） 第一条　行政機関等に対して行うこととされ，又は行政機関等が行うこととしている公正取引委員会の所管する法令に係る手続等を，行政手続等における情報通信の技術の利用に関する法律（平成十四年法律第百五十一号。以下「法」という。）第三条から第六条までの規定に基づき，電子情報処理組織又は電磁的記録を使用して行わせ，又は行う場合については，他の法律及び法律に基づく命令（告示を含む。），条例，地方公共団体の規則及び地方公共団体の機関の定める規則に特別の定めのある場合を除くほか，この規則の定めるところによる。	（趣旨） 第一条　行政機関等に対して行うこととされ，又は行政機関等が行うこととしている公正取引委員会の所管する法令に係る手続等<u>（別表の上欄に掲げる手続にあっては，同表の下欄に掲げるものに限る。）</u>を，行政手続等における情報通信の技術の利用に関する法律（平成十四年法律第百五十一号。以下「法」という。）第三条から第六条までの規定に基づき，電子情報処理組織又は電磁的記録を使用して行わせ，又は行う場合については，他の法律及び法律に基づく命令（告示を含む。），条例，地方公共団体の規則及び地方公共団体の機関の定める規則に特別の定めのあ

資料 1-4 私的独占の禁止及び公正取引の確保に関する法律の一部を改正する法律の施行に伴う公正取引委員会関係規則の整備に関する規則（平成 27 年公正取引委員会規則第 2 号）新旧対照条文　205

改　正　後	改　正　前
	る場合を除くほか，この規則の定めるところによる。
（私的独占の禁止及び公正取引の確保に関する法律第七十条の九第一項の表示） 第五条　私的独占の禁止及び公正取引の確保に関する法律（昭和二十二年法律第五十四号）第七十条の九第一項に規定する公正取引委員会規則で定める方式は，処分通知等を受けるものの使用に係る電子計算機であって，公正取引委員会が定める技術的基準に適合するものから行う識別番号及び暗証コードの入力とする。	（私的独占の禁止及び公正取引の確保に関する法律第七十条の十九の表示） 第五条　私的独占の禁止及び公正取引の確保に関する法律（昭和二十二年法律第五十四号）第七十条の十九に規定する公正取引委員会規則で定める方式は，処分通知等を受けるものの使用に係る電子計算機であって，公正取引委員会が定める技術的基準に適合するものから行う識別番号及び暗証コードの入力とする。 別表（第一条関係） <table><tr><td>公正取引委員会の審判に関する規則（平成十七年公正取引委員会規則第八号）第四十条の規定による証拠の申出</td><td>審尋の申出 検証の申出 鑑定の申出 文書等提出命令の申立て</td></tr></table>

○公正取引委員会の審査に関する規則（平成 17 年公正取引委員会規則第 5 号）

（下線部分は改正部分）

改　正　後	改　正　前
公正取引委員会の審査に関する規則 目次 　第一章　総則（第一条―第六条） 　第二章　審査手続 　　第一節　審査一般（第七条―第二十三条） 　　第二節　排除措置命令書の送達等（第二十四条・第二十五条） 　　第三節　警告（第二十六条―第二十	公正取引委員会の審査に関する規則 目次 　第一章　総則（第一条―第六条） 　第二章　審査手続 　　第一節　審査一般（第七条―第二十三条） 　　第二節　排除措置命令（第二十四条―第二十八条） 　　第三節　課徴金の納付命令（第二十九条・第三十条） 　　第四節　警告（第三十一条・第三十

改　正　後	改　正　前
八条） 第三章　補則（第二十九条―第三十一条） 附則 （この規則の趣旨・定義） 第一条　公正取引委員会（以下「委員会」という。）が行う審査手続については，私的独占の禁止及び公正取引の確保に関する法律（昭和二十二年法律第五十四号）（水産業協同組合法（昭和二十三年法律第二百四十二号）第九十五条の四及び中小企業等協同組合法（昭和二十四年法律第百八十一号）第百八条において準用する場合を含む。以下「法」という。）及び私的独占の禁止及び公正取引の確保に関する法律第四十七条第二項の審査官の指定に関する政令（昭和二十八年政令第二百六十四号。以下「審査官の指定に関する政令」という。）に定めるもののほか，この規則の定めるところによる。ただし，課徴金の減免に係る報告及び資料の提出<u>の手続並びに委員会が行う意見聴取の手続</u>については，別に定めるところによる。 2　この規則において使用する用語であって，法において使用する用語と同一のものは，これと同一の<u>意義</u>において使用するものとする。 　　　　第二節　排除措置命令書の送達等	二条） 第三章　補則（第三十三条―第三十六条） 附則 （この規則の趣旨・定義） 第一条　公正取引委員会（以下「委員会」という。）が行う審査手続については，私的独占の禁止及び公正取引の確保に関する法律（昭和二十二年法律第五十四号）（水産業協同組合法（昭和二十三年法律第二百四十二号）第九十五条の四及び中小企業等協同組合法（昭和二十四年法律第百八十一号）第百八条において準用する場合を含む。以下「法」という。）及び私的独占の禁止及び公正取引の確保に関する法律第四十七条第二項の審査官の指定に関する政令（昭和二十八年政令第二百六十四号。以下「審査官の指定に関する政令」という。）に定めるもののほか，この規則の定めるところによる。ただし，課徴金の減免に係る報告及び資料の提出の手続については，別に定めるところによる。 2　この規則において使用する用語であって，法において使用する用語と同一のものは，これと同一の<u>意味</u>において使用するものとする。 　　　　第二節　排除措置命令 <u>（排除措置命令前の通知） 第二十四条　法第四十九条第五項の規定による通知は，排除措置命令の名あて人となるべき者に対し，次の各号に掲げる事項を記載した文書を送達して，これを行うものとする。 一　予定される排除措置命令の内容</u>

改　正　後	改　正　前
	二　委員会の認定した事実及びこれに対する法令の適用 三　委員会に対し，前二号に掲げる事項について，文書により意見を述べ，及び証拠を提出することができる旨並びにその期限 2　委員会は，正当な理由があると認めた場合には，職権又は申立てにより，前項第三号の期限を延長することができる。 （排除措置命令前の説明） 第二十五条　前条第一項の文書の送達を受けた者又は法第四十九条第四項の規定により選任された代理人から申出があったときその他必要があるときは，当該文書の送達を受けた者又は当該代理人に対し，前条第一項第一号及び第二号に掲げる事項について説明するものとする。この場合において，当該説明を受ける者に係る委員会の認定した事実を基礎付けるために必要な証拠について，説明するものとする。 （意見申述等の方式） 第二十六条　第二十四条第一項の文書の送達を受けた者は，指定された期限までに，委員会に対し，文書をもって同項第一号及び第二号に掲げる事項について意見を述べ，及び証拠を提出することができる。この場合において，供述を証拠として提出するときは，供述者が署名押印した文書をもって行わなければならない。 2　前項の規定に基づいて証拠を提出する場合には，証明すべき事項を明らかにしなければならない。 3　委員会は，特に必要があると認める場合には，第一項の規定にかかわらず，口頭で意見を述べさせることができる。この場合において，委員会は，意

改　正　後	改　正　前
	見を聴取する職員を指定し，意見を述べようとする者に対し，意見申述の日時及び場所を通知するものとする。 4　委員会は，前項の規定により通知するときは，あらかじめ，当該日時及び場所について，意見を述べようとする者の意見を聴くものとする。 （代理人による意見申述等） 第二十七条　第二十四条第一項の文書の送達を受けた者が法第四十九条第三項の規定により意見を述べ，又は証拠を提出するに当たって代理人を選任した場合において，代理人が弁護士又は弁護士法人であるときは，代理人はその権限を文書をもって証明しなければならない。 2　前項の文書には，代理人の所属弁護士会の名称及び代理人の事務所を記載し，かつ，代理権の範囲を明確に表示しなければならない。 3　代理人が弁護士法人である場合には，当該弁護士法人の社員としてその事件を担当する弁護士の氏名，当該弁護士の所属する弁護士会の名称及び各弁護士がその事件について行うことのできる事務（業務）の範囲を第一項の文書で明らかにしなければならない。 4　第二十四条第一項の文書の送達を受けた者は，法第四十九条第三項の規定により意見を述べ，又は証拠を提出するに当たって弁護士又は弁護士法人以外の者を代理人とする旨の承認を求めようとするときは，その者の氏名，住所及び職業を記載し，かつ，第二十四条第一項の文書の送達を受けた者との関係その他代理人として適当であるか否かを知るに足る事項を記載した文書を委員会に提出しなければならない。 5　前項の弁護士又は弁護士法人以外の者を代理人とする旨の承認を求める文

改　正　後	改　正　前
	書には，代理人の権限及びその範囲を明確に表示した書面を添付しなければならない。 　<u>6　委員会は，第四項の弁護士又は弁護士法人以外の者を代理人とする旨の承認を求める文書の提出を受けた場合において，申立てに係る者を代理人として承認することとしたとき，又は承認しないこととしたときは，その旨を同項の承認を求めた者に通知しなければならない。</u> 　<u>7　第二十四条第一項の文書の送達を受けた者は，代理人の代理権が消滅したときは，遅滞なく文書をもってその旨を委員会に届け出なければならない。</u>
（排除措置命令書<u>等</u>の送達） 第二十<u>四</u>条　排除措置命令書<u>，課徴金納付命令書及び競争回復措置命令書並びに法第八章第二節に規定する決定書（以下「排除措置命令書等」という。）</u>の謄本は，名<u>宛</u>人又は代理人にこれを送達しなければならない。 2　排除措置命令書<u>等</u>の謄本の送達に当たっては，<u>当該排除措置命令等の取消しの訴えを提起することができる場合には，その旨</u>を記載した通知書を添付するものとする。	（排除措置命令書の送達） 第二十<u>八</u>条　排除措置命令書の謄本は，名あて人又は代理人にこれを送達しなければならない。 2　排除措置命令書の謄本の送達に当たっては，<u>当該排除措置命令について審判を請求することができる旨</u>を記載した通知書を添付するものとする。 　　　<u>第三節　課徴金の納付命令</u> <u>（納付命令前の通知等）</u> <u>第二十九条　第二十四条から前条までの規定は，課徴金の納付命令について準用する。この場合において，第二十四条第一項中「法第四十九条第五項」とあるのは「法第五十条第六項において準用する法第四十九条第五項」と，「排除措置命令の名あて人」とあるのは「納付命令の名あて人」と，同項第一号中「予定される排除措置命令の内容」とあるのは「納付を命じようとする課</u>

改正後	改正前
	徴金の額」と，同項第二号中「委員会の認定した事実及びこれに対する法令の適用」とあるのは「課徴金の計算の基礎及びその課徴金に係る違反行為」と，第二十五条中「前条第一項」とあり，並びに第二十六条第一項並びに第二十七条第一項，第四項及び第七項中「第二十四条第一項」とあるのは「第二十九条において準用する第二十四条第一項」と，第二十五条中「法第四十九条第四項」とあるのは「法第五十条第六項において準用する法第四十九条第四項」と，「委員会の認定した事実」とあるのは「課徴金の計算の基礎又はその課徴金に係る違反行為」と，第二十七条第一項及び第四項中「法第四十九条第三項」とあるのは「法第五十条第六項において準用する法第四十九条第三項」と，前条第一項中「排除措置命令書の謄本」とあるのは「課徴金納付命令書の謄本」と，同条第二項中「排除措置命令書の謄本の送達に当たっては，当該排除措置命令」とあるのは「課徴金納付命令書の謄本の送達に当たっては，当該納付命令」と読み替えるものとする。
（課徴金の納付を命じない事業者に対する通知） 第二十五条 法第七条の二第十八項（法第八条の三において準用する場合を含む。次項において同じ。）及び法第七条の二第二十一項の規定による通知は，その旨を記載した文書を送達して，これを行うものとする。 2 （略）	（課徴金の納付を命じない事業者に対する通知） 第三十条 法第七条の二第十八項（法第八条の三において準用する場合を含む。次項において同じ。）及び法第七条の二第二十一項の規定による通知は，その旨を記載した文書を送達して，これを行うものとする。 2 （略）
第三節 警告	第四節 警告
（警告） 第二十六条 警告（委員会が，法第三条，	（警告） 第三十一条 警告（委員会が，法第三条，

資料1-4 私的独占の禁止及び公正取引の確保に関する法律の一部を改正する法律の施行に伴う公正取引委員会関係規則の整備に関する規則（平成27年公正取引委員会規則第2号）新旧対照条文

改 正 後	改 正 前
第六条，第八条又は第十九条の規定に違反するおそれがある行為がある又はあったと認める場合において，当該事業者又は当該事業者団体に対して，その行為を取りやめること又はその行為を再び行わないようにすることその他必要な事項を指示することをいう。以下本条及び第三十四条において同じ。）は，文書によってこれを行い，警告書には，警告の趣旨及び内容を示し，審査局長がこれに記名押印しなければならない。 2　警告書は，名宛人又は代理人に送付しなければならない。 3　委員会は，警告をしようとするときは，当該警告の名宛人となるべき者に対し，あらかじめ，意見を述べ，及び証拠を提出する機会を付与しなければならない。 4　警告の名宛人となるべき者は，前項の規定により意見を述べ，又は証拠を提出するに当たっては，代理人を選任することができる。 5　委員会は，第三項の規定による意見を述べ，及び証拠を提出する機会を付与するときは，その意見を述べ，及び証拠を提出することができる期限までに相当な期間をおいて，警告の名宛人となるべき者に対し，次の各号に掲げる事項を書面により通知しなければならない。 一　予定される警告の趣旨及び内容 二　委員会に対し，前号に掲げる事項について，文書により意見を述べ，及び証拠を提出することができる旨並びにその期限 6　委員会は，正当な理由があると認めた場合には，職権又は申立てにより，前項第二号の期限を延長することがで	第六条，第八条又は第十九条の規定に違反するおそれがある行為がある又はあったと認める場合において，当該事業者又は当該事業者団体に対して，その行為を取りやめること又はその行為を再び行わないようにすることその他必要な事項を指示することをいう。以下本条，次条及び第三十四条において同じ。）は，文書によってこれを行い，警告書には，警告の趣旨及び内容を示し，審査局長がこれに記名押印しなければならない。 2　警告書は，名あて人に送付しなければならない。 3　委員会は，警告をしようとするときは，当該警告の名あて人となるべき者に対し，あらかじめ，意見を述べ，及び証拠を提出する機会を付与しなければならない。 4　警告の名あて人となるべき者は，前項の規定により意見を述べ，又は証拠を提出するに当たっては，代理人（弁護士，弁護士法人又は公正取引委員会の承認を得た適当な者に限る。）を選任することができる。 5　委員会は，第三項の規定による意見を述べ，及び証拠を提出する機会を付与するときは，その意見を述べ，及び証拠を提出することができる期限までに相当な期間をおいて，警告の名あて人となるべき者に対し，次の各号に掲げる事項を書面により通知しなければならない。 一　予定される警告の趣旨及び内容 二　委員会に対し，前号に掲げる事項について，文書により意見を述べ，及び証拠を提出することができる旨並びにその期限

改　正　後	改　正　前
きる。 （代理人の資格の証明等） 第二十七条　前条第四項の代理人の資格は，書面で証明しなければならない。 ２　前条第四項の代理人がその資格を失ったときは，当該代理人を選任した者は，速やかに，書面でその旨を委員会に届け出なければならない。 （意見申述等の方式） 第二十八条　第二十六条第五項の通知を受けた者は，指定された期限までに，委員会に対し，文書をもって同項第一号に掲げる事項について意見を述べ，及び証拠を提出することができる。この場合において，供述を証拠として提出するときは，供述者が署名押印した文書をもって行わなければならない。 ２　前項の規定に基づいて証拠を提出する場合には，証明すべき事項を明らかにしなければならない。 ３　委員会は，特に必要があると認める場合には，第一項の規定にかかわらず，口頭で意見を述べさせることができる。この場合において，委員会は，意見を聴取する職員を指定し，意見を述べようとする者に対し，意見申述の日時及び場所を通知するものとする。 ４　委員会は，前項の規定により通知するときは，あらかじめ，当該日時及び場所について，意見を述べようとする者の意見を聴くものとする。	（警告の意見申述等の方式等） 第三十二条　第二十四条第二項，第二十六条，第二十七条及び第二十八条第一項の規定は，警告について準用する。この場合において，第二十四条第二項中「前項第三号」とあるのは「第三十一条第五項第二号」と，第二十六条第

改　正　後	改　正　前
	一項並びに第二十七条第一項，第四項及び第七項中「第二十四条第一項の文書の送達を受けた者」とあるのは「第三十一条第五項の通知を受けた者」と，第二十六条第一項中「同項第一号及び第二号」とあるのは「同項第一号」と，第二十七条第一項及び第四項中「法第四十九条第三項」とあるのは「第三十一条第三項」と，第二十八条第一項中「排除措置命令書の謄本」とあるのは「警告書」と，「送達」とあるのは「送付」と読み替えるものとする。
第三章　補則	第三章　補則
（報告者に対する通知）	（報告者に対する通知）
<u>第二十九条</u>　法第四十五条第三項の規定に基づく通知は，同条第一項の規定に基づく報告が次の各号に掲げる事項を記載した文書をもってなされた場合に行うものとする。 一　報告をする者の氏名又は名称及び住所 二　法の規定に違反すると思料する行為をしているもの又はしたものの氏名又は名称 三　法の規定に違反すると思料する行為の具体的な態様，時期，場所その他の事実 2～4　（略）	<u>第三十三条</u>　法第四十五条第三項の規定に基づく通知は，同条第一項の規定に基づく報告が次の各号に掲げる事項を記載した文書をもってなされた場合に行うものとする。 一　報告をする者の氏名又は名称及び住所 二　法の規定に違反すると思料する行為をしているもの又はしたものの氏名又は名称 三　法の規定に違反すると思料する行為の具体的な態様，時期，場所その他の事実 2～4　（略）
（文書のファクシミリによる提出）	（文書のファクシミリによる提出）
<u>第三十条</u>　審査手続において提出すべき文書は，次に掲げるものを除き，ファクシミリを利用して送信することにより提出することができる。 一　法第四十七条第一項各号に掲げる処分に基づき提出すべき文書	<u>第三十四条</u>　審査手続において提出すべき文書は，次に掲げるものを除き，ファクシミリを利用して送信することにより提出することができる。 一　法第四十七条第一項各号に掲げる処分に基づき提出すべき文書 <u>二　排除措置命令前の通知に対する意見書及び証拠</u> <u>三　納付命令前の通知に対する意見書</u>

改正後	改正前
二　警告前の通知に対する意見書及び証拠 三　第二十七条第一項及び第二項に規定する書面 四　審査官の処分に対する異議申立書 2・3　（略） （更正決定） 第三十一条　排除措置命令書等に誤記その他明白な誤りがあるときは，委員会は，職権又は申立てにより，更正決定をすることができる。 2・3　（略）	及び証拠 四　警告前の通知に対する意見書及び証拠 五　排除措置命令，納付命令又は警告前の通知に対し意見申述等をするのに必要な授権又は代理人の権限を証明する文書 六　審査官の処分に対する異議申立書 2・3　（略） （更正決定） 第三十五条　排除措置命令書又は課徴金納付命令書に誤記その他明白な誤りがあるときは，委員会は，職権又は申立てにより，更正決定をすることができる。 2・3　（略） （排除措置命令の執行停止等） 第三十六条　委員会は，法第五十四条第一項の規定に基づいて排除措置命令の全部又は一部の執行を停止したときは，審判請求をした者に対し，その旨を通知しなければならない。 2　委員会は，法第五十四条第二項の規定に基づいて執行の停止を取り消したときは，審判請求をした者に対し，理由を付してその旨を通知しなければならない。

第2章 参考資料

資料2-1 平成21年独占禁止法改正法附則第20条等

○私的独占の禁止及び公正取引の確保に関する法律の一部を改正する法律（平成21年法律第51号）（抄）

附則
（検討）
第二十条　政府は，私的独占の禁止及び公正取引の確保に関する法律の審判手続に係る規定について，全面にわたって見直すものとし，平成二十一年度中に検討を加え，その結果に基づいて所要の措置を講ずるものとする。
2　（略）

○私的独占の禁止及び公正取引の確保に関する法律の一部を改正する法律案に対する附帯決議（平成21年4月24日　衆議院経済産業委員会）

　最近の急激な経済情勢の変化に伴い，かつてなく中小企業者や下請事業者の利益が不当に害されるおそれが高まっていることにかんがみ，市場における公正な競争秩序を確保するため，政府は，本法施行に当たり，次の諸点について適切な措置を講ずべきである。

一　審判手続に係る規定については，本法附則において，全面にわたって見直すものとし，平成二十一年度中に行う検討の結果所要の措置を講ずることとされているが，検討の結果として，現行の審判制度を現状のまま存続することや，平成十七年改正以前の事前審判制度へ戻すことのないよう，審判制度の抜本的な制度変更を行うこと。

二　公正取引委員会が行う審尋や任意の事情聴取等において，事業者側の十分な防御権の行使を可能とするため，諸外国の事例を参考にしつつ，代理人の選任・立会い・供述調書の写しの交付等について，我が国における刑事手続や他の行政手続との整合性を確保しつつ前向きに検討すること。

三　不公正な取引方法に対しては，経済社会状況の変化を踏まえ，構成要件がより明確かつ具体的に示されるよう十分配慮しつつ，課徴金をはじめとする規制措置の積極的な運用を図ること。その際，下請関係を含め大企業者と中小企業者の間における公正な取引の確保及び中小企業者の利益保護に配慮すること。

四　公正取引委員会事務総局の人員体制の一層の強化を図り，法曹資格者や経済学の分野において高度な専門知識を有する者等の登用を積極的に進めるとともに，公正取引委員会と関係省庁との緊密な連携体制を確立し，きめ細かく実態の把握に努めつつ，不当廉売や優越的地位の濫用等の問題行為を迅速かつ効果的に取り締まること。

五　不公正な取引方法の差止請求における文書提出命令の特則については，事業者及び国民にその趣旨及び内容の周知徹底を図るとともに，民事訴訟を通じた救済の促進に資するため，当事者の負担軽減に向けた方策の検討を継続すること。

○私的独占の禁止及び公正取引の確保に関する法律の一部を改正する法律案に対する附帯決議（平成21年6月2日　参議院経済産業委員会）

　最近の急激な経済情勢の変化に伴い，かつてなく中小企業者や下請事業者の利益が不当に害されるおそれが高まっていることにかんがみ，市場における公正な競争秩序を確保するため，政府は，本法施行に当たり，次の諸点について適切な措置を講ずべきである。

一　審判手続に係る規定については，本法附則において，全面にわたって見直すものとし，平成二十一年度中に行う検討の結果所要の措置を講ずることとされているが，検討の結果として，現行の審判制度を現状のまま存続することや，平成十七年改正以前の事前審判制度へ戻すことのないよう，審判制度の抜本的な制度変更を行うこと。

二　公正取引委員会が行う審尋や任意の事情聴取等において，事業者側の十分な防御権の行使を可能とするため，諸外国の事例を参考にしつつ，代理人の選任・立会い・供述調書の写しの交付等について，我が国における刑事手続や他の行政手続との整合性を確保しつつ前向きに検討すること。

三　不公正な取引方法に対しては，経済社会状況の変化や，本改正により課徴金の対象となる行為類型が優越的地位の濫用等に拡大することを踏まえ，ガイドラインの作成等によって，構成要件がより明確かつ具体的に示されるよう十分配慮しつつ，規制措置の積極的な運用を図ること。その際，下請関係を含め大企業者と中小企業者の間における公正な取引の確保及び中小企業者の利益保護に配慮すること。

四　談合・カルテルに係る課徴金減免制度については，減額対象事業者数が拡大されることや，企業グループ内の事業者の共同申請制度が導入されることを踏まえ，違反行為の発見，事件の解明がこれまで以上に迅速かつ的確に行われるよう，公正取引委員会の調査・分析能力の向上に努めること。また，同制度の運用に当たっては，制度の悪用を許すことがないように適切な法執行に万全を期すること。

五　企業の経済活動のグローバル化を踏まえ，競争政策や競争法の国際調和を図るとともに，各国の競争当局間の協力を一層進め，外国企業に係る企業結合や国際

カルテル等に対する規制の実効性を高めること。

六　公正取引委員会事務総局の人員体制の一層の強化を図り，法曹資格者や経済学の分野において高度な専門知識を有する者等の登用を積極的に進めるとともに，公正取引委員会と関係省庁との緊密な連携体制を確立し，きめ細かく実態の把握に努めつつ，不当廉売や優越的地位の濫用等の問題行為を迅速かつ効果的に取り締まること。

七　不公正な取引方法の差止請求における文書提出命令の特則については，事業者及び国民にその趣旨及び内容の周知徹底を図るとともに，民事訴訟を通じた救済の促進に資するため，当事者の負担軽減に向けた方策の検討を継続すること。

資料2-2　独占禁止法の改正等に係る基本方針

平成21年12月9日（水）
公正取引委員会担当政務三役

　本年6月に成立した「私的独占の禁止及び公正取引の確保に関する法律の一部を改正する法律（平成21年法律第51号）」附則第20条において，「政府は，私的独占の禁止及び公正取引の確保に関する法律の審判手続に係る規定について，全面にわたって見直すものとし，平成21年度中に検討を加え，その結果に基づいて所要の措置を講ずるものとする。」とされたことを受け，また，同法の法案審議における衆・参両議院の経済産業委員会による附帯決議及び民主党政策集INDEX2009を踏まえ，政府としては，公正取引委員会の審判制度を全面的に廃止する独占禁止法改正法案（以下，「改正法案」という。）を，内閣府・経済産業省合同政策会議の議論を経て，次期通常国会に提出することとする。

第1　公正取引委員会が行う審判制度の廃止

　公正取引委員会が行う審判制度については，行政処分を行った機関が，自ら当該行政処分の適否を判断する仕組みであるという点について，事業者側の不信感が払拭できないという指摘があることに鑑み，公正取引委員会が行う審判制度を廃止する。

第2　審判制度廃止に伴う制度の骨格
(1)　第一審機能を地方裁判所に
　公正取引委員会の行政処分（排除措置命令及び課徴金納付命令）については，その第一審裁判権を地方裁判所に委ねることとする。
　これに伴い，実質的証拠法則及び新証拠提出制限に係る規定は廃止することとする。
(2)　裁判所における専門性の確保（東京地裁への管轄集中）
　独占禁止法違反事件は，複雑な経済事案を対象とし，法律と経済の融合した分野における専門性の高いものであるという特色があることを踏まえ，第一審裁判権の管轄については東京地方裁判所の専属管轄とし，判断の合一性を確保するとともに裁判所における専門的知見の蓄積を図ることとする。
(3)　処分前手続の充実化・透明化
　審判制度廃止後，公正取引委員会が排除措置命令ないし課徴金納付命令を行う際には，行政手続法上の聴聞手続における手続保障の水準を基本とした事前手続を行うこととし，その具体的な手続については，改正法案において規定することとする。

【主な改正項目】
- ○ 処分前手続における事前説明（①予定される処分の内容，②公正取引委員会の認定した事実，③法令の適用，④公正取引委員会が認定した事実を基礎付けるために必要な証拠の説明）の際に事業者に対して説明を行っている「公正取引委員会が認定した事実を基礎付けるために必要な証拠」について，事業者側が閲覧することができることとする。
- ○ 「公正取引委員会が認定した事実を基礎付けるために必要な証拠」に含まれる自社従業員の供述調書については，処分前手続において，その謄写を認める。
- ○ 事業者に対する処分前の事前説明について，当該事件に関与していない職員（手続管理官（仮称））が同席して事前説明手続を監督するとともに，手続の経過を公正取引委員会に報告することとする。

第3 行政調査手続における手続保障の在り方に関する検討

弁護士立会権・秘匿特権等の，被処分者の適正な防御権を確保する方策については，中立的な検討の場において，平成21年独占禁止法改正法に係る附帯決議を踏まえた検討を行い，原則として，検討開始後1年以内に，結論を得ることとする。

資料2-3　平成25年独占禁止法改正法案に対する附帯決議

私的独占の禁止及び公正取引の確保に関する法律の一部を改正する法律案に対する附帯決議（平成25年11月20日　衆議院経済産業委員会）

　政府及び最高裁判所は，本法の施行に当たり，次の諸点について格段の配慮をすべきである。

一　独占禁止法違反事件が複雑な経済事案を対象とする専門性の高いものであることに鑑み，審判制度の廃止に伴い，公正取引委員会の行政処分に係る抗告訴訟の第一審を専属管轄する東京地方裁判所における審理及び裁判の専門性を確保するため，早急に専門的知見を有する人材の養成及び確保に努めること。

二　公正取引委員会の行政処分に係る抗告訴訟の第一審の管轄については，当面東京地方裁判所の専属管轄とするものの，利用しやすい司法制度の実現の観点から，本法の施行状況を踏まえて，必要な見直しを行うこと。

三　排除措置命令等に係る意見聴取手続を主宰することとなるいわゆる手続管理官については，手続の透明性，信頼性を確保する観点から，その権限・義務を明確化するとともに，その指定に当たっては中立性を確保するよう努めること。

四　公正取引委員会が行う審尋や任意の事情聴取等において，事業者側の十分な防御権の行使を可能とするため，諸外国の事例を参考にしつつ，代理人の立会いや供述調書の写しの交付等の実施について，我が国における刑事手続や他の行政手続との整合性を確保しつつ前向きに検討すること。

五　中小企業を圧迫する不当廉売や優越的地位の濫用等の違反行為を迅速かつ効果的に取り締まるとともに，来年四月の消費税率引上げに向けて実効性ある消費税の転嫁対策を講じることができるよう，公正取引委員会の体制の一層の拡充を図るとともに，公正取引委員会と関係省庁との緊密な連携体制を確立すること。

資料2-4　我が国における主な審判手続の概要

<table>
<tr><th colspan="2"></th><th colspan="6">不服審査型</th></tr>
<tr><th colspan="2"></th><th>公正取引委員会
(平成25年改正前)</th><th>電波監理審議会</th><th>公害等調整委員会</th><th>特許庁</th><th>国税不服審判所</th><th>中央労働委員会</th></tr>
<tr><td colspan="2"></td><td>排除措置命令,課徴金納付命令の不服申立て</td><td>免許の取消し等の不服申立て</td><td>鉱物の採掘等に関する許認可の不服申立て</td><td>特許拒絶査定の不服申立て</td><td>国税に関する法律に基づく処分に対する不服申立て</td><td>不当労働行為の救済</td></tr>
<tr><td colspan="2">根拠法</td><td>旧独占禁止法
(平成25年改正前)</td><td>電波法</td><td>土地利用調整手続法</td><td>特許法</td><td>国税通則法</td><td>労働組合法</td></tr>
<tr><td colspan="2">原処分庁</td><td>公正取引委員会</td><td>総務大臣</td><td>経済産業局長/都道府県知事</td><td>審査官</td><td>税務署長/国税局長</td><td>都道府県労働委員会</td></tr>
<tr><td rowspan="4">行政審判</td><td>開始請求主体</td><td>被処分者</td><td>被処分者</td><td>被処分者</td><td>被処分者</td><td>被処分者</td><td>使用者/労働者/労働組合</td></tr>
<tr><td>行政庁側出席者</td><td>審査官</td><td>指定職員</td><td>経済産業省・都道府県職員</td><td>審査官</td><td>税務署・国税局職員</td><td>－</td></tr>
<tr><td>審理担当官</td><td>委員会/審判官</td><td>審議会/審理官</td><td>裁定委員会</td><td>審判官</td><td>審判官</td><td>委員会</td></tr>
<tr><td>裁決者</td><td>公正取引委員会</td><td>総務大臣</td><td>裁定委員会</td><td>審判官</td><td>国税不服審判所長</td><td>委員会</td></tr>
<tr><td rowspan="2">取消訴訟</td><td>審級省略</td><td>あり</td><td>あり</td><td>あり</td><td>あり</td><td>なし</td><td>なし</td></tr>
<tr><td>実質的証拠法則</td><td>あり</td><td>あり</td><td>あり</td><td>なし</td><td>なし</td><td>なし</td></tr>
</table>

<table>
<tr><th colspan="2"></th><th colspan="3">事前審査型</th></tr>
<tr><th colspan="2"></th><th>金融庁</th><th>海難審判所</th><th>公正取引委員会
(平成17年改正前)</th></tr>
<tr><td colspan="2"></td><td>課徴金納付命令の事前審査</td><td>海技士等への懲戒処分の事前審査</td><td>審決(排除措置)の事前審査</td></tr>
<tr><td colspan="2">根拠法</td><td>金融商品取引法</td><td>海難審判法</td><td>旧独占禁止法(平成17年改正前)</td></tr>
<tr><td colspan="2">原処分庁</td><td colspan="3"></td></tr>
<tr><td rowspan="4">行政審判</td><td>開始請求主体</td><td>内閣総理大臣</td><td>理事官</td><td>公正取引委員会</td></tr>
<tr><td>行政庁側出席者</td><td>指定職員</td><td>理事官</td><td>審査官</td></tr>
<tr><td>審理担当官</td><td>審判官</td><td>審判官</td><td>委員会/審判官</td></tr>
<tr><td>裁決者</td><td>内閣総理大臣</td><td>審判官</td><td>公正取引委員会</td></tr>
<tr><td rowspan="2">取消訴訟</td><td>審級省略</td><td>なし</td><td>あり</td><td>あり</td></tr>
<tr><td>実質的証拠法則</td><td>なし</td><td>なし</td><td>あり</td></tr>
</table>

＊「独占禁止法基本問題懇談会報告書」(平成19年6月26日内閣府公表)【資料11】を基に加筆修正を行い作成。

資料2-5　審判に係る件数等

1）審判手続開始件数

年度別審判手続開始件数

17	18	19	20	21	22	23	24	25	合計
0	11	1	6	25	21	82	47	25	218

※1　審判手続開始件数は，平成17年改正法による改正後の独占禁止法の規定の審判に係るものである。
※2　平成17年度における審判手続開始件数は，平成18年1月4日（平成17年改正法施行日）から同年3月31日までの期間のものである。
※3　景品表示法違反事件を除く。

2）審決取消訴訟の件数

年度別審決取消訴訟提起件数

17	18	19	20	21	22	23	24	25	合計
0	0	1	3	0	2	4	4	2	16

※1　審決取消訴訟提起件数は，平成17年改正法による改正後の独占禁止法の規定に基づく審決に係るものである。
※2　平成17年度における審決取消訴訟提起件数は，平成18年1月4日（平成17年改正法施行日）から同年3月31日までの期間のものである。
※3　景品表示法違反事件を除く。

資料2-6　意見聴取手続図

意見聴取の通知【法第50条，規則第9条】
※ 法：私的独占の禁止及び公正取引の確保に関する法律（昭和22年法律第54号）
規則：公正取引委員会の意見聴取に関する規則（平成27年公正取引委員会規則第1号）

主な通知事項
①予定される排除措置命令の内容，②公正取引委員会の認定した事実及びこれに対する法令の適用，③意見聴取の期日及び場所，④公正取引委員会の認定した事実を立証する証拠の標目

―― 2週間から1か月程度 ――

意見聴取官（＝指定職員）の氏名の通知【規則第14条】
公正取引委員会は，意見聴取を主宰する職員（意見聴取官）を指定したときは，氏名を通知しなければならない。

証拠の閲覧・謄写【法第52条，規則第12条・第13条】
当事者は，証拠の標目に記載されている証拠について，閲覧又は謄写を求めることができる。

期日に先立つ書面等の提出【規則第16条】
意見聴取官は，当事者に対し，行う予定の質問，陳述する予定の意見及び証拠の提出を求めることができる。

期日（第1回）【法第54条】
- 排除措置命令書の内容，主要な証拠についての審査官等からの説明
- 当事者が意見聴取官の許可を得て質問
- 当事者からの意見陳述，証拠提出

※意見聴取官が続行する必要があると認めるとき

―― 2週間から1か月程度 ――

意見聴取調書の作成，通知【法第58条，規則第21条】
意見聴取官は，期日の経過を記載した意見聴取調書を作成し，その閲覧が可能である旨を通知する。

意見聴取調書の閲覧【法第58条，規則第22条】
当事者は，意見聴取調書の閲覧を求めることができる。

期日に先立つ書面等の提出【規則第16条】

期日（第2回　最終）【法第54条】
- 当事者からの意見陳述，証拠提出等

意見聴取調書及び意見聴取報告書の作成，通知
【法第58条，規則第21条】
意見聴取官は，意見聴取に係る事件の論点を記載した意見聴取報告書を作成し，意見聴取報告書についても閲覧が可能である旨を通知する。

意見聴取調書及び意見聴取報告書の閲覧【法第58条，規則第22条】
当事者は，意見聴取調書及び意見聴取報告書の閲覧を求めることができる。

排除措置命令【法第60条】
- 意見聴取調書及び意見聴取報告書の内容を十分に参酌して議決

資料 2-7　独占禁止法審査手続についての懇談会報告書（概要*）

平成 26 年 12 月 24 日

＊報告書の「懇談会としての整理のポイント」のみ抜粋したもの。報告書の本文，個別意見及び資料集については，内閣府ウェブサイト（http://www8.cao.go.jp/chosei/dokkin/index.html）を参照されたい。

1．立入検査に関連する論点

> ア　立入検査において，事業者は弁護士を立ち会わせることができる。ただし，弁護士の立会いを事業者の権利として認めるものではなく，事業者は弁護士が到着しないことを理由に立入検査を拒むことはできないとすることが適当との結論に至った。
>
> イ　立入検査当日における提出物件の謄写については，これを事業者の権利として認めることは適当ではなく，運用上，日々の営業活動に用いる必要があると認められる物件について，立入検査の円滑な実施に支障がない範囲での謄写が認められることが適当との結論に至った。また，立入検査の翌日以降の提出物件（留置物）の謄写については，円滑な謄写を図るため，スキャナー等の電子機器の利用が可能であることを明らかにするとともに，公正取引委員会において提出物件謄写用のコピー機（有料）の導入を検討することが望ましいとの結論に至った。
>
> ウ　立入検査に関し，公正取引委員会は，次の点につきマニュアル又はガイドライン（以下「指針等」という。）に明記して公表し，広く情報が共有されるようにするとともに，事業者に対して明確にする必要がある事項については，例えば，立入検査着手時などの適切な場面において，書面による方法も活用しつつ，事業者に伝えることが適当であるとの結論に至った。
> ・　立入検査の法的根拠及び性質
> ・　事業者が立入検査に弁護士を立ち会わせることができる旨
> ・　事業者は，弁護士が到着しないことを理由に立入検査を拒むことはできない旨
> ・　立入検査当日に，提出物件のうち日々の営業活動に用いる必要があると認められるものについて，立入検査の円滑な実施に支障がない範囲で謄写が認められる旨
> ・　立入検査の翌日以降は公正取引委員会の事務所において提出物件（留置物）の謄写が認められる旨

2. 弁護士・依頼者間秘匿特権

> ア　秘匿特権について一定の意義があることについては少なくない委員の間で理解が得られたものの，その根拠及び適用範囲が明確でなく，また，その実現に当たって実態解明機能を阻害するおそれがあるとの懸念を払拭するには至らなかったことから，現段階で秘匿特権を導入することは適当ではないとの結論に至った。
> イ　秘匿特権を全面的に否定するものではなく，十分検討に値する制度であることから，今後の検討課題として，調査権限の強化の問題と並行して，本懇談会で示された懸念や疑問点を解決できるよう，一層議論が深められることが望まれる。

3. 供述聴取に関連する論点

> ア　現状の仕組みの下で供述聴取時の弁護士の立会い及び供述聴取過程の録音・録画を認めるべきとの結論には至らなかった。
> 　　ただし，これらを認めるべきとの意見もあり，実態解明の実効性を損なわない措置を検討する中で，今後，その必要性を含め導入の可否を検討していくことが適当であるとの結論に至った。
> イ　調書作成時における供述人への調書の写しの交付，供述聴取時における供述人によるメモの録取及び自己負罪拒否特権については，これを認めるべきとの結論には至らなかった。
> ウ　公正取引委員会は，次の点につき指針等に明記して公表し，広く情報が共有されるようにするとともに，供述人に対して明確にする必要がある事項については，例えば，供述聴取を実施する前などの適切な場面において，書面による方法も活用しつつ，供述人に伝えることが適当との結論に至った。
> ・　供述聴取が任意のものであるか間接強制権限による審尋であるかを供述人に対して明確にする。
> ・　聴取時間の目安を示す。
> ・　供述聴取に支障が生じない範囲で，食事時間等の休憩は供述人が弁護士に相談できる時間となるよう配慮しつつ適切に確保する。休憩時間には供述人が弁護士等の外部の者と連絡を取ることや記憶に基づいてメモを取ることが妨げられないことを供述人に対して明確にする。
> ・　調書の読み聞かせの段階で誤りがないかどうかを問い，供述人が増減変更の申立てをしたときは，審査担当官がその供述を調書に記載することを供述人に対して明確にする。
> ・　供述聴取時において供述人が審査担当官の対応に不満がある場合に苦情を受け付ける仕組みを公正取引委員会内部に整備する。その際，当該仕組みの第三者性・中立性に配慮する。また，苦情の申立理由及びその処理結果につ

いて，類型化された形での公表を行う。

4. 行政調査手続全般

　公正取引委員会が独占禁止法違反被疑事件について調査を行う際の標準的な行政調査手続についての指針等を策定し，公表する。
　また，一定期間が経過した後にフォローアップを実施し，その結果についても公表する。

5. 今後の検討に向けて

ア　今後，本懇談会において現状の仕組みの下で実施すべきとしているもの以外の防御権の強化を検討するのであれば，裁量型課徴金制度を含む事業者が公正取引委員会の調査に協力するインセンティブ及び調査への非協力・妨害へのディスインセンティブを確保する仕組みの導入について併せて検討を進めていくことが適当である。

イ　EUの和解手続・確約手続のような仕組みの導入についても検討を進めていくことが適当である。

以上

●事項索引

あ行

意見聴取
　——の再開 ……………………… 101
　——の終結 ……………… 91, 97, 102
　——の進行に応じて必要となつた証
　　拠 ………………………………… 73
意見聴取期日 …………………………… 86
意見聴取規則 ……………………… 44, 61
意見聴取調書 ………………… 13, 93, 103
意見聴取調書及び意見聴取報告書の閲
　覧 ………………………………… 100
意見聴取調書及び意見聴取報告書の作
　成の通知 ………………………… 100
意見聴取通知 ………………… 62, 81, 90
意見聴取通知書 …………………… 63, 75
意見聴取手続 …………… 8, 11, 35, 61
意見聴取報告書 ……………… 13, 93, 103
　——の返戻 ………………… 102, 103
意見陳述 ………………………………… 84
意見陳述等の制限及び秩序維持 …… 86
違法宣言審決 ………………… 16, 117
延滞金 ………………………… 32, 110

か行

加算金 ………………………… 33, 110
課徴金納付命令 ……………………… 105
過料 ………………………………… 110
鑑定人 …………………… 44, 45, 46
還付 …………………………… 33, 110
期日に先立つ書面等の提出 ………… 84
義務付け訴訟 …………………………… 53
教示 ……………………………… 63, 101
行政手続法の適用除外 ………… 39, 61
行政不服審査法の適用除外 ………… 42

競争回復措置命令 ……………… 20, 24

競争回復措置命令 ……………… 20, 24
供託 ………………………………… 27, 37
緊急停止命令 ………………… 36, 122
決定 ………………… 18, 19, 34, 35, 114
　——書 ………………………………… 19
合議体 ………………………… 11, 55, 58
抗告訴訟 ……………………… 47, 52, 57
公正取引委員会の認定した事実を立証
　する証拠 …………………… 12, 69, 83
公聴会 ……………………………… 22
この節の規定による決定 …………… 25
この節の規定による決定その他の処分
　…………………………………… 40

さ行

差止訴訟 ……………………………… 53
参考人 …………………… 44, 45, 46
参酌 ………………………………… 103
十分に—— ……………………… 13, 103
事件記録 ………………… 29, 50, 73
施行期日 …………………………… 108
自社証拠 ……………………… 14, 70
事前審査型審判方式 …………………… 4
執行停止 ……………………………… 28
執行免除 ……………………… 27, 37
実質的証拠法則 ……………… 10, 49
質問 ………………………………… 84
指定職員（意見聴取官）
　…………………… 12, 41, 77, 78, 83
　——の指定 ………………………… 81
支払決定 ……………………… 25, 110
事務補助者 ………………………… 82
主宰者 ……………………………… 12, 78
出訴期間 …………………… 48, 106, 124
主務大臣との協議 …………………… 22

証拠
　　——の閲覧・謄写………… 14, 62, 68
　　——の閲覧・謄写申請書………… 75
　　——の閲覧・謄写の日時等の指定… 74
　　——の閲覧・謄写の方法………… 76
　　——の提出方法………… 87
　　——の標目………… 64
証拠品目録………… 64, 75
少数意見………… 20, 26
除斥………… 80, 82
職権行使の独立性………… 47, 56, 60
審査官等による説明………… 83
人証………… 87
新証拠提出制限………… 10, 50
審判官制度………… 2
審判制度………… 2
　　——の廃止………… 8, 106
審判手続………… 9
専属管轄………… 8, 11, 38, 52, 54
送達………… 21, 64
争点………… 98
訴訟記録………… 29
続行期日………… 90, 101

た行

第三者の利益を害するおそれがあるときその他正当な理由があるとき………… 72
代理人………… 12, 66
他社証拠………… 71
陳述書………… 13, 84, 88, 95
ディスカバリー………… 72
当事者………… 66
　　——の不出頭………… 91

独占禁止法基本問題懇談会………… 4
独占禁止法審査手続についての懇談会
　　………… 127
独占禁止法の改正等に係る基本方針… 7
独占禁止法の改正等の基本的考え方… 5
督促状………… 31
独立行政委員会………… 9

な行

納期限………… 106

は行

排除措置命令………… 104
被告適格………… 47
非訟事件手続法………… 37
不作為違法確認訴訟………… 53
不服審査型審判方式………… 4
不服審査手続………… 3
平成21年改正法案附帯決議………… 6
法務大臣権限法………… 48, 59

ま行

無過失損害賠償………… 16, 54, 118, 139
目的外利用………… 76

や行

やむを得ない理由がある場合………… 65

ら行

利害関係人………… 29
論点………… 13, 97

逐条解説　平成25年改正独占禁止法
───審判制度の廃止と意見聴取手続の整備

2015年6月15日　初版第1刷発行

編 著 者　　岩　成　博　夫
　　　　　　横　手　哲　二
　　　　　　岩　下　生　知

発 行 者　　塚　原　秀　夫

発 行 所　　㍿商 事 法 務
　　　　　　〒103-0025 東京都中央区日本橋茅場町3-9-10
　　　　　　TEL 03-5614-5643・FAX 03-3664-8844〔営業部〕
　　　　　　TEL 03-5614-5649〔書籍出版部〕
　　　　　　http://www.shojihomu.co.jp/

落丁・乱丁本はお取り替えいたします。　　　印刷／ヨシダ印刷㈱
© 2015 Hiroo Iwanari, et al.　　　　　　　Printed in Japan
Shojihomu Co., Ltd.
ISBN978-4-7857-2302-6
＊定価はカバーに表示してあります。